全域旅游
大众旅游
文明旅游
幸福产业之首
515 战略
"三步走"战略
厕所革命
旅游＋
旅游外交
"一带一路"国际旅游交流合作
旅游新要素
旅游共享经济
旅游体验经济
旅游平台经济
旅游双
旅游黄金发展期（排浪式、井喷式发展）
旅游供给侧结构性改革
国务院旅游工作部际联席会议
国家旅游局旅游改革工作领导小组
旅游工作务虚会
旅游发展委员会
旅游警察
旅游投资
旅游就业
全域旅游创建示范区
全域旅游"八九十"
旅游出口
旅游消费
72 小时过境免签
入境免签
旅游巡回法庭
工商旅游分局
导游体制改革
国家级旅游改革创新先行区
边境旅游试验区
跨境旅游合作区
旅游"放管服"改革
旅游业发展用地政策
港澳独资旅行社试点经营内地居民出境游业务
旅游协会脱钩
国家旅游局获评全国改协提案先进承办单位
世界旅游联盟（WTA）
联合国世界旅游组织第 22 届全体大会
中日友好交流大会
首届世界旅游发展大会
二十国集团旅游部长会议
中俄蒙三国旅游部长会议
"一带一路"旅游部长会议
丝绸之路旅游部长会议

"全域旅游"热词

华旅兴 编著

人民出版社

写在《"全域旅游"热词》出版之际

在以习近平同志为核心的党中央的坚强领导下，中国旅游进入新时代。旅游日益成为人民群众美好幸福生活的重要内容，呈现排浪式、井喷般发展势头。我国旅游发展正经历着前所未有的从景点旅游向全域旅游转变的历史性跨越。

习近平总书记强调，发展全域旅游，路子是对的，要坚持走下去。2017年李克强总理在《政府工作报告》中明确"要大力发展全域旅游"。2017年中央经济工作会议强调要大力发展全域旅游。全国上下发展全域旅游如火如荼：厕所革命深入城乡，旅游体制改革创新开拓前行，现代旅游治理机制加速建立，旅游供给侧改革扎实推进，旅游投资逆势而上，以"旅游+"为特征的旅游产业融合力度不断加大，旅游扶贫成效显著，旅游富民硕果累累，文明旅游持续推进，红色旅游蓬勃发展，市场治理持续发力，旅游外交异彩纷呈……

在全域旅游的生动实践中，一个个旅游热词应运而生。本书作了初步梳理，特展现给读者，请予指正。实践永无止境，全域旅游探索亦无止境。期待更多人士关注、参与、支持我国全域旅游。特别感谢人民出版社为本书编辑出版所作出的宝贵努力！

《"全域旅游"热词》与《"旅游外交"热词》作为姐妹篇联袂问世，可圈可点，可喜可贺！

李金早

2018年1月于北京

目 录

Contents

第四篇　创　新

第六篇　旅游外交

第七篇 整治行动

第八篇 文明旅游

第九篇　民　生

第十篇 保 障

第十一篇　新业态新产品

第十二篇　厕所革命

第十三篇　人才队伍建设

第一篇 理 念

新时代中国旅游特征

习近平总书记明确指出，中国特色社会主义进入新时代，中华民族迎来了从站起来、富起来到强起来的伟大飞跃。进入新时代，旅游正日益成为人民群众对美好生活的向往，成为促进人的全面发展和全体人民共同富裕的重要渠道，成为美丽经济、健康产业、幸福产业之首。我国旅游新时代特征主要体现在以下八个方面：

一是从规模旅游、速度旅游向优质旅游、美好旅游转变。当前，我国旅游业呈蓬勃发展态势，旅游产业效益大幅提升，已连续多年保持世界第一大出境旅游客源国和第四大入境旅游接待国地位。随着市场的发展，游客对于优质旅游的要求越来越高，片面追求游客规模的粗放式发展模式已经滞后，关注旅游品质、美好程度的集约型发展正当其时。

二是从小众旅游向大众旅游转变。必须把人民利益摆在至高无上的地位，让改革发展成果更多更公平惠及全体人民，朝着实现全体人民共同富裕不断迈进。我国旅游已经由极少数人扩展到普通大众，旅游已经成为大众生活必需品、日常生活方式。旅游作为综合性产业，在经济社会发展中发挥的作用和影响更加广泛。

三是从景点旅游向全域旅游转变。必须坚持和完善中国特色社会主义制度，不断推进国家治理体系和治理能力现代化，坚持破除一切不合时宜的思想观念和体制机制弊端。在我国旅游发展的初级阶段，主要是以景点、景区、饭店、宾馆建设为主。在大众旅游时代，是以个人游、自驾游为主的全新阶段，传统的景点旅游模式已不能满足现代大旅游发展的需要。各地正迸发出发展全域旅游的源源活力，纷纷将全域旅游示范区创建工作作为"一把手"工程、"牛鼻子"工程，旅游目的地建设已经从单一景点景区建设管理向综合目的地统筹发展转变，旅游监管、旅游产品提供逐渐实现全覆盖，旅游企业从单打独享向社会共建共享转变，整个旅游正从小旅游格局向大旅游格局转变。

四是从观光旅游向观光休闲旅游转变。完善促进消费的体制机制，增强消费对经济发展的基础性作用。我国的旅游业处于发展转型期，由传统的观光旅游转变为观光休闲旅游。旅游市场在爆发式增长的同时，结构也在快速升级，对旅游品质、内容以及行程安排等个性化需求越来越高，个性化、多样化特点凸显。

五是从浅层次旅游向深层次旅游转变。满足人民过上美好生活的新期待，必须提供丰富的精神食粮。广大游客对旅游的追求，已经从单一的追求，向更丰富的精神生活、幸福生活转变；从传统的"到此一游""走马观花购物游"，到文化游、深度游、品质游、纯玩游、探险旅游、邮轮旅游、定制旅游等应运而生的新产品，都适应了从浅层次旅游向深层次旅游转变的发展趋势。

六是从事业向产业转变。旅游是综合性产业，是不同国家、不同文化交流互鉴的重要渠道，是发展经济、增加就业的有效手段，是提高人民生活水平的重要产业。支持传统产业优化升级，加快发展现代服务业，瞄准国际标准提高水平。改革开放初期，旅游业以外事接待为主，经过多年的发展，我国旅游产业日臻完善，综合功能全面发挥，对国民经济的拉动效应日益明显，在稳增长、调结构、促改革和改善民生等方面发挥了越来越重要的作用，旅游业对国民经济和社会就业综合贡献均超过 10%，旅游综合影响全面显现，已成为国民经济的战略性支柱产业和与人民群众息息相关的幸福产业。

七是从被动跟从国际规则向积极主动旅游外交转变。要加强中外人文交流，以我为主、兼收并蓄。推进国际传播能力建设，讲好中国故事，展现真实、立体、全面的中国，提高国家文化软实力。我国旅游业起步较晚，在起步发展阶段我们跟从国际规则，大量吸收借鉴了旅游发达国家的有益成果，这对于我国旅游业发展起到了较有力的推动作用。当前，随着国家实力的增强，我国旅游业的迅速发展，我们已具备发挥旅游交往的综合优势，主动服务国家外交大局、积极开展旅游外交的能力。旅游外交已经成为发出中国声音、提供中国方案、分享中国经验的重要舞台。

八是从旅游大国向旅游强国转变。建设现代化经济体系，必须把发展经济的着力点放在实体经济上，把提高供给体系质量作为主攻方向，显著增强我国经济质量优势。相对于世界旅游发达国家，尽管我国旅游起步晚，但经过改革开放三十多年的艰苦奋斗，已呈现井喷式、排浪般发展态势，2017 年中国旅游业在世界上综合排名第 15 位，已经初步具备建设世界旅游强国的基础。但也要客观看到，虽然整体名次有较大幅度提升，但更多的是依靠规模，很多质量和效益指标排名仍然靠后，距离世界强国还有一定距离，需要脚踏实地实施"三步走"战略，奋力迈向世界旅游强国。

旅游领域主要矛盾

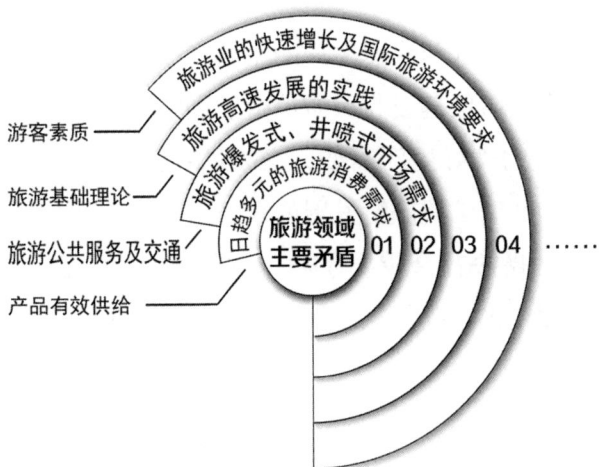

旅游业的快速增长及国际旅游环境要求
旅游高速发展的实践
旅游爆发式、井喷式市场需求
日趋多元的旅游消费需求

游客素质
旅游基础理论
旅游公共服务及交通
产品有效供给

旅游领域主要矛盾　01　02　03　04 ……

习近平总书记指出，中国特色社会主义进入新时代，我国社会主要矛盾已经转化为人民日益增长的美好生活需要和不平衡不充分的发展之间的矛盾。我国社会主要矛盾在旅游领域主要体现为：人民日益增长的旅游美好生活需要和不平衡不充分的旅游发展之间的矛盾，突出表现在以下十个方面：

一是城乡旅游发展不平衡与全域旅游发展要求不相适应；

二是旅游区域发展不平衡与旅游整体发展要求不相适应；

三是旅游产品有效供给不充分与人民群众日益增长的旅游需求不相适应；

四是旅游产品结构不合理与广大游客日趋多元的旅游消费需求不相适应；

　　五是以厕所为代表的旅游公共服务及交通等基础设施不完善不充分与旅游爆发式、井喷式市场需求不相适应；

　　六是一些地方旅游市场失序、文明旅游滞后与人民群众"更加满意"要求不相适应；

　　七是休假制度安排与人民群众休闲度假旅游需求不相适应；

　　八是旅游管理体制与综合产业、综合协调和综合执法要求不相适应；

　　九是旅游理论研究与快速发展的旅游产业实践不相适应；

　　十是旅游人才队伍建设与旅游综合发展需要不相适应。

　　为满足人民的美好生活需要，必须站在解决社会主要矛盾的高度，充分认识和准确把握旅游发展的重大意义和方向。一方面，通过发展旅游业来为解决社会主要矛盾作贡献。另一方面，在旅游业本身，加快供给侧结构性改革，让旅游发展更平衡更充分，更好满足人民旅游需要。

全 域 旅 游

全域旅游是指将一定区域作为完整旅游目的地，以旅游业为优势产业，进行统一规划布局、公共服务优化、综合统筹管理、整体营销推广，促进旅游业从单一景点景区建设管理向综合目的地建设管理转变，从门票经济向产业经济转变，从粗放低效方式向精细高效方式转变，从封闭的旅游自循环向开放的"旅游＋"转变，从企业单打独享向社会共建共享转变，从围墙内民团式治安管理、社会管理向全面依法治理转变，从部门行为向党政统筹推进转变，努力实现旅游业现代化、集约化、品质化、国际化，最大限度满足大众旅游时代人民群众消费需求的发展新模式。

2016 年 7 月，习近平总书记在宁夏考察时指出：发展全域旅游，路子是对的，要坚持走下去。李克强总理在 2017 年《政府工作报告》中提出大力发展全域旅游，全域旅游上升为国家战略。

全域旅游之所以能够得到全国上下的积极响应，主要在于：

其一，全域旅游是对习近平总书记新发展理念的深入贯彻。能够充分发挥旅游业内生的创新引领性、协调带动性、开放互动性、环境友好性、共建共享性特征，是全面落实"创新、协调、绿色、开放、共享"五大发展理念的综合载体。

其二，全域旅游符合党和国家发展大战略要求。有利于发挥旅游综合产业优势，促进供给侧结构性改革，推动一二三产业融合发展和转型升级；有利于服务"一带一路"倡议和长江经济带、京津冀一体化国家战略；有利于带动投资增长，形成以旅游业为引领的产业集群，并构建资源节约、环境友好、生态文明的产业新体系；在促进区域统筹方面，全域旅游已成为中西部很多地区县域经济和市域经济发展的重要模式，成为东北很多地区老工业基地转型升级的重要选择，成为东部很多地区统筹城市空间、生产空间、生态空间的重要抓手和重要的民生工程。

其三，全域旅游符合我国旅游发展的阶段转变。大众旅游时代人们的生活方式与旅游方式发生很大变化，自助游超过 85%，自驾游超过 60%。传统的以点为特征的景点旅游模式已不能满足现代旅游发展的需要。必须加快从景点旅游模式向全域旅游模式转变，加大旅游改革创新力度，建立现代旅游综合治理机制，通过"旅游+"推进现代旅游产业发展，做长做宽产业链，促进旅游就业，优化旅游环境和旅游全过程。这既是顺应大众旅游时代发展新趋势，也是旅游业转型升级的新战略、新路径。

其四，全域旅游已远远超出旅游领域自身意义。从经济层面看，把旅游仅仅理解为服务业，那就过于局限和狭隘了，也不符合旅游业当前发展实际和世界旅游发展趋势。旅游不仅直接带动住宿、餐饮、航空、铁路、公路、水运等服务产业，而且有力推动农业、工业发展。全域旅游还推进交通、水利、林业、体育等多行业按照旅游景观和旅游服务要求，提升建设和管理水平。从社会层面看，全域旅游有效促进民族间的文明交流和融合发展。旅游扶贫、旅游富民的同时增进人民福祉，增强人民群众获得感。从扶贫角度看，旅游扶贫是最有尊严且返贫率最低的扶贫。

其五，全域旅游符合世界旅游发展潮流。旅游业对全球经济发展贡献已超过10%，对全球就业贡献也超过10%，早已成为世界第一大产业。当今世界，各国都在强化旅游在经济社会发展中的作用，强化本国旅游的国际竞争力。

为推动全域旅游发展，国家旅游局召开多次会议，2016年5月26日在浙江桐庐召开全国全域旅游创建工作现场会；2016年9月10日在宁夏中卫召开第二届全国全域旅游推进会；2017年8月3日在陕西西安召开第三届全国全域旅游推进会。

2017年6月12日，国家旅游局印发《全域旅游示范区创建工作导则》，明确了全域旅游示范区创建"旅游治理规范化"、"旅游发展全域化"、"旅游供给品质化"、"旅游参与全民化"、"旅游效应最大化"五大目标以及"创新体制机制，构建现代旅游治理体系"、"加强规划工作，做好全域旅游顶层设计"、"加强旅游设施建设，创建和谐旅游环境"、"提升旅游服务，推进服务人性化品质化"、"坚持融合发展、创新发展，丰富旅游产品，增加有效供给"、"实施整体营销，凸显区域旅游品牌形象"、"加强旅游监管，切实保障游客权益"、"优化城乡环境，推进共建共享"八大任务，为全域旅游示范区创建工作提供了清晰的行动指南。

在新发展理念引领下的全域旅游发展战略，得到了党中央、国务院的充分肯定和全国上下的积极响应。截至2017年12月，全国已有

全域旅游示范区创建单位 506 家，包括海南、宁夏、山东、贵州、陕西、河北、浙江 7 个省级创建单位，覆盖全国 31 个省（区、市）和新疆生产建设兵团。各地纷纷将创建工作作为"一把手"工程、"牛鼻子"工程，强力推进全域旅游，形成党政主导、部门协同、整体联动、齐抓共管的工作机制。从发展战略上看，全域旅游开创了旅游发展的新路子；从发展定位上看，全域旅游上升为国家战略；从空间布局上看，全域旅游由点到线、由线到面，得到广泛实践；从体制创新上看，全域旅游创造性地探索了"1+3+N"旅游管理新体制，有力推动了现代旅游治理体系建设取得新突破；从旅游供给上看，全域旅游丰富和提升了旅游产品体系，极大地满足了人民群众对旅游产品的新需求；从公共服务上看，全域旅游在"补短板抓提升"上取得明显成效，进一步健全了综合目的地服务体系；从市场促进上看，全域旅游整体营销创新推进，成效显著。

大 众 旅 游

习近平总书记强调，旅游是传播文明、交流文化、增进友谊的桥梁，是人民生活水平提高的一个重要指标，出国旅游更为广大民众所向往。2016 年 3 月，李克强总理代表国务院向第十二届全国人民代表大会第四次会议报告政府工作，报告中提出要落实带薪休假制度，加强旅游交通、景区景点、自驾车营地等设施建设，规范旅游市场秩序，迎接正在兴起的大众旅游时代。在大众旅游时代，旅游消费呈现大众化、常态化特征，旅游成为人民群众常态化的重要生活方式之一。

2017 年，我国国内游达 50 亿人次，入境旅游达 1.39 亿人次，出境游达 1.29 亿人次，增长 4.3%。随着全面建成小康社会进入决胜阶段，旅游已经由少数人的奢侈品成为大多数人日常生活的重要内容。当前，随着大众旅游时代的兴起，旅游已经融入普通百姓的日常生

活，成为国民休闲度假的"刚需"，成为人们追求幸福、感知幸福的重要途径。旅游不仅能让人们感受历史文化、亲近自然风光、强壮体魄、放松身心，满足人们更高层次的精神享受；还能发挥其综合性、带动性功能，与文化、教育、体育、健康养老等产业充分融合，带来新业态、注入新内容、产生新动能，为人民群众创造了更多、更好感受幸福的方式。

中国的旅游消费能力快速增长，已成为世界最大的国内旅游市场，中国游客的足迹遍布世界各地，已成为世界重要的旅游客源国。旅游业作为综合性产业在经济社会发展中发挥的作用和影响更加广泛。

优 质 旅 游

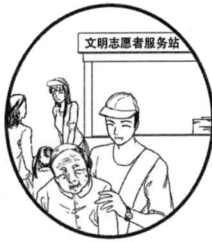

2018 年 1 月 8 日，全国旅游工作会议在福建厦门召开，国家旅游局局长李金早作了题为《以习近平新时代中国特色社会主义思想为指导　奋力迈向我国优质旅游发展新时代》的工作报告。报告提出，新时代我国经济发展的特征，就是我国经济已由高速增长阶段转向高质量发展阶段。旅游业作为国民经济战略性支柱产业，无论从国家宏观发展要求，还是从自身发展需要，我国旅游业都到了从高速旅游增长阶段转向优质旅游发展阶段的关键节点。要按照高质量发展要求，深刻认识和准确把握推动优质旅游的必要性、深刻内涵和发展路径。

报告提出，优质旅游是更加安全的旅游、更加文明的旅游、更加便利的旅游、更加快乐的旅游。进而言之，是从"有没有"转向"好不好"。优质旅游的内涵包括：优质旅游是能够很好满足人民日益增长的旅游美好生活需要的旅游；优质旅游是充分体现新发展理念的旅游；优质旅游是能够推动旅游业发展方式转变、产品结构优化、增长动力转换的旅游。

报告指出，推动从高速旅游增长向优质旅游发展转变，是落实我国经济向高质量发展的具体体现，是国家整体经济转型的必然要求，化解新时代我国旅游主要矛盾的必然要求，保持旅游业健康发展的必然要求，遵循旅游发展规律的必然要求，旅游业深化国际合作、提高国际竞争力的必然要求，建设世界旅游强国和服务"两个一百年"奋斗目标的必然要求。

　　报告明确指出，要准确把握高速旅游增长阶段转向优质旅游发展阶段的发展路径，必须坚决落实新发展理念，坚持以人民为中心和旅游为民的宗旨意识，大力发展全域旅游，不断满足新时代人民的旅游美好生活需要，不断增强人民在旅游中的获得感、幸福感。具体发展路径包括：坚持走中国特色内涵式旅游发展之路，不断增强价值内涵、制度内涵、产业内涵、服务内涵；坚持走高渗透融合发展之路，切实丰富旅游内涵，延伸旅游产业链条；坚持走依法治旅之路，提高旅游部门依法行政、旅游企业依法经营、旅游者依法维权的意识和水平；坚持走科技创新发展之路，有效延长和增容旅游产业价值链；坚持走全方位开放开拓之路，认真梳理并逐一清理妨碍旅游有序开放竞争的不合理规定和做法。发展优质旅游必须走的这五条路，内涵式发展是根本，融合发展和全方位开放开拓是双轮，科技创新是动力，依法治旅是保障。

文 明 旅 游

　　近年来，习近平总书记先后对文明旅游工作作出一系列重要批示。《中华人民共和国旅游法》明确规定：旅游者在旅游活动中应当遵守社会公共秩序和社会公德，尊重当地的风俗习惯、文化传统和宗教信仰，爱护旅游资源，保护生态环境，遵守旅游文明行为规范。导游和领队应当向旅游者告知和解释旅游文明行为规范，引导旅游者健康旅游、文明旅游，劝阻旅游者违反社会公德的行为。

　　2015年3月17日，国家旅游局印发《关于进一步加强旅游行业文明旅游工作的指导意见》，就进一步学习贯彻习近平总书记重要批示精神，积极落实《中华人民共和国旅游法》及中央精神文明建设指导委员会《关于进一步加强文明旅游工作的意见》，深入推进旅游行业文明旅游工作，进一步提升我国公民旅游文明素质，提出具体要求。同时强调，要进一步增强自觉做好文明旅游工作的责任感和使命感，强化对文明旅游工作重要性的认识，增强抓文明旅游工作的紧迫感，推动旅游行业文明旅游工作再上新台阶。要切实把文明旅游工作贯穿旅游工作始终，切实加强组织领导，切实投入更多精力，切实组织更强力量，将旅游行业文明旅游工作摆到更加重要位置，往深里做、往实处抓，抓出水平，抓出实效。

2015年1月，国家旅游局发布出境游文明旅游"三讲三不"温馨提示。游客抵达境外机场，即可收到国家旅游局发布的手机短信提示："中国国家旅游局温馨提示，文明旅游'三讲三不'：讲安全、讲礼让、讲卫生；不大声喧哗、不乱写乱画、不违法违规。"

2015年3月，国家旅游局印发了《游客不文明行为记录管理暂行办法》，被业内称为"不文明游客黑名单制度"。2016年5月，国家旅游局修订发布了《旅游不文明行为记录管理暂行办法》，规定"中国游客在境内外旅游过程中发生的因违反境内外法律法规、公序良俗，造成严重社会不良影响的行为"、"从事旅游经营管理与服务的工作人员在从事旅游经营管理和服务过程中因违反法律法规、工作规范、公序良俗、职业道德，造成严重社会不良影响的行为"等，纳入"旅游不文明行为记录"。截至2017年11月，已经有29人被列入"旅游不文明行为记录"。

幸福产业之首

旅游被列为"五大幸福产业"之首。2016年6月27日，国务院总理李克强在夏季达沃斯论坛开幕式致辞中指出：消费和服务业逐步形成主导作用。信息通信、智能手机、新能源汽车等新兴消费迅猛扩大，旅游、文化、体育、健康、养老"五大幸福产业"快速发展，服务业无论是产值还是就业，都稳居国民经济第一大产业。同年11月，国务院办公厅印发《关于进一步扩大旅游文化体育健康养老教育培训等领域消费的意见》，明确指出，要围绕旅游、文化、体育、健康、养老、教育培训等重点领域，引导社会资本加大投入力度，通过提升服务品质、增加服务供给，不断释放潜在消费需求。

在现代社会中，旅游已成为人们生活的重要组成部分，因其具有乐生价值、康体价值、伦理价值、审美价值、文化价值、教育价值而对人具有独特的幸福意义。把旅游产业放在幸福产业之首，主要因为：一是旅游是幸福生活、健康生活和美丽生活的标志，是健康的生活方式。二是旅游业是"五大幸福产业"中发展最快、消费最旺、投资最热、发展最成熟的产业，是最具潜力和活力的产业，是"五大幸福产业"的龙头。三是旅游带来消费、带来市场、带来服务能力提升，对培育其他幸福产业有孵化功能，有很好的带动效应，是"五大幸福产业"的先导产业和动力产业。四是旅游产业与其他幸福产业可以很好地融合发展，是幸福产业发展的新动能。五是旅游产业可以带动贫困地区经济发展，加速建设小康社会，分享幸福生活。

随着大众旅游时代的到来，全域旅游理念深入人心，国家旅游局在现代旅游治理机制、旅游供给侧结构性改革、"旅游＋"产业融合、旅游投资、乡村旅游、厕所革命和公共服务品质提升、市场整治等方面全力推进，狠下功夫，满足广大游客日益增长的多样化出行需求，用行动践行为人民服务，为进一步提升广大群众的幸福感作出贡献。

"515 战 略"

　　"515 战略"是 2015 年 1 月 15 日国家旅游局在江西南昌召开的全国旅游工作会议上提出的，按照中央部署要求，未来三年全国旅游行业要围绕"文明、有序、安全、便利、富民强国"5 大目标，推出旅游 10 大行动，实施 52 项举措。推进旅游业转型升级、提质增效，加快旅游业现代化、信息化、国际化进程。

　　"515 战略"实施三年来，党中央、国务院对旅游工作高度重视并充分肯定。党中央、国务院出台的文件中有百余个涉及旅游工作。国家旅游局与相关部委联合发布了 20 多个旅游专题政策文件，推出一系列促进旅游业发展的重要举措。连续两年，中央一号文件都强调要大力发展乡村旅游和休闲农业，积极推广"旅游+"等模式，推进旅游业与农业、林业等深度融合。各级党委、政府把旅游业摆到更加重要的位置，全国 31 个省（区、市）都把旅游业作为战略性支柱产业加以优先发展，形成了地方党委政府主要领导挂帅抓旅游的良好格局。各地对发展旅游尤其对发展全域旅游的认识普遍提升、热情空前高涨、力度明显加大、措施明显加强。

联合国世界旅游组织多年来对中国旅游发展的测算显示，中国旅游产业对国民经济综合贡献和社会就业综合贡献均超过 10%，高于世界平均水平。国家旅游局数据中心测算，过去三年，我国旅游综合最终消费占同期国民经济最终消费总额的比重超过 14%，旅游综合资本形成占同期国民经济资本形成总额的比重约 6%，旅游综合出口占国民经济出口总额的比重约 6%。其中，2017 年旅游业综合贡献 8.77 万亿元，对国民经济的综合贡献达 11.04%，对住宿、餐饮、民航、铁路客运业的贡献超过 80%，旅游直接就业 2825 万人，旅游直接和间接就业 8000 万人，对社会就业综合贡献达 10.28%。预计 2017 年旅游总收入 5.4 万亿元，国内旅游市场为 50 亿人次，国内旅游收入为 4.57 万亿元，入境旅游人数为 1.39 亿人次，出境旅游市场为 1.29 亿人次。我国继续保持世界第一大出境旅游客源国和第四大入境旅游接待国地位。全国旅游直接投资继 2015 年突破万亿元大关后，预计 2017 年全国旅游投资达 1.5 万亿元，同比增长 16%。尤其突出的是，民营旅游投资积极性高涨，占旅游投资总额的 60%。旅游综合效应更加凸显，旅游积极促进大众创业、万众创新，旅游扶贫效果明显。"515 战略"实施以来，估计全国超过 500 万贫困人口在乡村旅游带动下实现脱贫。在传统的"吃、住、行、游、购、娱"六要素基础上，正在形成"吃、厕、住、行、游、购、娱"和"文、商、养、学、闲、情、奇"旅游综合要素体系。初步形成观光旅游和休闲度假旅游并重、旅游传统业态和新业态齐升、基础设施建设和旅游公共服务共进的新格局。旅游业已融入经济社会发展全局，成为国民经济战略性支柱产业。

"三步走"战略

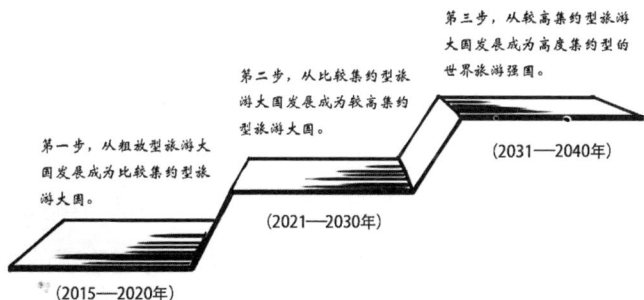

第三步，从较高集约型旅游大国发展成为高度集约型的世界旅游强国。

第二步，从比较集约型旅游大国发展成为较高集约型旅游大国。

第一步，从粗放型旅游大国发展成为比较集约型旅游大国。

(2015—2020年)

(2021—2030年)

(2031—2040年)

习近平总书记在十九大报告中明确了决胜全面建成小康社会的要求和新时代中国特色社会主义发展"两个阶段"战略安排。第一个阶段，从 2020 年到 2035 年，在全面建成小康社会的基础上，再奋斗 15 年，基本实现社会主义现代化。第二个阶段，从 2035 年到本世纪中叶，在基本实现现代化的基础上，再奋斗 15 年，把我国建成富强民主文明和谐美丽的社会主义现代化强国。

2017 年全国旅游工作会议首次提出建设世界旅游强国"三步走"战略。"三步走"战略是指按照习近平总书记五大发展理念要求，将我国建设成为世界旅游强国，分三步走：第一步，从粗放型旅游大国发展成为比较集约型旅游大国（2015—2020 年）；第二步，从比较集约型旅游大国发展成为较高集约型旅游大国（2021—2030 年）；第三步，从较高集约型旅游大国发展成为高度集约型的世界旅游强国（2031—2040 年）。再用 10 年时间，到 2050 年，继续提高优质旅游水平，巩固世界旅游强国地位。

旅游"三步走"建设世界旅游强国与决胜全面建成小康社会和"两个阶段"建成社会主义现代化强国战略安排完全契合。旅游"三步走"战略是决胜全面建成小康社会、完成"两个阶段"任务目标、全面建成社会主义现代化强国在旅游领域的具体落实。按照党中央决战全面建成小康社会和百年奋斗目标的整体战略部署，旅游业界要主动作为，乘势而进，率先实现世界旅游强国目标。

"三步走"战略是在综合比较西班牙、法国、德国、美国等旅游强国发展历程基础上作出我国旅游现仍处于资源依赖较高的粗放型旅游大国阶段的科学判断的基础上提出的。"三步走"战略明确了我们建设世界旅游强国的路径，清晰地描绘了世界旅游强国的远景以及实现这个目标所需要经历的三个发展阶段。"三步走"战略是对五大发展理念的深入贯彻落实，是深入推进供给侧结构性改革的根本要求。是符合我国旅游业发展趋势的务实选择。实施"三步走"战略，核心是要推进旅游业转型升级，实现集约式发展，提升旅游业发展综合能力。

第一步，从粗放型旅游大国发展成为比较集约型旅游大国（2015—2020年），与全面建成小康社会完全吻合。

第二步，从比较集约型旅游大国发展成为较高集约型旅游大国（2021—2030年），是在我国全面建成小康社会的基础上（即经济更加发展、民主更加健全、科教更加进步、文化更加繁荣、社会更加和谐、人民生活更加殷实），我们完全有信心通过10年努力，在2035年基本实现社会主义现代化前（即2030年），建成较高集约型旅游大国，届时健康生活、文明旅游成为内化追求，旅游环境友好型特征明显，旅游经济增长方式转为以质量效益为代表的较高集约型增长，主要依靠技术创新、人力资本积累、资源融合、规模效益、学习效应等因素形成的动力所推动，旅游产品品种较为丰富、服务质量较高、国际市场竞争力较强。

第三步，从较高集约型旅游大国发展成为高度集约型的世界旅游强国（2031—2040 年），是在基本实现社会主义现代化基础上，我国经济实力、科技实力大幅跃升，跻身创新型国家前列，人民生活更为宽裕，中等收入群体比例明显提高，城乡区域发展差距和居民生活水平差距显著缩小，全体人民共同富裕迈出坚实步伐，美丽中国目标基本实现，正朝向富强民主文明和谐美丽的社会主义现代化强国目标奋进。旅游作为人民群众对美好生活的向往，作为美丽经济、健康产业、幸福产业，再经过 10 年的努力，完全有信心有条件也有能力在2050 年实现社会主义现代化强国目标前率先建成高度集约型世界旅游强国。届时，我国在旅游产业、公共服务、市场治理、文明水平、国际合作、国际影响力、人力支撑、环境可持续性等多个方面达到或接近世界同期旅游强国水平。

2050 年，新中国成立 100 周年之际，第二个百年奋斗目标即富强民主文明和谐美丽的社会主义现代化强国建成之时，我国物质文明、政治文明、精神文明、社会文明、生态文明将全面提升，实现国家治理体系和治理能力现代化，成为综合国力和国际影响力领先的国家，全体人民共同富裕基本实现，我国人民将享有更加幸福安康的生活，中华民族将以更加昂扬的姿态屹立于世界民族之林。届时我国旅游在迈入世界旅游强国行列之后，再经过 10 年的奋斗，发展质量、综合效益、比较优势、文明程度、国际影响将继续发展提升，主要指标位于世界前列，我国作为世界旅游强国的地位将继续巩固，并得到新的提升。

厕 所 革 命

　　2017 年 11 月 21 日，习近平总书记就我国"厕所革命"和"推动旅游业大发展"作出重要指示：两年多来，旅游系统坚持不懈推进"厕所革命"，体现了真抓实干、努力解决实际问题的工作态度和作风。旅游业是新兴产业，方兴未艾，要像抓"厕所革命"一样，不断加强各类软硬件建设，推动旅游业大发展。厕所问题不是小事情，是城乡文明建设的重要方面，不但景区、城市要抓，农村也要抓，要把它作为乡村振兴战略的一项具体工作来推进，努力补齐这块影响群众生活品质的短板。

　　习近平总书记高度重视厕所革命，先后多次作出重要批示指示。2015 年 4 月 1 日，习近平总书记作出重要指示：国家旅游局抓"厕所革命"，从小处着眼、从实处入手，是提升旅游品质的务实之举。冰冻三尺，非一日之寒。要像反对"四风"一样，下决心整治旅游不文明的各种顽疾陋习。要发扬钉钉子精神，采取有针对性的举措，一件接着一件抓，抓一件成一件，积小胜为大胜，推动我国旅游业发展迈上新台阶。2015 年，习近平总书记在吉林延边视察时强调，农村也要来场厕所革命。2016 年，全国厕所革命深入开展的第二年，习近平总书记在全国卫生与健康大会上再次肯定厕所革命的重要意义和成果，强调要持续开展城乡环境卫生整治行动。2017 年 4 月，习近平总书记视察广西时，又一次肯定全国厕所革命。

国家旅游局局长李金早表示：习近平总书记的重要指示充分体现了一心为民的崇高情怀，充分体现了务实的工作作风，充分体现了辩证唯物主义世界观和方法论，充分体现了将"厕所革命"作为全面建成小康社会务实之举的战略要求，充分体现了将"厕所革命"作为中华文明建设的重要要求，充分体现了对乡村振兴战略的明确要求，充分体现了对城乡一体化、社会公共服务均等化的根本要求，对我国旅游产业大发展明确了要求、重点、方向、路径。我们要清醒地认识到：第一，我国"厕所革命"发端于习近平总书记 2015 年 4 月 1 日对"厕所革命"所作的重要指示，深化于 2017 年 11 月 21 日再次作出的重要指示，源于习近平总书记亲自发动、大力推进。第二，"厕所革命"取得的成绩，是以习近平同志为核心的党中央坚强领导的结果，是党中央、国务院各部门大力支持的结果，是各地党委政府坚持不懈抓落实的结果，是各级旅游部门、旅游企业、媒体单位、社会各界广泛参与的结果。第三，"厕所革命"仍然在路上，需要我们不断努力。第四，要发扬"厕所革命"的精神，推动我国旅游业大发展。

自 2015 年开始，国家旅游局每年在春节后的第一个工作日，召开全国旅游厕所工作现场会；推动修订完善了《旅游厕所质量等级的划分与评定》国家标准，制定了《旅游厕所建设管理指南》；与国土资源部、住房和城乡建设部明确三年行动计划期间旅游厕所用地保障政策措施；先后安排国家旅游发展基金 10.4 亿元重点支持地方厕所革命；与比尔·盖茨基金会联合举办全国厕所技术创新大赛；召开"中国厕所革命研讨会", 举办全国厕所设计大赛、旅游厕所技术与设备展览、"厕所革命万里行"、"世界厕所日暨中国厕所革命动员日"、"中国厕所革命推进日"、"大型企业投身厕所革命表彰会"、"百城万众厕所文明宣传大行动"、"推进厕所革命政企对接仪式"等系列活动。各地党委政府主要负责人先后就厕所革命作出批示指示,纷纷成立领导小组,制订行动计划,召开专题会议,出台相关政策,在全国掀起了一场轰轰烈烈的厕所革命。截至 2017 年年底,全国共完成建设旅游厕所 7 万座,提前并超额完成预定任务(厕所革命三年行动计划目标为 5.7 万座),厕所革命进展顺利,在厕所建设数量、厕所技术应用、管理模式创新、文明如厕提升等方面取得明显成效,厕所脏乱差问题有了明显改善。

全国上下按照习近平总书记的重要指示,针对农村地区、贫困地区厕所建设不充分不平衡等问题,发扬真抓实干、努力解决实际问题的工作态度和作风,采取务实举措,坚持不懈推动厕所革命。国家旅游局制定印发了《全国旅游厕所建设管理新三年行动计划(2018—2020)》,提出从 2018 年到 2020 年,全国计划新建、改扩建旅游厕所 6.4 万座,制定了分年度、分地区任务目标,推动"厕所革命"从景区拓展到全域、从城市拓展到乡村、从东部拓展到中西部、从数量增加拓展到质量提升,"努力补齐这块影响群众生活品质的短板",层层压实责任。目前,31 个省(区、市)旅游部门负责人认领了"2018 年厕所建设任务书",2018 年全国将新建改扩建旅游厕所 2.4 万座。

"旅 游 +"

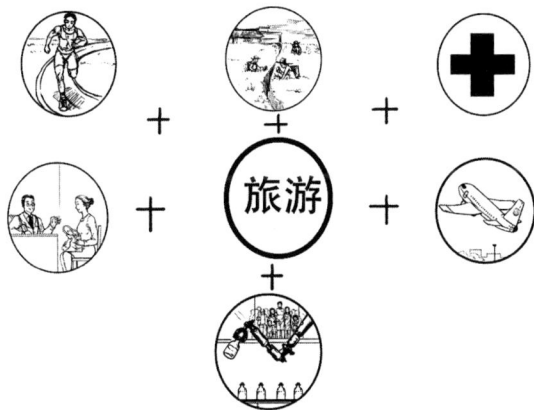

"旅游 +"是指充分发挥旅游业的拉动、融合能力及催化、集成作用，大力发展旅游 + 农业、工业、交通、体育、卫生、健康、科技、航空等，为相关产业和领域发展提供旅游平台，插上"旅游"翅膀，形成新业态，提升其发展水平和综合价值。国家旅游局主动协调国务院部际联席会议各单位，联合出台 19 个促进旅游发展的文件，推动旅游与农业、交通、航空、教育、卫生、体育等各领域相加相融，既为旅游业转型升级挖掘了潜力，也为其他产业发展提供了动能。《"十三五"旅游业发展规划》明确，实施"旅游 +"战略，推动旅游与城镇化、新型工业化、农业现代化和现代服务业的融合发展，拓展旅游发展新领域。

"旅游 +"具有"搭建平台、促进共享、提升价值"之功能，将旅游产业与其他产业有机地结合，不仅为旅游业的发展提供内容和文

化元素，同时也促进各行各业发展。"旅游+"代表一种新的经济形态、一种新的生活形态、一种新的社会组织形态、一种新的先进生产力。

旅游是人本经济，"旅游+"的核心是人的发展，实质是通过人来实现"+"，用"+"来服务人。经济社会越进步发展，"旅游+"就越丰富多彩。就此而论，"旅游+"也是我国改革开放发展的重要成果和标志。同时，"旅游+"是国民经济社会发展的客观必然要求，国家整体发展为"旅游+"创造了条件。新常态需要转换创新驱动，需要找到新引擎。"旅游+"正在成为推动经济转型升级的新引擎，成为不可阻挡的发展趋势和时代潮流，对经济社会发展产生战略性和全局性的影响，推动一个新时代的到来。

旅 游 外 交

2015 年全国旅游工作会议报告明确提出：开拓旅游外交，构建旅游对外开放新格局。旅游行业要主动作为、主动发声，服务国家整体外交，努力开创旅游对外开放新局面。此时提出"旅游外交"，是对旅游功能的更高定位，是旅游业贯彻以合作共赢为核心的新型国际关系的外交理念、实施互利共赢的开放战略、促进全球伙伴关系网络构建的战略需要，也把旅游的对外开放使命提到了新的高度。

旅游是开放的窗口、友谊的纽带，是民间外交最活跃、最有效的渠道。旅游外交涵盖的内容广泛，主要包括国家之间的签证便利化措施，国家之间进行旅游领域的投资协议，国家之间有关旅游领域的联合公报，国际社会中旅游行业的备忘录，国家之间达成的交通运输协议、服务贸易协议，国家参加的相关旅游问题的国际性会议，政府或业界在其他国家举办的旅游推介活动等。旅游外交工作坚持以旅游合作充实和丰富外交关系，以外交关系保障和推动旅游合作的指导思想，主动融入国家外交大局，为游客提供更加便利、安全、舒适的出游环境，为旅游业发展创造更加优良的投资合作环境，为国家交往打造更加坚实的民意基础。

　　旅游外交坚持服务中国特色大国外交，在双多边舞台，不断扩大和深化同世界各国以及有关国际组织的友好往来，在推动我国与大国、周边国家、发展中国家关系方面取得了积极成果。国家旅游局着力推进旅游外交，服务国家对外战略，先后举办中日友好交流大会、首届世界旅游发展大会、二十国集团旅游部长会议、联合国世界旅游组织全体大会，成功举办"中美旅游年"、"中韩旅游年"、"中印旅游年"、"中国—东盟旅游合作年"、"中丹旅游年"、"中瑞旅游年"等框架内上千场活动。特别是 2017 年 9 月经国务院批准成立世界旅游联盟（WTA），是我国主导的首个世界性旅游组织，有力提升我国旅游国际话语权和规则制定权。围绕"一带一路"倡议召开"一带一路"旅游部长会议，建立中俄蒙三国旅游部长会议等机制，发布《"一带一路"旅游合作成都倡议》等。以"美丽中国"为旅游整体形象，向全世界推出中国旅游十大国际品牌，我国旅游主动融入国家外交大局，发挥我国旅游资源优势，灵活运用旅游市场机制，有效影响国际旅游格局，旅游外交正走向国家外交的前沿，成为我国大国特色外交的重要组成和新的外交增长点，成为我国营造有利的外部环境、展示良好的国家形象、增强软实力及综合国力的重要手段。

旅 游 新 要 素

吃、住、行、游、购、娱 ⟹ 吃、厕、住、行、游、购、娱 + 文、商、养、学、闲、情、奇

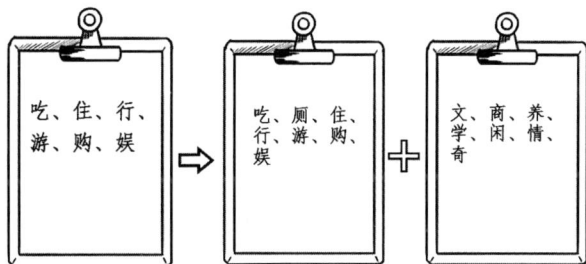

　　2015 年，《旅游要发展，厕所要革命》一文，结合近年来中国旅游业发展实践，在"吃、住、行、游、购、娱"旅游六要素基础上，拓展出"吃、厕、住、行、游、购、娱"七个旅游基本要素和"文、商、养、学、闲、情、奇"七个旅游发展要素。旅游新要素成为旅游学界、旅游业界和社会关注、讨论、研究的新热点。

　　之所以在旅游要素中增加"厕"这一要素，并放在"吃"的后面那么重要的位置，是因为如厕是吃饭之后最基础、最紧迫的原始需求，属于旅游的基础要素，而人们却往往最不注意。

　　在旅游发展七要素中，将"文"作为一个旅游发展要素，并置于旅游发展"七要素"之首，是由于文化是旅游魅力之所在，旅游的各个环节都应具有文化内涵。此外，"文"也指文化旅游，如：鉴赏异国异地传统文化、追寻文化名人遗踪或参加当地举办的各种文化活动为目的的旅游等。

　　"商"是指商务旅游，包括商务旅游、会议会展、奖励旅游等旅游新需求、新要素。随着国内外经济社会发展及交往不断增强，商务

往来和商务活动越发频繁，商务旅游已经发展成为旅游业的一个重要细分市场。北京、上海、天津、广州、三亚等基础设施较为完备的城市已经成为商务旅游、会议会展的优选地，中国正向全球第一大商务旅游市场全力冲刺。

"养"是指养生旅游，包括养生、养老、养心、体育健身等健康旅游新需求、新要素。随着我国人均可支配收入不断提高和人口老龄化、亚健康日渐普遍，人们对健康养生的需求充分释放，养生旅游作为康养与旅游融合产生的新业态应运而生，深受游客青睐，迎来重大发展机遇。数据显示，未来5年，养生旅游的市场规模将呈快速增长态势，年复合增长率有望达到20%，2020年市场规模将在1000亿元左右。当前，我国正结合市场需求着力推动养生旅游发展，如计划建成一批国家中医药健康旅游示范区、示范基地与示范项目，研究制定《关于促进老年旅游健康发展的指导意见》等。

"学"是指研学旅游，包括修学旅游、科考、培训、拓展训练、摄影、采风、各种夏令营冬令营等活动。习近平总书记在俄罗斯中国旅游年开幕式致辞中指出，旅游是修身养性之道，中华民族自古就把旅游和读书结合在一起，崇尚"读万卷书、行万里路"。研学旅游就是人们尤其是学生，增长知识、丰富阅历、拓宽眼界的良好方式。当前，研学旅游不仅受到学生及家长的广泛关注，而且许多职场青年也逐渐加入到此行列中提高自身综合素养；研学旅游目的地已经从国内走向世界各地；研学旅游内容也从最初的观光游览发展到社会调查、寄宿家庭等多种体验。

"闲"是指休闲度假，包括乡村休闲、都市休闲、度假等各类休闲旅游新产品和新要素，是未来旅游发展的方向和主体。经过改革开放三十多年的快速发展，我国旅游已从少数人的奢侈品发展成为人民群众大众化的消费，成为人民群众日常生活的重要内容。我国已进入"大众旅游"时代，度假休闲、放松身心日益成为广大游客的重要需求。如以农家乐、渔家乐、牧家乐、洋家乐、生态农园等为代表的一系列休闲度假产品受到人们的追捧。由此，也促进了旅游业与农业的深度融合，使得乡村由传统的农业生产升级为休闲度假的重要场所，使得乡村地区由传统的种植经济转向服务经济，并成为农民脱贫致富的重要途径。

"情"是指情感旅游，包括婚庆、婚恋、纪念日旅游、宗教朝觐等各类精神和情感的旅游新业态、新要素。旅游业是幸福导向、快乐导向的产业，列"五大幸福产业"之首，情感旅游也是让广大游客获得主观幸福感的直接方式之一。时下，随着人们消费水平的提高和思想意识、价值观念的转变，以情感为主题、以"追求幸福"为主要目标的旅游产品，受到许多游客的喜爱。据了解，当前我国新婚蜜月市场规模每年约1.2万亿元人民币。数据显示，2016年，仅海南三亚市就接待婚纱摄影客人约32万对，同比增长8%；举办婚礼2200余场，同比增长10%；蜜月度假客人超20万对，同比增长15%；涉及婚庆旅游产业业务的企业约有922家，营业收入超过80亿元，占旅游总收入的24.8%。可以说，情感旅游在未来还具备很大的发展空间。

"奇"是指探奇，包括探索、探险、探秘、游乐、新奇体验等探索性的旅游新产品、新要素。在大众旅游时代，随着游客出游频度、广度、深度不断增加和出游经验逐渐丰富，部分旅游爱好者们已经不满足于普通形式的旅游活动，徒步、登山、骑行、攀岩、探秘等深度体验类的旅行方式渐受青睐。目前，市场上此类旅游产品种类繁多，如高山徒步、森林探险、沙漠跋涉、洞穴探秘、极地体验等，均具有一定游客规模。

旅游基础要素是应对旅游市场与活动的根本要素，是旅游者最低、最原始的旅游需求；旅游发展要素是应对旅游产业新需求与新常态的拓展新要素，是旅游者在满足了较低层次和较原始的旅游需求以后，提出的更高层次的旅游需要。

旅游共享经济

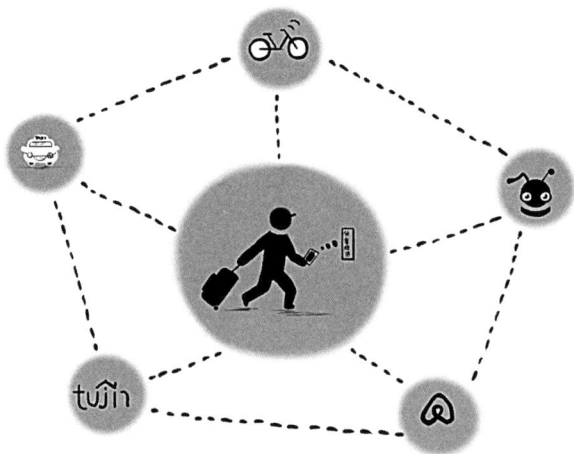

旅游共享经济是共享经济理念在旅游业各领域中的运用，是依托互联网、大数据、云计算等现代技术，实现旅游地闲置性、碎片化、非经营资源与多样化市场需求的高效对接，以提高资源利用率和综合效益。

与传统的旅游经济形态不同，旅游共享经济通过网络平台激活旅游地闲置的非经营性资源，对旅游者的消费观念、旅游产品的表现形式、旅游就业的途径等带来了革命性的影响。

大力发展旅游共享经济，倡导旅游共享消费理念，提高公众共享意识，提高闲置资源利用效率。利用互联网、物联网及新媒体手段，建立旅游共享经济平台，实现旅游信息和闲置资源的有效交换，降低旅游交易成本。

　　伴随信息化发展浪潮，各种不同类型的共享平台如雨后春笋般出现。共享经济越来越深刻地影响着人们的旅游出行方式，并引发旅游创新创业热点。

旅游体验经济

以"体验"为经济提供物的体验经济是继农业经济、工业经济和服务经济之后的新经济形式。随着旅游者旅游经历的日益丰富而多元，旅游消费观念的日益成熟，旅游者对体验的需求日益高涨，他们已不再满足于大众化的旅游产品，更渴望追求个性化、体验化、情感化、休闲化以及美化的旅游经历。

随着旅游业的持续发展和国民消费观念的逐步转变，体验经济概念已悄然融入旅游产业体系各个方面。可穿戴技术、人工智能、VR和AR等计算机仿真技术在旅游业中的应用日益增多，信息技术正在助推旅游迈向体验经济时代。《"十三五"全国旅游信息化规划》提出，推进智能眼镜、智能手表、智能手环等可穿戴设备在信息查询、定位导航、随行翻译、电子导游等方面的应用；推进可穿戴设备在跟踪游客旅游过程的应用，记录旅游时间、旅游距离、步行速度等；推动

VR（虚拟现实）、AR（增强现实）等仿真技术在导游导览上的应用，增强游客的沉浸感和感官体验；推动 VR、AR 技术在景点景区无法复原遗址的情景再现上的应用，丰富景点景区旅游产品内涵；推动 VR、AR 技术在主题公园、博物馆等的应用，在旅游科普教育、游戏娱乐等方面提升表现力。

旅游平台经济

公共信息服务
旅游网络营销
旅游电子商务
旅游电子政务

随着信息网络技术的飞速发展和互联网的应用普及，具有高度黏性的平台经济已成为推动国民经济发展的新引擎。日前发布的《"十三五"全国旅游信息化规划》提出，建立完善旅游公共信息服务、旅游网络营销、旅游电子商务、旅游电子政务等四大平台，实施九大重点工程，即全国（全球）全域旅游全息信息系统工程、民宿客栈信息化工程、旅游电子商务平台工程、旅游网络营销平台工程、"12301"国家智慧旅游公共服务平台提升工程、旅游行业监管综合平台提升工程、旅游应急指挥体系提升工程、旅游信息化标准体系提升工程、国家旅游基础数据库提升工程，为旅游业转型升级、提质增效提供动力支撑。

"十三五"时期，我们要加快推进新一代信息技术在旅游业中的应用，不断创新旅游新模式，扩大旅游新供给、拓展旅游新领域、打造旅游新引擎，着力在满足游客需求、提升旅游品质、引领全面创新上取得突破，为旅游业转型升级、提质增效提供动力支撑。同时，做好 10 项工作：推进移动互联网应用，打造新引擎；推进物联网技术应用，扩大新供给；推进旅游电子支付运用，增加新手段；推进可穿戴技术应用，提升新体验；推动北斗系统应用，拓展新领域；推动人工智能应用，培育新业态；推动计算机仿真技术应用，增强新功能；推动社交网络应用，构建新空间；推进旅游大数据运用，引领新驱动；推进旅游云计算运用，夯实新基础。

第二篇　数　据

旅 游 双 10%

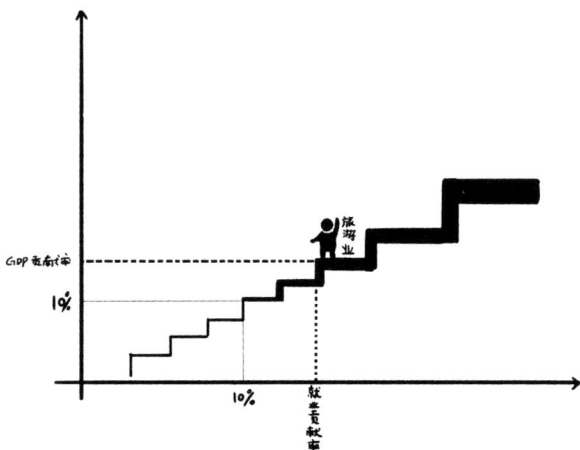

联合国世界旅游组织测算，旅游业对全球CDP的综合贡献占全球GDP总量的10%，创造就业占全球就业总量的9.6%。该组织多年来对中国旅游发展的测算显示，中国旅游产业对国民经济综合贡献和社会就业综合贡献均超过10%，高于世界平均水平。国家旅游局数据中心测算，2017年我国旅游业综合贡献8.77万亿元，对国民经济的综合贡献达11.04%，旅游直接就业2825万人，旅游直接和间接就业8000万人，对社会就业综合贡献达10.28%。

旅游业综合经济贡献，分为三个层次，即直接经济贡献、间接经济贡献和引致经济贡献。其中直接经济贡献通过旅游卫星账户（TSA）方法，结合国内游客抽样调查、入境游客抽样调查、投入产出表等需求端和供给端数据，剥离出吃、住、行、游、购、娱等旅游特定及相关产业属于旅游业的增加值份额并加以汇总，得到广义旅游业增加值及其与同期国内生产总值之比。旅游业间接经济贡献的范畴较广，可以理解为为了保证旅游活动正常开展，一定时期内旅游特定和相关产业关联的全部上、下游产业产生的增加值总额。旅游业引致经济贡献与经济学中的乘数效应类似，指旅游直接及间接从业者因旅游活动获得收入后扣除储蓄进行消费，接收消费基金者进一步扣除储蓄进行消费，如此经过多轮消费带动的产值增加总额。同理，旅游活动产生的投资（按比例劈分）也具有类似的乘数效应，产生的产值增量也应记入旅游业引致经济贡献范畴。

　　旅游业综合就业贡献通常可划分为两个层面，即以上旅游业直接经济贡献范畴内所带动的直接就业占比，和旅游业间接和引致经济贡献范畴内由旅游业所带动的整体间接就业占比。按照同一性假定，即旅游特定及相关产业为居民和游客提供的同类产品和服务不存在差异，游客消费的这些旅游特定和相关产品与服务的价值比例与对应产业属于旅游就业的比例相等。进而遵照投入产出表关联的国民经济各产业间的生产消耗定额，依照旅游卫星账户调查数据改造投入产出表并建立局部闭模型，度量旅游就业的直接和间接带动规模及其占考察期内全国就业人口总和之比。

旅游黄金发展期
（排浪式、井喷式发展）

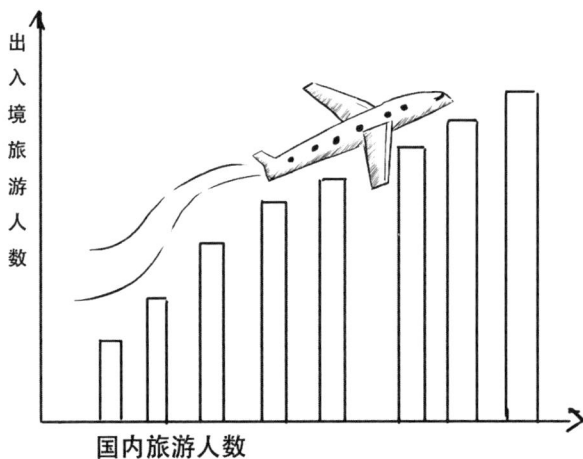

　　旅游黄金发展期指旅游业处于一个发展机遇非常好的时期，无论是旅游业面临的国家重大战略、经济和社会发展等外部环境，还是旅游政策、旅游市场成长、旅游产业和产品体系建设等内外部环境，对旅游业的发展都更加有利。排浪式、井喷式发展则是指随着我国经济发展进入新常态，面临着更加复杂的环境，旅游业发展表现非常突出，呈现出旅游消费旺盛、节假日期间繁荣昌盛的一种局面。

　　党中央、国务院一系列治国理政的新思路、新方略为旅游业发展创造了新良机、注入了新动能。旅游业加速转型既有宏观支撑、政策引领，也有行业优势、内生动力。2017年国内旅游接待人数达到50亿人次，出境旅游人数达1.29亿人次，入境旅游人数达1.39亿人次，中国已成为世界最大的国内旅游消费市场，连续四年成为世界第一大出境旅游消费国，对全球旅游收入贡献平均超过13%。李克强总理在2016年《政府工作报告》中指出，要"迎接正在兴起的大众旅游时代"，在2017年《政府工作报告》中指出，要"大力发展乡村、休闲、全域旅游"。当前居民旅游需求旺盛，全面建成小康社会更有利于大众旅游消费持续快速增长，贯彻五大发展理念有利于旅游业成为优势产业，推进供给侧结构性改革有利于促进旅游业转型升级。

近年来，在国家一些重要政策文件中均提到旅游黄金发展期。国务院印发的《"十三五"旅游业发展规划》中，提到"十三五"期间，我国旅游业处于黄金发展期、结构调整期和矛盾凸显期。预计到2020年，国内旅游人数达到64亿人次，入境旅游人数达到1.5亿人次，出境旅游人数达到1.5亿人次，旅游业总收入达到7万亿元，旅游业综合贡献率达到12%。

综合判断，"十三五"时期，我国正迎来新一轮黄金发展期，并呈现消费大众化、需求品质化、发展全域化、产业现代化、竞争国际化五大趋势和排浪式、并喷式发展特点。

旅 游 投 资

　　随着大众旅游逐渐兴起，旅游从外事接待型逐步转向以满足内需为主的行业。近几年来，我国旅游投资增长强劲，成为社会投资热点和最具潜力的投资领域之一。

　　在促进旅游投资方面，国家旅游局一是大力推动"旅游＋"项目落地生根，推进建成一批旅游风情小镇和特色景观名镇、国家现代农业庄园、工业旅游基地、通航旅游试点项目、自驾车房车营地、全国研学旅游示范基地、旅游科技基地、中医药健康旅游示范区、医疗健康旅游示范区、体育旅游示范基地、地学旅游示范区等。二是注重旅游投资政策落地见效，与国家发展改革委、财政部、交通部、农业部、体育总局、林业局等抓好相关规划与政策的制定和实施，推动和督促各地加快落实土地、金融、用水用电等涉旅利好政策。三是加强与国家开发银行等金融机构的"银旅"合作，切实发挥优选项目的示范性和引领性，加大对旅游重大项目和新业态项目的投资支持。四是围绕服务旅游产业发展需求，遵循市场化原则和资本运作方式，推动并发挥中国旅游产业基金的平台和导向作用，支持企业牵头建立多类型旅游产业基金。这既有利于完善全域旅游投融资机制，也有利于优化整合旅游资源，推动旅游市场做精、企业做强。

国家旅游局连续多年举办中国旅游投融资促进大会，发布《中国旅游业投资报告》和《中国旅游上市企业发展报告》，颁发"中国旅游产业杰出贡献奖——飞马奖"。推动设立中国旅游产业基金，总规模为300—500亿元。截至2017年年底，全国已有144支旅游产业投资基金，总规模超过8000亿元。旅游投资继2015年突破万亿元大关后，2017年达1.5万亿元，同比增长16%。民间旅游投资表现活跃，2017年占60%，超过半壁江山，形成了民营为主、国有企业和政府投资为辅的多元主体投资格局。未来，旅游投资政策红利将持续释放，旅游投资空间与领域将不断扩张。

旅 游 就 业

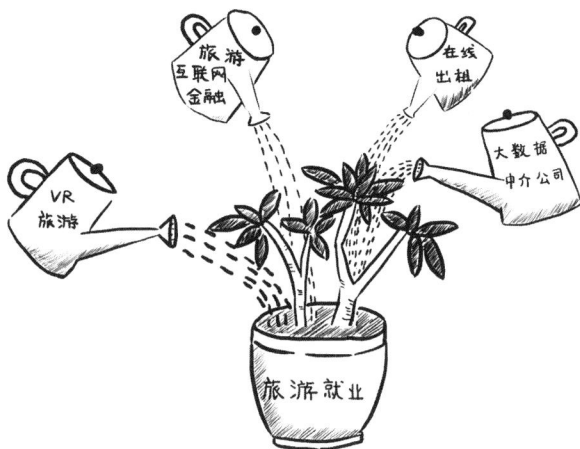

　　旅游业已经从外事接待型的事业，发展成为全民参与就业创业的民生产业。旅游产业链条长、关联产业广，对就业的带动作用非常显著，对社会就业综合贡献度达到 10.26%。

　　旅游既有大量低门槛的就业机会，适合农村务工人员、下岗职工、毕业生、低收入人群就业，又有大量的创业机会，适合不同类型的高层次人才创业，也适合大学生和返乡农民工创业，成为就业创业增长最快、参与度最广的产业之一。

　　数据显示，2017 年旅游直接就业 2825 万人，旅游直接和间接就业 8000 万人，对社会就业综合贡献达 10.28%。例如，新型住宿业态数据显示，我国民宿客栈总数 42658 家，从业者近 90 万人。全国经济型酒店门店家数超过 1.7 万，员工总数 20 万人。

　　2016 年 12 月 5 日，国家发展改革委、国家旅游局联合发布《关于实施旅游休闲重大工程的通知》，提出 2020 年我国旅游就业总量达到 5000 万人，旅游业就业对社会就业的贡献率超过 10%。以工业旅游为例，据测算，未来 5 年，中国工业旅游接待游客总量将超过 10 亿人次，旅游直接收入总量超过 2000 亿元，新增旅游直接就业超过 120 万人，带动间接就业新增超过 600 万人。

同时，基于互联网、移动互联网和大数据技术的创新创业不断出现，在线租车、在线度假租赁、VR 旅游、旅游互联网金融、旅游大数据中介公司等新业态不断出现，旅游业已成为社会广泛就业的重要渠道。

全域旅游示范区

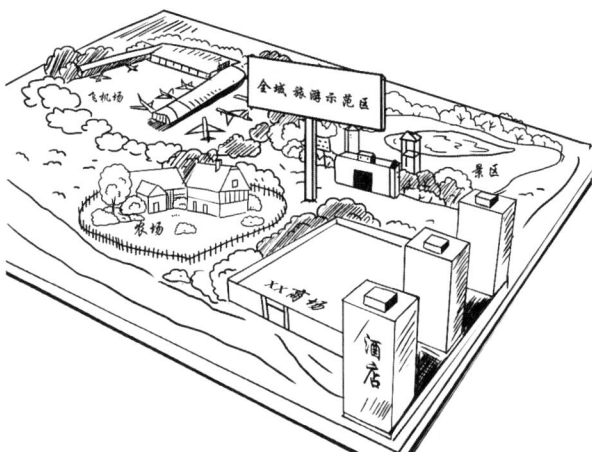

　　发展全域旅游是旅游业贯彻落实党中央、国务院决策部署和"五位一体"总体布局、"四个全面"战略布局以及"五大理念"的重要战略决策。全域旅游发展战略得到了全国上下的积极响应，各地纷纷把发展全域旅游作为迎接大众旅游时代旅游消费新要求和调整地区经济发展模式、创新经济发展新动能的重要举措，迸发出强大动力。全国现有 500 余家国家全域旅游示范区创建单位，覆盖全国 31 个省（区、市）和新疆生产建设兵团。

　　2017 年 6 月，国家旅游局正式发布《全域旅游示范区创建工作导则》（以下简称《导则》），为全域旅游示范区创建工作提供行动指南。《导则》明确了示范区创建工作坚持"注重实效、突出示范，宽进严选、统一认定，有进有出、动态管理"的方针，阐明了深化全域旅游改革创新工作的指导思想，提出了坚持"突出改革创新、突出党政统筹、突出融合共享、突出创建特色、突出绿色发展、突出示范导向"的六大原则，以实现"旅游治理规范化、旅游发展全域化、旅游供给品质化、旅游参与全民化、旅游效应最大化"为目标，提出了创新体制机制、加强规划工作、加强旅游设施建设、提升旅游服务、丰富旅游产品、实施整体营销、加强旅游监管和优化城乡环境八个方面的改革任务。

《导则》还对全域旅游改革创新工作的实施提出了具体意见，要求各地研究制定全域旅游示范区创建工作方案，建立目标责任考核体系。国家旅游局将建立全域旅游示范区创建工作管理系统，加强对各创建单位的指导和评估，以确保示范区创建能够有序、有效地开展。

《导则》的扎实有效实施，不仅将充分发挥其在深化全域旅游改革创新中的指导、规范作用，引导各地切实从景点旅游模式向全域旅游模式转变，还将进一步推进旅游供给侧结构性改革，促进当地经济结构转型升级，增加地方财政收入，提高旅游业在国民经济中的综合贡献率，增强人民群众的幸福感和获得感，使我国旅游业发展水平和竞争力再上新台阶，为实现全面建成小康社会作出贡献。

全域旅游"八九十"

2016年9月，第二届全国全域旅游推进会提出，发展全域旅游要瞄准"九大转变"，致力"十大突破"，避免"八个误区"。

"九大转变"是目标，具体指：一是从单一景点景区建设和管理向综合目的地统筹发展转变；二是从门票经济向产业经济转变；三是从导游必须由旅行社委派的封闭式管理体制向导游依法自由有序流动的开放式管理转变；四是从粗放低效旅游向精细高效旅游转变；五是从封闭的旅游自循环向开放的"旅游+"融合发展方式转变；六是从旅游企业单打独享到社会共建共享转变；七是从景点景区围墙内的"民团式"治安管理、社会管理向全域旅游依法治理转变；八是从部门行为向党政统筹推进转变；九是从景点景区接待国际游客和狭隘的国际合作向全域接待国际游客、全方位、多层次国际交流合作转变。

"十大突破"是重点，也是路径，具体指：发展全域旅游要在综合管理体制改革、多规合一、以厕所革命为代表的公共服务供给侧改革、"旅游＋"、旅游扶贫、旅游富民、文明旅游、市场监管、旅游数据、旅游外交十个方面有突破。

"八个误区"是指要避免对全域旅游的八种错误认识：第一，竭泽而渔、破坏环境；第二，简单模仿，千城一面、千村一面、千景一面；第三，粗暴克隆，低劣伪造；第四，短期行为、盲目涨价；第五，不择手段、不顾尊严、低俗媚客；第六，运动式、跟风式一哄而起和大拆大建；第七，重推介、轻基础，重形式、轻内容；第八，在全域旅游改革中换汤不换药，换牌子不换体制，换机构不换机制，换人不换理念。

旅 游 出 口

旅游出口是指在一国或一个区域内通过旅游活动向入境旅游者提供旅游服务，从入境旅游者的旅游消费中获得报酬，并增加国际旅游收入的过程。广义上旅游出口属于旅游服务贸易的重要组成部分，也可称为旅游服务贸易出口，对平衡国际贸易收支具有重要的影响。

旅游出口的特点是：旅游消费行为发生在国（境）内；入境旅游者获得国（境）内旅游机构或旅游从业人员提供的服务；入境旅游者在旅游消费过程中的花费已通过外汇兑换的方式为本国或本地区增加了国际旅游收入。

在 2015 年的全国旅游工作会议上，国家旅游局局长李金早在《开辟新常态下中国旅游业发展的新天地》中指出，旅游业是兼具消费、投资、出口"三驾马车"功能的新增长点。旅游不仅是消费热点，也是投资热点、出口热点。入境旅游是重要的服务贸易，直接带动出口，可以说是"发生在国内的出口"，或者说是"不用走出国门的出口"。入境旅游是旅游国际竞争力的核心标志，也是旅游服务贸易出口的关键领域。

　　近年来，国家旅游局持续加大海外旅游市场促销力度，与主要入境旅游客源国及"一带一路"相关国家开展了一系列旅游年活动。通过深入广泛地宣传推广和加强国际旅游合作，2014 年以来我国国际旅游收入稳步增长，国际排名由世界第四上升至世界第二。

旅 游 消 费

　　旅游消费是指旅游者在观光旅行期间购买消费商品和服务及自己使用或赠与他人的贵重物品而支付的符合货币交易的金额，同时包括与自用度假住宿的相关服务、旅游实物转让以及其他虚拟消费。

　　旅游消费分为：国内旅游消费、入境旅游消费、出境旅游消费、境内旅游消费（国内旅游消费和入境旅游消费的总和）、国民旅游消费（国内旅游消费和出境旅游消费的总和）。

　　党中央、国务院高度重视旅游业发展，为进一步发挥旅游消费对稳增长、促改革、调结构、惠民生的积极作用，2012 年以来相继出台了《国务院办公厅关于印发国民旅游休闲纲要（2013—2020 年）

的通知》、《国务院关于促进旅游业改革发展的若干意见》、《国务院办公厅关于进一步促进旅游投资和消费的若干意见》、《国务院办公厅关于进一步扩大旅游文化体育健康养老教育培训等领域消费的意见》、《国务院关于印发"十三五"旅游业发展规划的通知》等政策文件支持旅游业的发展。

经过旅游行业的不懈努力，我国旅游消费市场不断发展壮大，旅游消费热潮持续不断，我国旅游市场量质齐升，人均出游已达3.7次，继续保持世界第一大出境旅游客源国和第四大入境旅游接待国地位。

旅游标准体系

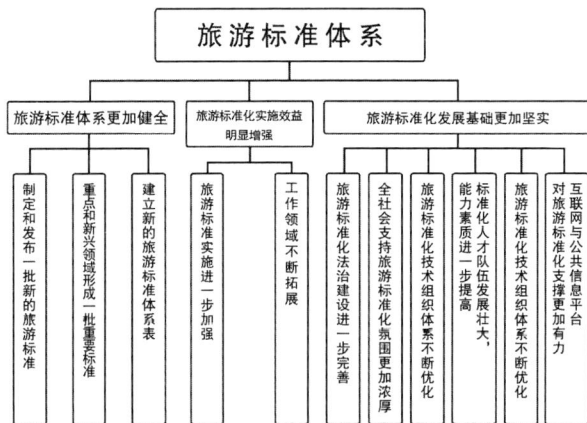

旅游标准体系是旅游标准按其内在联系形成的有机整体，即一种由旅游标准组成的系统。为适应现代旅游业提质增效、转型升级和创新发展的需要，配合全域旅游创建工作，推动产业融合发展，发挥标准在旅游业发展中的规范和引领作用，国家旅游局遵循系统性、协调性、完整性和开放性原则，加大旅游标准修订力度，进一步拓展标准覆盖领域，建立政府主导制定标准与市场自主制定标准协同发展、协调配套的新型旅游标准体系，为更好地适应、引领、规范和促进旅游业发展奠定坚实的基础。

2016 年 4 月，国家旅游局印发《全国旅游标准化发展规划(2016—2020)》，提出三项具体目标。一是旅游标准体系更加健全，在修订完善已有旅游标准的同时，制定和发布一批新的旅游标准，在重点和新兴领域形成一批重要标准，建立新的旅游标准体系表，到

2020年旅游国家标准达到45项以上，行业标准达到60项以上，地方标准达到300项以上，培育和形成一批旅游团体标准和旅游企业标准。二是旅游标准化实施效益明显增强，旅游标准实施进一步加强，工作领域不断拓展，新建200个以上全国旅游标准化试点示范单位。三是旅游标准化发展基础更加坚实，旅游标准化法制建设进一步完善；全社会、全行业支持和参与旅游标准化的良好氛围更加浓厚；旅游标准化技术组织体系不断优化；互联网与公共信息平台对旅游标准化支撑更加有力；标准化人才队伍发展壮大，能力素质进一步提高，旅游标准创新能力和市场主体参与旅游标准化活动的能力明显增强；旅游标准化国际交流与合作持续深化，国际化水平进一步提高。

全国旅游标准化试点示范工作

　　全国旅游标准化试点示范工作是国家旅游局为宣传贯彻旅游业标准，传播标准化理念，推广标准化经验，推动各地在旅游产业发展过程中运用标准化方式组织建设、经营、管理和服务，发挥旅游标准在促进产业转型升级、规范发展方面的重要作用而开展的一项工作。

　　2017年11月4日第十二届全国人民代表大会常务委员会第三十次会议通过修订的《中华人民共和国标准化法》第三十一条明确指出："县级以上人民政府应当支持开展标准化试点示范和宣传工作。"国家旅游局先行先试，自2010年全国旅游标准化试点示范工作开展以来，各地积极参与，经申报、确定、创建、验收等程序，截至2017年年底共有三批（56个地区、114个企业）成为全国旅游标准化示范单位。试点工作期间，各地在贯彻实施旅游业国家标准和行业标准的同时，探索适合各地情况的旅游标准化运行机制，为我国旅游业标准化工作提供了可推广的经验。

2017年，为了更好地贯彻落实党的十九大精神，支持各地"厕所革命"和全域旅游工作，让标准化手段成为规范市场、提升服务、引领创新的重要技术手段，国家旅游局围绕全域旅游工作启动了第四批全国旅游标准化试点示范工作，将公共信息导向、特色农业、城市休闲、实景演出、露营地建设、环境质量、博物馆及体育馆建设等相关国家和行业标准纳入试点示范工作的评价体系，推动和规范各地开展全域旅游创建工作。

全国旅游服务质量标杆单位

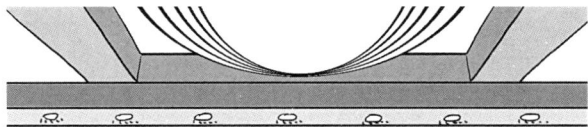

全国旅游服务质量标杆单位授牌仪式

　　为进一步规范旅游服务质量提升工作，推动旅游服务质量向优质服务转变，促进旅游行业持续健康发展，2012 年，国家旅游局和国家质检总局签署战略合作协议，共同开展了首批全国旅游服务质量标杆单位遴选工作。

　　全国旅游服务质量标杆单位遴选工作从旅游企业质量领先性、管理示范性、风险可控性、行业影响力等方面进行评价。目前已累计遴选出 3 批共 18 家旅游服务质量标杆单位，涵盖了景区、旅行社、饭店 3 个领域，开通了旅游服务质量自主声明和社会监督平台，组织73 家企业公示质量承诺和执行标准，有效引领了行业服务质量水平提升，促进了旅游行业健康发展，为企业带来了显著的经济效益。数据显示，通过开展旅游服务质量提升活动，相关企业的顾客满意度平均值从 2013 年的 92.22 升至 2015 年的 94.05；投诉总量从 2013 年的 1166 件降至 2015 年的 871 件。特别是参加旅游服务质量提升的相关 单位，利润年增长率达 15.8%，远超行业平均水平。

第三篇　改　革

旅游供给侧结构性改革

供给侧结构性改革既是旅游产业要素供给的巨大机遇，也是激发旅游市场活力的巨大动力。同时，旅游业自身也需要进行供给侧结构性改革。旅游供给有总量不足的问题，但更突出的是结构性问题，或者说表现为总量不足，实质上是结构不合理，要加快推进旅游供给侧结构性改革，不断适应市场发展新需求，充分发挥旅游产业的综合性、带动性、支柱性和全民性功能，形成旅游产业发展新格局。

为贯彻落实习近平总书记提出的扎实推进供给侧结构性改革，加快推动经济发展方式转变的重要战略，全国旅游行业扩大旅游产品有效供给规模，实现制度创新和政策调整，破除各种市场壁垒，减少政府干预，增强旅游发展新动能，激发新一轮旅游市场活力，有效满足日益增长的旅游消费需求。

创新制度供给，出台《"十三五"旅游业发展规划》等系列重大政策，实施包括旅游扶贫、旅游创新创业等8大类旅游休闲重大工程。加快推进国家级旅游业改革创新先行区、跨境旅游合作区、边境旅游试验区建设，推出青岛、武汉、黄山等首批20个国家级旅游业改革创新先行区。协调解决上海、福建等11个自贸试验区涉旅政策。设立上海、天津、深圳、青岛、大连、福州6家中国邮轮旅游发展实验区。制定跨省区市旅游发展规划，联合国家发展改革委制定《全国生态旅游发展规划（2016—2025年)》，提出培育20个生态旅游协作区、建设200个重点生态旅游目的地的发展目标。牵头编制《浙皖闽赣国家生态旅游协作区规划》、《长江国际黄金旅游带发展规划》、《四省藏区旅游协同发展总体规划》、《"重走长征路"国家红色旅游精品线路规划》。加强法制建设，配合全国人大常委会、国务院法制办对《中华人民共和国旅游法》、《旅行社条例》进行修订，修订和废止3部规章，通过4项国家标准，9项行业标准。

全国旅游战线坚持问题导向，坚持找准制约旅游业科学发展的瓶颈、掣肘旅游业协调发展的弊端、影响旅游业全面发展的短板，精心谋划，敢啃硬骨头，纠正认识偏差，旗帜鲜明地倡导产业理念，改进方式，创新手段，活跃机制，充分调动方方面面的积极性、创造性。

国务院旅游工作部际联席会议

　　国务院旅游工作部际联席会议是为贯彻落实《中华人民共和国旅游法》，加强部门间协调配合，促进我国旅游业持续健康发展，经国务院同意，于2014年9月建立的。联席会议以国务院副总理为总召集人，成员单位包括中央宣传部、外交部、发展改革委、教育部、公安部、财政部、人力资源社会保障部、国土资源部、环境保护部、住房城乡建设部、交通运输部、农业部、商务部、文化部、卫生计生委、工商总局、质检总局、广电总局、安监总局、食药监总局、统计局、林业局、旅游局、气象局、铁路局、民航局、文物局、中医药局、扶贫办、铁路总公司30个部、委、局成员单位。联席会议的主要职能是：在国务院领导下，统筹协调全国旅游工作；对全国旅游工作进行宏观指导；提出促进旅游业改革发展的方针政策；协调解决旅游业改革发展中的重大问题；研究旅游业改革发展中的其他重要工作；完成国务院交办的其他事项。成立至今，旅游工作部际联席会议共召开了四次全体会议。

2014年9月25日，国务院旅游工作部际联席会议第一次全体会议在中南海召开，汪洋副总理主持会议。会议强调，落实《国务院关于促进旅游业改革发展的若干意见》，是当前旅游工作的首要任务。要发挥联席会议的统筹协调作用，明确职责分工，加强督促检查，鼓励大胆探索，调动各方面的积极性、创造性，确保各项任务和政策措施落到实处。

2015年1月12日，国务院旅游工作部际联席会议第二次全体会议在中南海召开，汪洋副总理主持会议。会议强调，要深入贯彻落实习近平总书记系列重要讲话精神，按照李克强总理有关批示要求，着力发挥旅游在扩内需、稳增长、增就业、减贫困、惠民生及促进对外友好交往中的独特作用，着力创新旅游管理体制，着力发展现代旅游产业，着力规范旅游市场秩序，让旅游更安全、更便利、更文明、更舒心。

2016年1月11日，国务院旅游工作部际联席会议第三次全体会议在中南海召开，汪洋副总理主持会议。会议强调，要深入贯彻十八届五中全会和中央经济工作会议精神，适应和引领经济发展新常态，加快转变旅游发展方式，着力推进旅游供给侧结构性改革，发挥市场在资源配置中的决定性作用和更好发挥政府作用，促进旅游业持续快速健康发展，为国民经济稳增长、调结构提供持久动力。

2017年1月4日，国务院旅游工作部际联席会议第四次全体会议在国家旅游局召开，汪洋副总理主持会议。会议指出，2016年旅游业改革发展取得可喜进展，产业规模稳步扩大，公共服务得到加强，市场秩序不断好转，经济社会综合效益进一步显现。但旅游业仍处于矛盾凸显期，一些发展"短板"依然存在，旅游业改革发展任务依然艰巨。要坚定不移地推进供给侧结构性改革，大力优化产品结构，加快发展全域旅游，更好地满足多层次多样化旅游消费需求。要完善现代旅游治理体系，深化旅游管理体制、市场监管体制、景区体制、旅行社体制、导游体制等改革，加强旅游市场综合整治，提高旅游发展质量和效益。要坚持综合产业综合抓的工作思路，加强部门协作，强化政策集成，汇聚旅游业改革发展的合力。

2018 年 1 月 31 日，国务院旅游工作部际联席会议第五次全体会议在中南海召开，中共中央政治局常委、国务院副总理汪洋主持会议。汪洋指出，党的十八大以来，在以习近平同志为核心的党中央坚强领导下，我国旅游业改革发展取得历史性成就。我国旅游业进入黄金发展期，也处在矛盾凸显期，发展不平衡不充分的问题比较突出。要坚持创新发展，深化供给侧结构性改革，发展全域旅游，推动旅游业发展质量变革、效率变革、动力变革。要坚持协调发展，优化旅游业发展格局，扎实推进新一轮"厕所革命"，助力乡村振兴和区域协调发展。要坚持绿色发展，将"绿水青山就是金山银山"的理念贯穿到旅游发展全过程，实现生态效益与经济效益有机统一。要坚持开放发展，深化"一带一路"旅游国际合作，办好国家旅游年等活动，积极参与全球旅游治理，实现互利共赢。要坚持共享发展，坚持以人民为中心的发展思想，构建包容普惠的旅游发展机制，整顿旅游市场秩序，更好彰显旅游业的民生价值。

国家旅游局旅游业改革工作领导小组

2015 年 1 月 14 日，国家旅游局党组会议决定，国家旅游局成立旅游业改革工作领导小组。作为国家旅游局领导旅游业改革工作的决策机构，旅游业改革工作领导小组负责贯彻党中央、国务院全面深化改革的方针、政策，落实有关旅游业改革的重大决策，部署全国旅游业的重大改革举措。其主要职责：一是对接中央深化改革领导小组的各项决策部署；二是做好旅游业改革的顶层设计；三是统筹旅游业各领域的改革发展；四是指导旅游行业的改革工作。

领导小组实行集体讨论重大问题会议制度，原则上每半年召开一次全体会议，并根据工作需要不定期召开专题会议。议题由领导小组办公室根据领导小组组长要求，研究提出建议，报领导小组组长（或由其委托的副组长）确定。根据工作需要，领导小组就旅游业改革的重大问题开展调查研究，及时总结推广旅游业改革的先进经验，作出有利于全面深化旅游业改革的决策。

国家旅游局旅游业改革工作领导小组办公室是国家旅游局旅游业

改革领导小组的办事机构，负责处理领导小组的日常工作，办公室设在国家旅游局政策法规司。自 2015 年起，每年年初领导小组办公室拟定年度旅游改革重点任务，年终向领导小组提交年度改革进展、评估和总结报告，对旅游改革工作起到了重要的推动作用。

旅游工作务虚会

旅游工作务虚会

2015 年起，国家旅游局每年年底召开旅游工作务虚会，研讨谋划下一年旅游工作。旅游工作务虚会是一种研究旅游工作的会议形式。国家旅游局邀请部分省区市主管旅游工作的领导和地方旅游委（局）负责人、旅游城市分管领导、中国旅游智库专家与国家旅游局党组成员、国家旅游局各司室负责人一起围绕旅游业整体战略、旅游业改革发展中的重大问题或某项具体工作，从政治、思想、政策、理论等诸方面进行深度讨论，达成共识并创造理论、制定路线、提出纲领、确立原则的会议。

2015 年 12 月 12 日至 14 日，国家旅游局在北京首次召开务虚会，对"十三五"及 2016 年旅游工作进行谋划。2016 年 12 月 19 日至 21 日，国家旅游局在北京召开 2017 年旅游工作务虚会，多方问计谋划 2017 年旅游工作。2017 年 12 月 20 日至 21 日，国家旅游局在北京召开 2018 年旅游工作务虚会，谋划 2018 年旅游工作，推动旅游业大发展。

旅游发展委员会

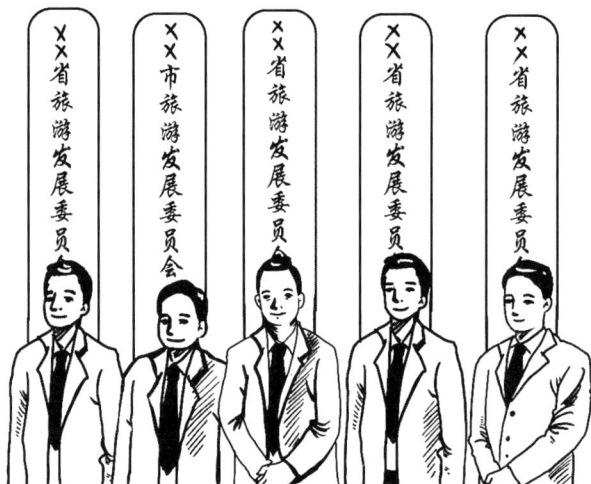

　　我国旅游业的迅猛发展令许多方面始料不及，但在旅游基础设施建设、旅游产品和公共服务供给等方面，仍无法完全满足游客需求的变化。当前及今后一段时期，旅游业仍处于矛盾凸显期，存在现行旅游管理体制与"两个综合"（综合产业和综合执法）不相适应；旅行社、饭店、景区及导游管理体系与旅游业的快速发展不相适应；一些地方旅游市场秩序混乱与人民群众"更加满意"及扩大入境旅游的目标不相适应；党委、政府及部门对旅游业的实际重视程度和工作力度与人民群众对旅游的需求、期盼不相适应等问题。为顺应旅游产业蓬勃发展的需求，适应新常态、引领新常态，推动经济转型升级、深化行政管理体制改革，解决不相适应的问题，各地纷纷设立旅游发展委员会。截至2017年10月，全国先后已经有海南、北京、云南、江西、广西、西藏、四川、宁夏、湖北、黑龙江、河北、辽宁、甘肃、贵州、山东、湖南、青海、山西、吉林、新疆、内蒙古、陕西、福建、重庆、安徽 25 个省（区、市）、160 多个地（市）成立了旅游发展委员会。从实践效果看，各地旅游发展委员会在促进形成大产业的协同促进机制、大市场的联合执法机制、多部门的联动管理机制、跨行业的资源综合保护机制和旅游形象的统筹推广机制等方面起到了重要的作用。

旅 游 警 察

　　设立旅游警察已成为许多国家重视和推进旅游业发展的通行做法。世界上有不少国家，为了更好地发展旅游，都已设立了专门的"旅游警察"。当前，我国已进入大众旅游时代，旅游模式也正由"景点旅游"向"全域旅游"转变，全域旅游要求监管体制必须也由单一管理体制向综合管理体制、现代旅游治理机制转变。旅游警察作为"监管机制"的创新，在规范旅游市场秩序、提升服务质量、保护游客权益等方面的作用十分重要，也不可或缺。设立旅游警察，顺应了全域旅游对于依法治旅的新要求，是提升监管执法效力的有效举措，小到问路、物品遗失，大到敲诈勒索、旅游意外事故，旅游警察都能及时介入，依法回应游客咨询，解决旅游纠纷，保护游客合法权益，保护游客人身及财产安全，打击旅游犯罪和违规行为，促进旅游市场健康有序发展。实践证明，旅游警察在全面规范旅游市场秩序、解决游客反映强烈的痼疾顽症、全面提高旅游服务质量等方面发挥了重要作用。

2015 年 10 月 10 日，三亚市成立国内首支旅游警察队伍。2016 年，中国与意大利警察共同巡逻罗马和米兰，吸引了世界旅游爱好者的眼光，使中国游客异常兴奋，进一步增强了中国游客赴意大利旅游的愿望。截至 2017 年 8 月底，全国各地已设立旅游警察机构 205 家，其中省级 1 家，市级 55 家，县区级 149 家。2016 年各级旅游警察机构共出动执法人员 41040 人次，处理投诉纠纷 2970 件，刑事处罚 158 件，行政处罚 544 件，处理违法人员 680 人，处罚违法企业 691 家，处罚总金额 25.1 万元。

旅游巡回法庭

　　全域旅游时代，为形成旅游市场综合监管机制，各地综合公安、工商、审判、调解等职能，把这些专属职能因地制宜地融入旅游市场秩序整治中，推动行业执法、治安处罚、刑事执法和司法调解在旅游市场治理中的有效统一，旅游巡回法庭应运而生。

　　旅游巡回法庭是针对旅游目的地游客流动性大、旅游纠纷多等特点设立的。实行巡回办案，快立快审快执，有效化解大量旅游矛盾纠纷。三亚、张家界、厦门等市先后设立旅游巡回法庭。

　　截至 2017 年 8 月底，全国各地已设立旅游巡回法庭 280 家，其中市级 51 家，县区级 229 家。2016 年，各级旅游巡回法庭共立案 177 件，审理 138 件，结案 136 件，调解 437 件，接受咨询 100 件，挽回损失 237.7 万元。

工商旅游分局

  工商旅游分局，是把工商的专属职能因地制宜地融入旅游市场监管中，使工商的职能服务于旅游市场秩序整治工作。这适应了旅游产业面宽、点多、分散的现状，符合旅游市场综合监管的需要，是治理旅游市场秩序的一把"利器"。国家工商总局及各地工商局对此高度重视，积极推进。

  截至 2017 年 8 月底，全国各地已设立工商旅游分局机构 132 家，其中市级 40 家，县区级 92 家。2016 年，各级工商旅游分局共出动执法人员 5681 人次，处理投诉举报 1466 件，检查景区 536 家，购物场所 1235 家，其他涉旅企业 1835 家，处罚违法企业 73 家、处罚总金额 117.6 万元。

导游体制改革

2016年1月29日，全国旅游工作会议指出，要深化导游管理体制改革。导游体制改革是全面深化旅游业改革的重要内容，以解决导游体制性障碍、结构性矛盾、政策性壁垒、封闭式管理为目标，着力推动导游管理体制从行政化、非流动、封闭式管理向法治化、市场化管理转变，构建"进出、监管、保障、奖惩"四位一体的管理体系。会议强调，到2020年在导游队伍发展体制机制的重要领域和关键环节上取得突破性进展，导游管理体制更加科学高效，导游监管、评价、流动、激励机制更加完善，营造游客、导游、社会多方满意的共赢局面。

2016年8月，国家旅游局在黑龙江省哈尔滨市召开全国导游体制改革试点工作会议，并印发《关于深化导游体制改革加强导游队伍建设的意见》。指出：导游体制改革要遵循我国旅游业发展演进规律，顺应开放型市场、综合型产业要求；要围绕"进出、监管、保障、奖惩"等重点环节，改革准入培训注册制度、健全导游保险保障体系、健全事中事后监管机制、健全导游协会组织、创新导游激励机制；要充分尊重导游在体制改革中的主体地位，充分发挥导游的能动性与首创精神，充分保障导游享有各方面合法权益，使导游供给体系适应市场需求结构的变化，导游管理从行业监管向综合监管、社会监督转型。

《导游管理办法》

　　为规范导游执业行为，提升导游服务质量，保障导游合法权益，促进导游行业健康发展，2017 年 10 月 16 日，国家旅游局印发《导游管理办法》，自 2018 年 1 月 1 日起施行。

　　《导游管理办法》分为总则、导游执业许可、导游执业管理、导游执业保障与激励、罚则和附则六章，共四十条。其中规定了导游证采用电子证件，以电子数据形式存储于导游个人的移动电话等移动终端设备中。游客、景区、执法人员等通过扫描电子导游证上的二维码识别导游身份，原 IC 卡导游证已于 2017 年 10 月 31 日停止使用，全国全面启用电子导游证。

《导游管理办法》对导游日常执业活动提出了具体要求，如导游证和身份标识佩戴、导游职责规范、突发事件处置等。重申了领队的备案管理制度，指明具备领队条件的导游从事领队业务的，应当符合《旅行社条例实施细则》等法律、法规和规章的规定。《导游管理办法》细化了《旅游法》第三十五条的规定，明确导游执业不得出现擅自变更行程、诱骗或强迫消费等 11 项违法违规行为，并在办法罚则部分对违反导游执业管理规定的行为，明确了相应的法律责任。

国家旅游局近年来积极推动导游体制改革工作，加强导游队伍建设，深化旅游业"放管服"改革。2016 年废止了《导游人员管理实施办法》（2001 年），取消了导游计分、导游年审、导游人员资格证 3 年有效等不适应改革发展需要的制度，确立了导游资格证终身有效、导游证全国统考、全国通用的原则。

国家级旅游业改革创新先行区

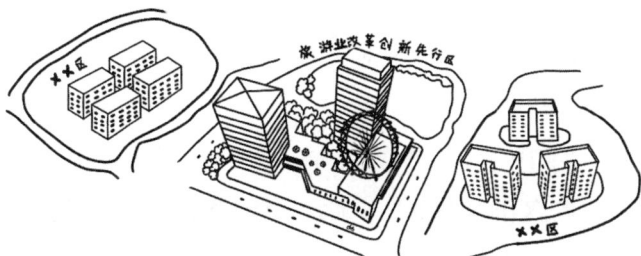

　　国家级旅游业改革创新先行区是指以市（州）、县（区）为主体，以实现全域旅游发展为目标，以改革创新旅游管理体制机制、旅游产业制度、旅游政策措施等为重点的先行先试地区。2015 年，在南昌召开的全国旅游工作会议上提出了旅游"515 战略"，国家级旅游业改革创新先行区建设是 52 项举措之一。2015 年 12 月，青岛、武汉、湖州等 20 个市县正式批复成为首批国家级旅游业改革创新先行区。2016 年 5 月 10 日，国家级旅游业改革创新先行区工作会议在北京召开，会议提出，做好各地旅游业改革创新先行区工作，要把制度建设作为旅游改革创新的核心任务，要及时总结可复制、可推广的新经验和新做法，要进一步解放思想，强化担当意识，要紧紧依靠当地党委政府推动旅游改革创新四项要求。2016 年 11 月 29 日，全国旅游改革创新现场会在浙江湖州召开，实地考察了湖州旅游先行区在旅游综合管理体制、旅游用地、全域旅游等方面的改革成效。会议上，各先行区交流了在旅游改革创新方面的主要做法和成效，总结了旅游改革创新探索形成的十大做法和十大亮点。

　　《"十三五"旅游业发展规划》提出，在 2020 年前要打造 50 个先行区，并明确提出先行区"要进一步完善旅游业统筹协调机制，实现土地、财政、资源、金融、人才、技术等政策支撑措施基本成熟，旅游产业发展引导和行业管理方式进一步优化"等要求。按此要求，2017 年 2 月 27 日，国家旅游局印发《国家级旅游业改革创新先行区建设管理办法》，对国家级旅游业改革创新先行区的申报、确定、建设、管理与促进等工作作出明确规定。同时，建立了国家级旅游业改革创新先行区管理系统，加强对各先行区工作的指导和评估，以确保先行区工作有效开展。

　　2017 年 6 月 19 日，国家旅游局印发《关于认定第二批国家旅游业改革创新先行区的通知》，至此，全国共认定 41 家国家级旅游业改革创新先行区，覆盖 26 个省（区、市）。2017 年 7 月 18 日，第二批国家级旅游业改革创新先行区建设工作启动会在广东深圳大鹏新区召开。目前先行区影响力正日益扩大，成果日益增多，成为全国旅游业改革创新的"试验田"、"压力测试场"和"模板图"。各先行区通过推进全域旅游的改革创新，在引导各级党委政府高位推动旅游业发展上形成了亮点；通过推动"1+3"的改革创新，在建立旅游综合管理体制上形成了亮点；通过开展旅游综合执法的改革创新，在旅游市场监管方面形成了亮点；通过构建制度体系的改革创新，在旅游公共服务供给方面形成了亮点；通过对接"多规合一"的改革创新，在保障旅游发展空间上形成了亮点；通过集成政策的改革创新，在构建旅游产业发展政策体系方面形成了亮点；通过优化景区管理体制的改革，在提升旅游供给侧水平上形成了亮点；通过打造各类平台的改革创新，在旅游投融资方面形成了亮点；通过探索开放路径的改革创新，在推进旅游对外开放上形成了亮点。

边境旅游试验区

　　边境旅游试验区是指在国境内依托边境城市设立，按照特殊方式和政策，推进沿边重点地区全域旅游发展的试验区域。

　　《国务院关于支持沿边重点地区开发开放若干政策措施的意见》指出：探索建设边境旅游试验区。依托边境城市，强化政策集成和制度创新，研究设立边境旅游试验区（以下简称"试验区"）。鼓励试验区积极探索全域旅游发展模式。允许符合条件的试验区实施口岸签证政策，为到试验区的境外游客签发一年多次往返出入境证件。推行在有条件的边境口岸设立交通管理服务站点，便捷办理临时入境机动车牌证。鼓励发展特色旅游主题酒店和特色旅游餐饮，打造一批民族风情浓郁的少数民族特色村镇。新增建设用地指标适当向旅游项目倾斜，对重大旅游项目可向国家主管部门申请办理先行用地手续。积极发展体育旅游、旅游演艺，允许外资参股由中方控股的演出经纪机构。

跨境旅游合作区

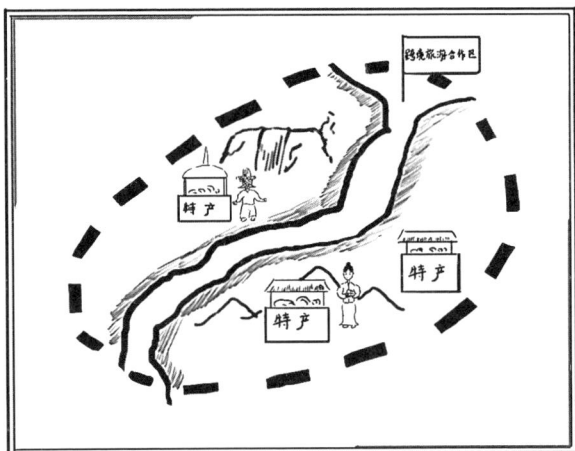

　　跨境旅游合作区是指在沿边地区由两国或两国以上政府共同推动、共同划定，并赋予特殊旅游政策，进而辐射带动周边地区，打造重要国际旅游目的地的合作区域。

　　《国务院关于支持沿边重点地区开发开放若干政策措施的意见》指出：研究发展跨境旅游合作区。按照提高层级、打造平台、完善机制的原则，深化与周边国家的旅游合作，支持满洲里、绥芬河、二连浩特、黑河、延边、丹东、西双版纳、瑞丽、东兴、崇左、阿勒泰等有条件的地区研究设立跨境旅游合作区。通过与对方国家签订合作协议的形式，允许游客或车辆凭双方认可的证件灵活进入合作区游览。支持跨境旅游合作区利用国家旅游宣传推广平台开展旅游宣传工作，支持省（区）人民政府与对方国家联合举办旅游推广和节庆活动。鼓励省（区）人民政府采取更加灵活的管理方式和施行更加特殊的政策，与对方国家就跨境旅游合作区内旅游资源整体开发、旅游产品建设、旅游服务标准推广、旅游市场监管、旅游安全保障等方面深化合作，共同打造游客往来便利、服务优良、管理协调、吸引力强的重要国际旅游目的地。

旅游"放管服"改革

　　"放管服"是简政放权、放管结合、优化服务的简称。"放"即取消、下放审批事项，清理职业资格准入证、上岗证、证明文件、审批中介服务事项等，降低准入门槛；"管"即加强事中事后监管，实施公正监管，推进综合监管，探索审慎监管，构建以信用为核心的新型监管机制，促进各类市场主体公平竞争；"服"即优化政府服务，提高公共服务供给和办事效率，提高"双创"服务、政务服务效率。2015 年李克强总理提出，深化行政体制改革、转变政府职能总的要求是：简政放权、放管结合、优化服务协同推进，即"放管服"三管齐下，推动大众创业、万众创新。

　　国家旅游局成立推进职能转变领导小组，统筹推进"放管服"改革工作，取消了"边境旅游项目审批"、"导游人员从业健康证明"行政审批中介服务事项和中央指定地方实施的"领队证核发"、"临时导游证核发"两个许可事项，取消、下放和转变管理方式的审批项目比例达到 66.7%；将"旅行社经营出境旅游业务资格审批"、"外商投资旅行社业务许可"、"旅行社业务经营许可证核发"和"旅行社经营边境游资格审批"等 4 个涉及工商登记的项目全部由前置审批改为后置；取消了旅行社设立审批中"注册资本不少于 30 万"、出境旅行社审批中"省级旅游主管部门的初审意见"和"连续两年未因侵害旅游者合法权益受到行政机关罚款以上处罚"等证明内容；取消了旅行社设立分社、服务网点备案中提供"旅行社业务经营许可证副本和企业法人营业执照副本"的要求；取消了导游资格证三年有效制度、导游年审培训制度和导游计分管理制度。探索建立适应全域旅游的旅游发展委员会和旅游警察、旅游巡回法庭、工商旅游分局的"1+3"乃至"1+3+X"的旅游管理体制；按照"全国一盘棋"的整体部署，坚持"目的地和客源地同步整顿、组团社和地接社同步治理、线上线下旅游企业同步清查、出境游市场与国内游市场同步规范、集中整治与常态机制同步推进"的"五个同步"原则，建立约谈通报督查连环机制、在线旅游产品价格监督机制、旅行社双向排查机制、旅游购物长效管控机制、重要案件督办机制和境外旅游目的地市场监管合作机制等一整套有效管控机制，抓住"合同、价格、购物"三个重点环节开展旅游市场综合治理。推行"互联网＋政务服务"和信息互联互通，运用信息化手段提高政务服务效率。下一步，将继续全面贯彻落实党中央、国务院关于"放管服"改革的一系列重要部署，紧紧围绕"为促进就业创业降门槛"、"为各类市场主体减负担"、"为激发有效投资拓空间"、"为公平营商创条件"、"为群众办事生活增便利"五个重点目标，继续推进旅游领域"放管服"改革。

旅游业发展用地政策

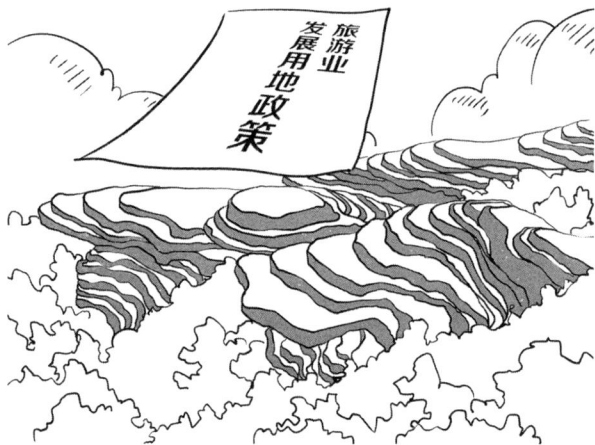

　　为落实《国务院关于促进旅游业改革发展的若干意见》、《国务院办公厅关于进一步促进旅游投资和消费的若干意见》相关部署，促进稳增长、调结构、扩就业，提高旅游业用地市场化配置和节约集约利用水平，国土资源部、住房和城乡建设部、国家旅游局于2015年11月25日共同印发了《关于支持旅游业发展用地政策的意见》。

　　《关于支持旅游业发展用地政策的意见》指出，要积极保障旅游业发展用地，有效落实旅游重点项目新增建设用地，强调各地按照资源和生态保护、文物安全、节约集约用地原则，加快旅游发展规划，并做好与土地利用总体规划、城乡规划、风景名胜区规划、环境保护规划等相关规划衔接工作，从而奠定旅游业发展依法、依规划用地的基础。支持使用未利用地、废弃地、边远海岛等土地建设旅游项目，对使用荒山、荒地、荒滩及石漠化、边远海岛土地建设的旅游项目，优先安排新增建设用地计划指标。对旅游业用地实行分类管理制度。鼓励以长期租赁、先租后让、租让结合方式供应旅游项目建设用地，以降低旅游项目开发初期用地成本。鼓励在其他项目中配套建设旅游厕所，以增加旅游厕所供应途径，促进土地和其他资源节约集约利用。

港澳独资旅行社试点经营
内地居民出境游业务

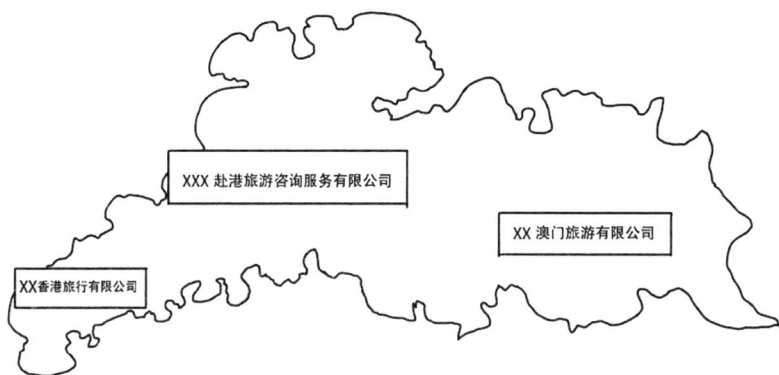

　　根据 2014 年 12 月签署的《〈内地与香港（澳门）关于建立更紧密经贸关系的安排〉关于内地在广东省与香港（澳门）基本实现服务贸易自由化的协议》，2015 年 2 月 16 日，国家旅游局发布《〈内地与香港（澳门）关于建立更紧密经贸关系的安排〉关于内地在广东省与香港（澳门）基本实现服务贸易自由化的协议》涉旅游措施的公告，自 2015 年 3 月 1 日起允许香港、澳门 5 家独资设立的旅行社在广东省范围内试点经营内地居民前往香港及澳门以外目的地（不含台湾）的团队出境游业务；广东的"饭店和餐饮服务"、"导游服务"和"其他"也将对香港、澳门旅游服务提供者实行国民待遇。

　　为落实协议内容，国家旅游局指导广东省旅游局出台《关于在广东的香港、澳门独资旅行社试点经营出境旅游业务监管暂行办法》等文件，目前已批准广州南华旅行社有限公司、广州佳天美旅行社有限公司、美丽华旅行社（广州）有限公司、广州安旅旅行社有限公司4家香港独资旅行社经营出境游业务。

协会脱钩改革

依法设立，自主办会，服务为本，治理规范，行为自律

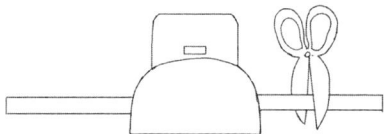

　　行业协会商会脱钩是党中央、国务院为加快转变政府职能，促进行业协会商会规范发展，充分发挥行业协会商会在经济发展新常态中的独特优势和应有作用作出的重大部署，其目的是加快形成政社分开、权责明确、依法自治的现代社会组织体制，厘清政府、市场、社会关系，厘清行政机关与行业协会商会的职能边界，加强综合监管和党建工作，促进行业协会商会成为依法设立、自主办会、服务为本、治理规范、行为自律的社会组织。2015 年 6 月，中共中央办公厅、国务院办公厅印发《行业协会商会与行政机关脱钩总体方案》，明确了总体要求和基本原则、脱钩主体和范围、脱钩任务和措施、配套政策等。按照党中央、国务院关于行业协会商会脱钩的总体部署和民政部的要求，国家旅游局认真抓好贯彻落实工作，成立了协会脱钩联合工作组，制定主管协会脱钩"三步走"方案。

　　按照"三步走"方案，2016 年 3 月，国家旅游局制定《中国旅游协会脱钩试点实施方案》，并报送民政部。方案中明确提出中国旅

游协会实现"五脱钩五规范"，即机构脱钩，规范行政管理和服务关系；职能脱钩，规范职责分工关系；资产财务脱钩，规范财产关系；人员管理脱钩，规范用人关系；党建、外事脱钩，规范相关管理关系，并就脱钩事项、分离措施、时间步骤、责任人员、转移职能清单、监管措施和责任、购买服务清单、扶持举措等内容作出具体安排。特别是在扶持举措方面提出，进一步转变政府职能，加快转移适合由中国旅游协会承担的职能；支持和规范中国旅游协会承接政府购买服务，注重发挥中国旅游协会的专业作用和密切联系行业的优势，优先购买行业管理与协调性服务、技术性服务、社会管理服务等；加强对中国旅游协会的综合监管等。2016年11月，行业协会商会与行政机关脱钩联合工作组办公室批复同意中国旅游协会脱钩试点实施方案。2016年12月，国家旅游局取消中国旅游协会的主管关系，中国旅游协会完成换证、资产清查、办公用房腾退、事业编制核销、党建外事移交等工作。与此同时，国家旅游局于2016年11月将列入第二批脱钩试点的《中国旅行社协会脱钩试点实施方案》和《中国旅游景区协会脱钩试点实施方案》报送民政部并得到核准，目前已完成脱钩工作。第三批脱钩试点的《中国旅游饭店业协会脱钩试点实施方案》和《中国旅游车船协会脱钩试点实施方案》于2017年7月经民政部核准。

中国国际旅游交易会改革

　　中国国际旅游交易会经过近二十年的发展，现已成为亚洲地区规模最大、最具影响力的综合性旅游展会之一，为各国、各地区展示旅游资源、交易旅游产品搭建了一个重要平台。近年来，中国旅游对外开放、交流、合作的步伐不断加快，中国国际旅游交易会市场化改革持续推进并成效初显，不断在招展、招商、展会服务等方面引入专业化团队市场化运作。尤其在展会服务上，引入市场化运作，简化了各项流程，使得展商可以全身心地投入到现场的交易当中，提高了展商参展的效率。此外，随着旅游产业深度合作不断加强，旅交会参展覆盖区域不断扩大，参展机构和企业含金量不断提升，参展范围也从旅游产业扩展到农业、教育、装备制造业、文化创意、互联网、健康等领域，促进乡村旅游、研学旅游、文化旅游、体育旅游等深度对接，推动了区域内全方位、深层次、多领域交流合作。未来，将在国家旅游局指导下，继续探索交易会市场化动作的路子，把中国国际旅游交易会办成高水准、国际化的旅游专业交易盛会。

第四篇　创　新

世界旅游联盟（WTA）

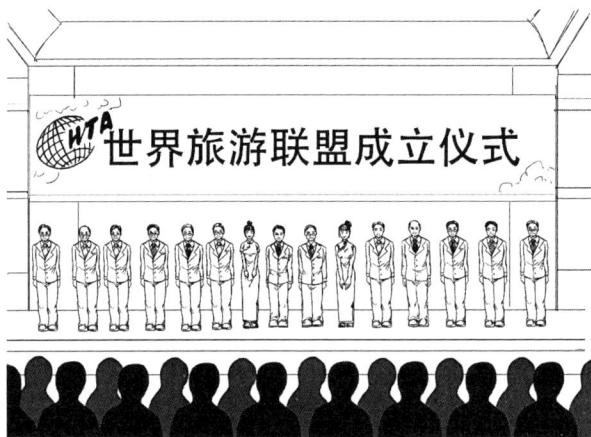

世界旅游联盟（World Tourism Alliance，WTA）是中国发起的第一个全球性、综合性、非政府、非营利国际旅游组织。

2014 年 11 月，上海国际旅游交易会期间，国家旅游局局长李金早向联合国世界旅游组织（UNWTO）秘书长瑞法依提出建议建立非政府国际旅游组织并发挥其作用，与现在的 UNWTO 互相配合、补充。2015 年 3 月，李金早率代表团在西班牙马德里访问 UNWTO 总部时，与瑞法依秘书长达成共识，探索由中国发起成立一个全球性、综合性、非政府、非营利国际旅游组织。随后，国家旅游局积极与世界多国旅游部门及重要企业沟通，并获得广泛支持。2016 年 9 月 27日，世界旅游联盟筹委会成立。2017 年 3 月 3 日，中国旅游协会行业发展座谈会在京召开，会议围绕为何、如何发起成立世界旅游联盟进行了交流。7 月 4 日，中国旅游协会向中国民政部提交世界旅游联盟成立申请。9月3日，中国国务院正式批准世界旅游联盟成立。

2017年9月12日，世界旅游联盟成立仪式在中国成都举行。国务院总理李克强向世界旅游联盟成立发贺信。李克强总理指出，实现旅游业的地区均衡和包容发展，既要发挥政府作用推进合作，也要发挥民间力量。世界旅游联盟应运而生，是当前世界旅游业发展的需要，也是全球旅游业界的共同期盼。相信世界旅游联盟将为此搭建新平台，提供新契机。中国政府愿积极关注和支持联盟建设，欢迎各国旅游业界广泛参与，为不断完善全球旅游治理体系发挥建设性作用。

2017年9月13日，国务院副总理汪洋与世界旅游联盟创始会员等与会代表亲切合影。参加联合国世界旅游组织第22届全体大会的137个国家和地区的旅游部长、代表及41个国际组织的主要负责人在成都共同见证世界旅游联盟诞生。

世界旅游联盟筹委会主任、中国国家旅游局局长李金早在致辞中表示：中国发起成立世界旅游联盟，是顺应国家外交大局，落实党中央积极推进特色大国外交、推进"一带一路"合作的创新之举。发起成立世界旅游联盟，源于旅游外交实践，是中国作为旅游大国在全球旅游治理的历史征程中提供的中国方案、发出的中国声音、留下的中国印记，充分显示了当代中国旅游人主动作为的积极态度、宏大格局、长远眼光。

中国旅游协会会长段强当选世界旅游联盟首届主席，美国旅游协会总裁罗杰·道、法国地中海俱乐部主席亨利·德斯坦、澳大利亚旅行商联盟主席杰森·韦斯特布里当选为联盟副主席，世界旅游联盟筹委会委员刘士军当选联盟秘书长。

世界旅游联盟主要机构包括大会、理事会和秘书处。大会是联盟的最高权力机构，由全体会员组成；理事会是会员大会的执行机构；秘书处是联盟的日常行政管理机构，由秘书长及其所聘职员组成。联盟总部和秘书处设在中国，工作语言为中文、英语、法语、俄语、阿

拉伯语和西班牙语。联盟共有89名创始会员，来自29个国家和地区。

世界旅游联盟以"旅游让生活和世界更美好"为宗旨，以旅游促进和平、旅游促进发展、旅游促进减贫为使命，以互信互尊、互利共赢为原则，与联合国世界旅游组织相得益彰、双轮驱动，在非政府和政府层面联合推动全球旅游界的交流与合作。

世界旅游联盟将致力于为会员提供专业服务，搭建会员之间对话、交流与合作平台，促进会员间业务合作与经验分享；以开放的姿态与相关国际组织沟通协调，促进国际旅游合作；组建高层次旅游研究和咨询机构，研究全球旅游发展趋势；收集、分析、发布全球、地区旅游数据；为政府及企业提供规划编制、决策咨询及业务培训；建立会员间旅游市场互惠机制，促进资源共享，开展旅游市场宣传推介；举办联盟年会、峰会、博览会等活动，为民间和政府搭建交流与合作的平台，推动全球旅游界与其他业界的融合发展。

首届世界旅游发展大会

　　2016 年 5 月 19—20 日，以"旅游促进和平与发展"为主题的首届世界旅游发展大会在北京举行。大会由中国政府与联合国世界旅游组织共同主办、中国国家旅游局和北京市人民政府承办，是党中央、国务院着眼外交全局和我旅游业长远发展作出的重要决策，是由我国主动发起、倡议并创意在中国主场举办的一次重大旅游外交活动，不仅在我国旅游发展史上具有里程碑意义，而且在世界旅游领域也产生了重要的积极影响。李克强总理出席大会开幕式并发表《让旅游成为世界和平发展之舟》的重要讲话。莫桑比克总统纽西、联合国世界旅游组织秘书长瑞法依致辞，联合国秘书长潘基文专门向大会发来贺信。李克强总理、莫桑比克总统纽西等中外贵宾共同启动了联合国大会确定的"2017 国际可持续旅游发展年"。来自 107 个国家和 15 个国际组织以及中国政府有关部委、各省区市的代表千余人出席了会议。李金早主持大会开幕式。

李克强总理在致辞中回顾了中国旅游业发展历程，指出中国政府高度重视旅游业的地位和作用。强调旅游业是中国培育发展新动能的生力军、大众创业万众创新的大舞台、实现扶贫脱贫的重要支柱、建设美丽中国的助推器和中国对外友好交往的高架桥。

李克强总理对世界旅游业提出三点倡议：实施国际旅游合作计划，为世界经济复苏加油助力；加强南北、南南对话和互利合作，促进落实可持续发展议程；发挥旅游的和平桥梁作用，进一步放宽人员往来限制，共同推进旅游往来便利化，提升旅游突发事件应对能力，坚决反对一切针对游客的恐怖行为。宣布未来 5 年中国将实施 50 个旅游业国际合作项目，包括开展旅游资源开发与保护、派遣专家提供旅游业规划咨询、培训中文导游和管理人员，提供 1500 个来华人员培训名额。

在大会高峰论坛上，伊朗副总统兼文化遗产、手工业和旅游组织主席索尔坦尼法尔、毛里求斯第一副总理兼旅游与对外交通部长杜瓦尔、瓦努阿图副总理兼旅游商务部长纳图曼和李金早分别发表了主旨演讲。有关国家旅游部长、国内省区市负责人及中外旅游企业代表围绕"旅游促进和平"、"旅游促进发展"和"旅游促进扶贫"三个议题深入交流。大会一致通过了成果文件《北京宣言——推动可持续旅游，促进发展与和平》。

首届世界旅游发展大会的成功举办，是中国旅游业发展水平的一次综合展示，是中国旅游业引领可持续发展的一次成功实践，也是中国旅游外交的重大突破，进一步提升了中国旅游业在国际上的地位和影响。

二十国集团旅游部长会议

　　二十国集团（G20）旅游部长会议，是国际经济合作的主要平台之一，2009 年在哈萨克斯坦阿斯塔纳举行的第 18 届联合国世界旅游组织大会会外活动期间根据成员国提出的倡议创建。当时最强大经济体的领导人期望通过采取协调一致的行动，发挥旅游业的潜能，支持实现经济复苏和创造就业机会的目标。

　　G20 成员为世界各地区主要的工业国家和新兴市场代表，这些国家拥有全球 90% 的国内生产总值，80% 的贸易额以及 2/3 的人口，同时也是全球重要的旅游目的地和出境旅游客源市场。目前，会议已成为二十国集团成员经济体间发展旅游合作的重要机制。6 年间，G20 成员入境旅游人数由 6.6 亿人次增长到 8.3 亿人次，国际旅游收入由 7470 亿美元增长到 9200 亿美元。

　　二十国集团旅游部长会议每年举办一届，首届会议于 2010 年举行。第七届二十国集团旅游部长会议由中国国家旅游局与联合国世界旅游组织共同主办，于 2016 年 5 月 20 日在北京举行。国务院副总理汪洋出席会议开幕式并致辞。联合国世界旅游组织秘书长塔勒布·瑞法依、联合国副秘书长吴红波分别致辞。本届旅游部长会议主席、国家旅游局局长李金早主持开幕式。

来自二十国集团成员的旅游部长和代表，以及联合国、国际劳工组织、经济合作与发展组织、世界旅游业理事会等国际组织代表出席会议。

本届会议主题为"可持续旅游：促进包容性发展的有效工具"。会上，联合国世界旅游组织发布了《可持续旅游：促进包容性发展的有效工具》主题报告。会议审议并通过了《第七届二十国集团旅游部长会议公报》。

G20 各国旅游部门一致同意，推动旅游业落实 2030 年可持续发展议程，完成可持续发展目标。鼓励二十国集团考虑将旅游业作为实现二十国集团确立的打造增长和发展新途径任务的重要产业。公报集中体现了参会各国促进可持续旅游、推动旅游业落实全球可持续发展目标方面的最新共识。

G20 旅游部长会议是二十国集团成员加强旅游合作的重要平台。2010 年首届部长会议召开以来，各方在推动签证便利化、旅游投资合作、国际旅游统计等方面做了大量工作，成员间旅游交流合作规模日益扩大，不仅为 G20 成员国经济复苏提供了重要支撑，也为各国就业创业和减贫作出了突出贡献。

中俄蒙三国旅游部长会议

　　2016 年 7 月 22 日，首届中俄蒙三国旅游部长会议在内蒙古呼和浩特市举行。中国国家旅游局局长李金早、俄罗斯联邦旅游署署长萨福诺夫、蒙古国驻华大使策·苏赫巴特尔出席会议。会议形成并一致通过了《首届中俄蒙三国旅游部长会议联合宣言》；建立中俄蒙三国旅游部长会议机制，每年召开一次会议，由三国轮流举办；成立中俄蒙"万里茶道"国际旅游联盟，推出茶路之旅特色旅游线路；制定三国旅游中长期合作规划及年度合作计划，推动旅游基础设施建设，共同开发旅游市场，建设旅游品牌。三方将在旅游研究、旅游规划、旅游投资、智慧旅游、品牌打造、旅游展会、宣传推广、资料制作、资源互换、信息互通、旅游培训等领域加强合作，共同开展跨境旅游合作，包括旅游专列、旅游自驾车、青少年旅游交流等专项活动。鼓励各自地方旅游机构及旅游业界积极开展区域间和行业间的旅游交流与合作。

三国旅游合作不断深化，旅游交流规模持续提升，为中俄全面战略协作伙伴关系、中蒙全面战略伙伴关系奠定越来越强大的民意基础，成为三国合作的重要内容。中俄蒙旅游部门按照《建设中蒙俄经济走廊规划纲要》相关要求，成立"万里茶道"国际旅游联盟，举办主题交流推广活动，新开通国际旅游包机、国际旅游专列，开展一系列工作，激发旅游活力，推动三方旅游合作迈上新台阶。

2017 年 6 月 21 日，第二届中俄蒙三国旅游部长会议在俄罗斯布里亚特共和国首府乌兰乌德成功举行。中国国家旅游局局长李金早、俄罗斯联邦旅游署署长萨福诺夫、蒙古国环境保护与旅游部国务秘书青克勒出席会议并讲话。三方围绕深化旅游务实合作，提升旅游交流规模，改善旅游服务品质，助力"一带一路"等三国发展战略对接等共同关心的问题进行了深入讨论，达成诸多共识。会后，三方共同签署了《第二届中俄蒙三国旅游部长会议纪要》，并商定将于 2018 年在蒙古国首都乌兰巴托举办第三届中俄蒙三国旅游部长会议。

"一带一路"旅游部长会议

2013 年，国家主席习近平提出共建丝绸之路经济带和 21 世纪海上丝绸之路，即"一带一路"倡议，得到全球 100 多个国家和国际组织的积极响应，形成广泛的国际共识。中国同 60 多个国家和国际组织签署了合作协议，相当一部分协议强调了旅游推动互联互通的积极作用。近年来，中国主动参与、积极推动全球旅游业的大发展，也实实在在分享了全球旅游业的发展成果。"一带一路"让旅游市场更加广阔，让旅游资源价值更加凸显，让旅游便利性进一步提升，让各国政府更加重视旅游业的发展，营造了良好的旅游国际合作环境。

2017 年 9 月 13 日，在联合国世界旅游组织第 22 届全体大会期间，"一带一路"旅游部长会议在成都成功举办。中国国家旅游局局长李金早、世界旅游组织秘书长瑞法依出席会议并作主旨发言。中国、俄罗斯、哈萨克斯坦、保加利亚、柬埔寨等"一带一路"沿线国家旅游部长围绕深化合作等议题展开深入研讨。大会发布《"一带一路"旅游合作成都倡议》，获得沿线国家积极响应。在"一带一路"框架下深化合作、共享旅游业发展果实，成为与会代表广泛的共识。出席联合国世界旅游组织第22届全体大会的100多个国家和地区的旅游部长、41个国际组织负责人、千余名代表参加会议。

沿线国家旅游部长们在研讨中对"一带一路"倡议给予高度评价。他们认为，在"一带一路"倡议下，旅游大有可为。旅游业不仅仅是促进经济增长的重要产业，也是增进不同国家和地区人民友谊的桥梁，对于维护地区稳定与世界和平有着积极意义。相关国家和地区的旅游业已经在"一带一路"倡议下受益匪浅，通过共商共建共享，提高了旅游企业的竞争力，深化了旅游产业的国际合作，扩宽了旅游事业的发展空间，未来将进一步深化丝路沿线国家的旅游合作，开启"一带一路"旅游新格局。

大会通过《"一带一路"旅游合作成都倡议》，提出为进一步深化国际旅游交流，倡议在以下方面加强合作：加强"一带一路"旅游合作；加强政策沟通，提升旅游便利化水平；创建旅游合作机制，提升旅游交流品质；开展旅游联合推广，充实旅游合作内容；加强旅游教育交流，提升旅游智力支撑；共同应对挑战，加强旅游风险处置能力；加强合作，发挥协同效应。

丝绸之路旅游部长会议

  2017年6月19日，丝绸之路旅游部长会议在陕西西安正式举行。丝绸之路沿线国家旅游部长及联合国世界旅游组织代表，围绕扩大人员交流规模、提升旅游便利化水平、联合开展推广活动、提升旅游交流品质等议题进行了深入交流与讨论。中国国家旅游局局长李金早主持会议。各国旅游部长认为，丝绸之路是沿线各国共有的宝贵财富，也是旅游发展的重要资源。加强丝绸之路沿线国家间的旅游合作，对于促进各国经济社会发展与地区的和平稳定具有重要意义。

  为进一步增进丝路沿线国家的旅游交流与合作，各国旅游部长讨论通过了《丝绸之路旅游部长会议——西安倡议》。指出，丝绸之路沿线国家将共同打造"丝绸之路"旅游品牌，推进"畅游丝绸之路"活动，将沿线国家作为整体旅游目的地对外推介，吸引更多区域外游客到沿线国家旅游。打造"一程多站"旅游产品，丰富产品供给，不断提升区域旅游产品的吸引力，推动区域各国实现客源共享。各国还将加强旅游市场合作，推动沿线各国的市场互换和客源互送，努力扩大人员互访规模。同时，为了给游客提供更多便利，《丝绸之路旅游部长会议——西安倡议》还建议丝绸之路沿线各国增加跨境航班，充分利用跨境铁路和公路资源，提升国家间的旅游交通条件；争取各国政府对旅游区域合作的更大支持，推动实施更加便利的签证政策，简化通关手续，不断提升旅游便利化水平，为各国旅游发展与合作创造良好的环境。建立高效务实的旅游合作机制，共享旅游发展机遇，加强文化遗产保护，共同应对旅游业发展的困难和挑战。

中美旅游高层对话

对话交流机制是双边关系发展的重要载体，中美旅游高层对话交流机制的形成与发展是中美关系及中美旅游交流合作发展到一定阶段的产物。该机制建立以来，为两国中央和地方旅游部门、旅游协会、旅游企业搭建了重要交流平台，对丰富中美合作内涵、促进两国人民交流和相互理解、带动两国经济增长均发挥了重要作用。

2015 年，中国国家主席习近平访美期间，与美国总统奥巴马共同作出了举办"中美旅游年"的重要决定，为中美旅游合作开启了一个新的时代。

2016 年 9 月 3 日，国家主席习近平与来华出席二十国集团（G20）领导人杭州峰会的美国总统奥巴马举行会晤，双方进一步达成一系列重要共识，"中国国家旅游局和美国商务部将继续共同推进中美旅游高层对话"等"中美旅游年"各项活动列入《中美元首杭州会晤中方成果清单》。在 2016 年"中美旅游年"框架下，国家旅游局积极协调美方相关部门，双方陆续开展了百项交流活动。2016 年 9 月 9 日，为落实 G20 中美元首杭州会晤达成的重要共识，"2016 中美旅游高层对话"在宁夏举办，中美两国旅游部门同时签署旅游合作行动计划。两国旅游业人士围绕"互学互鉴、共谋发展，开创中美旅游交流新时代"主题，共同分享旅游发展的最新理念和最新成果。

2017 年 9 月 21 日，"2017 中美旅游高层对话"在美国佐治亚州亚特兰大市成功举行。来自中美两国旅游主管部门、业界代表共 200余人参加了对话活动。中国代表团团长、国家旅游局局长李金早在致辞中提出，双方应共同推动旅游业可持续发展，积极发挥旅游创造就业、减少贫困、改善民生的经济社会功能；着力加强旅游目的地推广合作，实现优势互补、市场共拓、客源互送，共同提升两国旅游目的地的影响力与吸引力；深化旅游交流合作机制，构建常态化旅游市场联合监管和沟通协调机制，共同维护健康有序的出入境旅游环境；积极发挥新近成立的世界旅游联盟（WTA）的作用，更好地服务于各国旅游企业、旅游者，并大力促进国际旅游交流合作。在对话会议上，双方旅游同行围绕社交新媒体、酒店与目的地合作关系、全域旅游发展现状与前景等议题进行了深入探讨、广泛交流，有效提升了两国旅游交流合作关系。

外国元首登长城

长城是世界文化遗产，作为中华民族的象征，它凝聚着中华民族历代劳动人民勤劳聪明智慧和血汗结晶。多年来，长城都是我国外事接待活动的重要考察点之一。2017 年，有 3 位国家元首登上长城，开展旅游外交活动。

瑞士联邦主席登长城

2017 年 5 月 13 日，"中瑞旅游年"高峰活动——"瑞士联邦主席登长城"在北京市慕田峪长城举行。中国国家旅游局局长李金早陪同应习近平主席邀请来华参加"一带一路"国际合作高峰论坛的瑞士联邦主席洛伊特哈德，登上北京慕田峪长城。

洛伊特哈德致辞时说："今年 1 月我与习近平主席阁下在瑞士达沃斯共同启动了'中瑞旅游年'。今天，我来到中国、来到美丽的长城，就是要再次庆祝'中瑞旅游年'的成功举办。"他还说，瑞士是冬季运动的故乡，也是世界上重要的可持续旅游目的地，瑞士愿与中国分享将自然资源与人文、经济协同发展的经验。希望中瑞两国在各个领域、各个层面，抓住"中瑞旅游年"带来的各种机会，进一步强化交流合作。欢迎更多中国游客到瑞士观光旅游。

李金早致辞时表示，2017年1月17日习近平主席访瑞期间，在达沃斯雪山脚下与洛伊特哈德主席阁共同启动"中瑞旅游年"，开启了中瑞旅游交流合作新篇章，丰富了两国"一带一路"战略合作内涵。我们愿与瑞方一道，紧紧把握"一带一路"发展机遇，借助2022年中国举办冬奥会契机，进一步完善旅游合作机制，提升旅游便利化水平，加强宣传推广，在冰雪旅游、山地旅游等方面深化务实合作，更好造福两国人民。我们要发扬敢于尝试的"好汉精神"，增进两国民众间的相互了解，用旅游架起中瑞友谊与合作的桥梁。

卢森堡首相贝泰尔登长城

2017年6月11日，应中国国务院总理李克强邀请来华访问的卢森堡首相格扎维埃·贝泰尔，在中国国家旅游局局长李金早的陪同下游览了北京慕田峪长城。

贝泰尔对中国文化和长城风景表示了浓厚兴趣，对中方的热情接待表示感谢。游览后，贝泰尔在景区留言簿上欣然题字——"非常荣幸参观长城，这让我感受到中国的伟大。希望中国人民同卢森堡人民的友谊像万里长城一样万古长青。"

李金早表示，2017年是中卢两国建交45周年，明年是"中国—欧盟旅游年"。中方希望以此为契机，与卢方加强在旅游产品开发、宣传推广、人才培训等方面的务实合作，扩大双向人员往来规模，深化两国文化交流，争取将中卢旅游合作推上新的台阶。李金早建议，卢方发挥自身优势，针对不同细分市场开发古堡游、露营游等特色产品，特别是联合其他国家推出多样组合的"一程多站"连线旅游产品。卢森堡与一些热门的欧洲旅游目的国相比，卢森堡对中国游客而言较为陌生。建议卢方继续加强在华形象推广，通过电视、报纸、网络以及各类活动让中国公民从多角度了解卢森堡的文化、历史和美景，产生赴卢旅游的兴趣。与此同时，要为中国游客提供更加便利、友好的旅游环境。

贝泰尔首相在参观慕田峪长城时表示，将在2018"中国—欧盟旅游年"框架下，继续推进中卢两国旅游交流合作，促进更多游客到彼此国家旅游观光，为两国关系发展注入新的活力。

巴拿马总统巴雷拉夫妇登长城

应中国国家主席习近平邀请，巴拿马共和国总统胡安·卡洛斯·巴雷拉·罗德里格斯于2017年11月16日至22日对中国进行国事访问。访问期间，巴雷拉总统夫妇一行于17日游览了北京慕田峪长城。巴拿马副总统兼外交部部长德圣马洛夫妇、中国国家旅游局局长李金早、中国驻巴拿马大使魏强等陪同游览。

巴雷拉在欢迎仪式上致辞时说，中国长城和巴拿马运河是两国最重要的文化标志和世界工程史上的奇迹，也是两国友谊长存的见证。相信随着巴中正式建交和两国各领域合作的进一步深化，会有越来越多的巴拿马人民到中国、到长城参观游览，同时也邀请更多中国人到巴拿马旅游度假。巴拿马愿意不断强化与中国的旅游交流，让更多巴中人民到彼此国家旅游观光，增进人民友谊，促进务实合作，进而推动两国经济社会繁荣发展。

李金早致欢迎辞时说，2017年6月13日，中巴两国正式建交。巴雷拉总统此次访华是应习近平主席邀请的首次访华，更是中巴建交后的一次重要活动，必将开启中巴关系的新篇章。中国有万里长城，巴拿马有巴拿马运河，都是世界奇迹。巴雷拉总统游览长城活动有利于促进越来越多的两国游客实现互访，进而推动中巴多领域务实合作。中国有句名言，不到长城非好汉。让我们发扬"好汉精神"，增进两国民众之间的相互了解，用旅游架起两国友谊与合作的桥梁。衷心祝愿两国人民友谊万古长青，两国旅游合作繁荣发展。

欢迎仪式上，李金早与巴雷拉互相赠送了纪念品。随后，巴雷拉一行在李金早、魏强等陪同下，参观游览慕田峪长城并合影留念。游览结束后，巴雷拉收到了写有"不到长城非好汉，我登上了万里长城"字样的"长城证书"。

游览长城活动前，李金早与巴雷拉总统还进行了简短会谈，畅谈两国旅游交流合作事宜。在得知中国发起成立了世界旅游联盟时，巴雷拉表示特别感兴趣，希望能推荐巴拿马旅游企业参与，他本人也愿意出席世界旅游联盟相关活动。

中国旅游十大新闻

　　从 2015 年开始，国家旅游局新闻办每年评选和发布年度中国旅游十大新闻。国家旅游局局长李金早在首次发布时发表"见证旅游　共建旅游——写在 2015 年中国旅游十大新闻发布之际"的署名文章：

　　"蹄疾走日月，步稳度关山。"刚刚闭幕的中央经济工作会议传来令人振奋的好消息，会议提出推动旅游业转型升级，逐步成为国民经济的支柱产业。在这鼓舞人心的重要时刻，公众期待已久的"2015 年中国旅游十大新闻"，今天由国家旅游局新闻办发布了！

　　令人欣喜的是，十大新闻均为今年国内外新闻媒体公开报道的旅游大事，这些事件对我国旅游业改革发展产生了巨大的推动作用，具备很强的代表性、创新性，备受社会关注。十大新闻的推出，既是对今年工作的盘点总结，也是对未来发展的砥砺鞭策，必将对全行业全社会深入了解旅游业、共同建设旅游业起到积极的推动作用。

值得说明的是，十大新闻的产生是集思广益的结果。从 11 月下旬开始，国家旅游局新闻办组织中央和行业主流新闻媒体，全面总结年度重大旅游新闻事件，梳理出 30 条候选新闻。经资深旅游记者、新闻院校学者和旅游业内专家共同组成的评定委员会评定，最终产生"2015 年中国旅游十大新闻"。

衷心祝愿中国旅游业在党中央国务院的英明领导下，在各部门全社会的共同支持下，全行业齐心协力，闯关夺隘、开拓进取，再上层楼！

十大新闻均为当年国内外新闻媒体公开报道的旅游大事，这些事件对我国旅游业改革发展产生了巨大的推动作用，具备很强的代表性、创新性，备受社会关注。十大新闻的推出，既是对当年工作的盘点总结，也是对未来发展的砥砺鞭策，将对全行业、全社会深入了解旅游业、共同建设旅游业起到积极的推动作用。

十大新闻的产生同时也是集思广益的结果。从每年 11 月下旬开始，国家旅游局新闻办组织中央和行业主流新闻媒体，全面总结年度重大旅游新闻事件，梳理出 30 条候选新闻。经资深旅游记者、新闻院校学者和旅游业内专家共同组成的评定委员会评定，最终产生"中国旅游十大新闻"。

2015 年中国旅游十大新闻：

1. 习近平总书记作重要指示，掀起全国"厕所革命"高潮。

2. 中国旅游产业对 GDP 综合贡献超 10%，旅游就业人数占总就业人数 10%。

3. 习近平主席出席中日友好交流大会并发表重要讲话，日本 3000 人旅游团访华。

4. "中国旅游年"在韩国成功举办，习近平主席、韩国总统发贺信，李克强总理、郑义和议长出席闭幕式。

5.7 月 28 日，李克强总理主持国务院常务会议审议通过《关于进一步促进旅游投资和消费的若干意见》，首次明确提出实施旅游投资促进计划。

6. 实施"一带一路"倡议，举办丝绸之路旅游年。

7. "旅游 +"行动计划出台，培育经济发展新动能。

8. 建立游客不文明行为记录，强化文明旅游硬约束。

9.5A 级景区打破终身制，激活旅游景区动态管理机制。

10. 乡村旅游带动千万人脱贫，旅游成扶贫攻坚生力军。

2016 年中国旅游十大新闻：

1. 全域旅游方兴未艾，现代旅游治理机制正在形成。

2. 习主席向"中美旅游年"开闭幕式、印度"中国旅游年"开幕式致贺词，中国旅游外交世界瞩目。

3. 李克强总理出席首届世界旅游发展大会并致辞；汪洋副总理出席首次在华举行的二十国集团旅游部长会议并致辞。

4. 国务院印发《"十三五"旅游业发展规划》，旅游业首次列入国家专项发展规划。

5. 旅游供给侧结构性改革发力，旅游投资成经济发展重要引擎。

6. 厕所革命深入全国城乡，影响景区内外。

7. 国家旅游局掀起史上最强旅游秩序整治风暴，367 家景区 819 家旅行社被查处。

8.启动"万企帮万村"旅游扶贫行动，乡村旅游带动农民脱贫致富。

9.导游体制改革破冰，设立"导游专座"广受国际好评。

10."重走长征路"红色旅游主题活动成功举办，红色旅游再升温。

2017年中国旅游十大新闻：

1.习近平总书记就推进"厕所革命"和旅游业大发展作出重要指示。

2.中国发起成立世界旅游联盟　凸显中国责任担当。

3.全域旅游发展如火如荼。

4.25个省（区、市）成立旅游发展委员会，旅游综合体制改革全面铺开。

5.旅游供给侧结构性改革深入推进，"旅游+"成为旅游业与其他产业融合发展的新模式。

6.旅游扶贫向纵深发力。

7.旅游市场秩序整治"四季会战"成效明显。

8.入境旅游全面恢复增长。

9.旅游促进绿色发展，助力美丽中国建设。

10.红色旅游持续升温，惠及革命老区群众。

中国旅游十大新闻人物

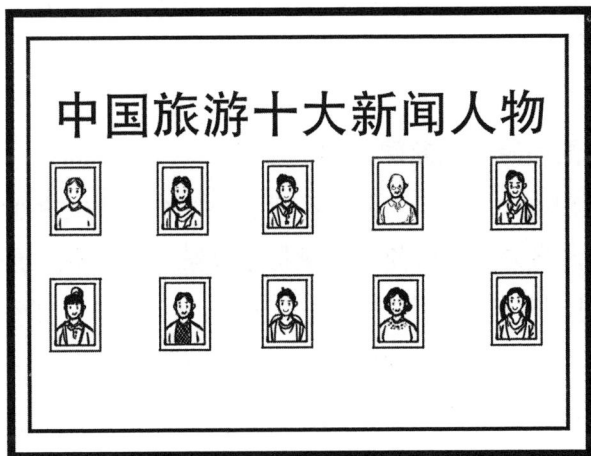

中国旅游波澜壮阔，先进人物星汉灿烂。为弘扬先进，促进文明旅游，推进旅游产业健康发展，从 2015 年开始，中国旅游协会开展了"中国旅游十大新闻人物"遴选活动。在广泛推荐的基础上形成了30 名人选，经过网络投票和摸底调查等环节，最后由专家委员会遴选出"中国旅游十大新闻人物"。这些人物中有开拓进取的企业代表，有用心服务的导游人员，有热心公益的旅游志愿者，还有挺身而出的普通游客。

当前，中国旅游业迎来了前所未有的发展机遇，为了把旅游业建设成为国民经济的战略性支柱产业和人民群众更加满意的现代服务业，中国旅游十大新闻人物的评选，将激励全体旅游工作者和广大游客以十大新闻人物为榜样，主动作为，勠力同心，共同开启

"十三五"旅游发展的新篇章。

2015年中国旅游十大新闻人物：

湖北游客高秋玲、广西导游刘萌刚、北京游客胡大一、宁夏导游李玲玉、北京首旅集团总经理刘毅、安徽黄山市休宁县琊斯状元村党支部书记叶红民、广东长隆集团有限公司董事长苏志刚、全联旅游业商会会长王平、深圳中国旅游志愿者石欣和福建任我游科技发展有限公司董事长林绍青。

2016中国旅游十大新闻人物：

文明旅游践行者——上海游客陈小平、爱心万里传递者——江苏导游杨莉、旅游文化传播者——湖北导游陈珮、旅游扶贫带头人——湖南省花垣县十八洞村党支部书记龚海华、旅游产业领军人——中国旅游集团公司董事长张学武、旅游警察建设先行者——三亚市副市长、公安局局长陈晓昆、乡村旅游开拓者——安徽淮商集团董事长刘浩、全域旅游推动者——四川泸州纳溪区委书记徐利、民营旅游领跑者——昆明诺仕达企业（集团）有限公司创始人任怀灿、"厕所革命"推进者——中国光大集团光大置业有限公司总经理颜建国。

世界旅游十大新闻

从 2015 年开始，国家旅游局新闻办每年组织评选和发布"世界旅游十大新闻"。2015 年 12 月 25 日国家旅游局局长李金早在首次发布时发表"放眼全球 开放兴旅"的署名文章：

2015 年世界旅游十大新闻今天由中国国家旅游局新闻办隆重推出！

这本身就是一条新闻，因为它是业界的破天荒之举。地球村的许多人，尤其西方人，今天第一次听到来自东方、尤其是来自中国关于世界旅游大事的声音。其实，无论东方还是西方，无论南方还是北方，都是地球村不可分割的部分。站在山村渔港看，地球是多么庞大，东西方、南北方似乎遥不可及。然而跳出地球去看,我们的村是多么渺小!

世界是你们的,也是我们的,归根结底是大家的。世界旅游人本来就是一家。所以世界旅游新闻大家评,顺理成章、天经地义。随着全球化推进和世界旅游发展的滚滚洪流,人们会逐渐习惯并重视来自东方的声音,尤其中国的声音。

世界从未像今天这样关注中国、在意中国、审视中国。中国也从未像今天这样关注世界、融入世界、影响世界。

在国际舞台上,旅游外交发挥着独特作用。外交为旅游铺路、护航,旅游为外交润滑、加速。

即将过去的 2015 年,世界经历了许多,尤其旅游风生水起、波澜壮阔,为艰难的经济复苏注入强心剂,扩大消费、投资、出口及就业,仿佛绽放于冰雪中的一枝腊梅;为脆弱的国际关系注入黏合剂,增加和平正能量,恰如闪耀在重雾中的希望之光;为身心疲惫的人们注入兴奋剂,帮助他们释放、遣兴,好似绿洲对沙漠、甘霖于久旱。另一方面,与其他领域一样,旅游也在经受磨砺,在一些地方甚至遭受恐袭和战乱之创伤。

不管谁来评选,无论何时评选,十大新闻都不可能完美概括当今多姿多彩的旅游世界,但此次评出的十大新闻,的确显示着世界旅游的亮点、焦点、痛点,有令人欣喜者,亦有使人焦虑者、甚至哀痛者。

然而宏观地看，2015 年世界旅游仍然是精彩多于失败，欣喜多于焦虑，正面多于负面！

如日当秋半，层波动旅肠。

已行千里外，谁与共春光？

盘点今年，着眼未来。放眼全球，开放兴旅。让我们暂时放下 2015 年的所有，轻松开心地迎接世界旅游美好怡人的 2016 年吧！

2015 年世界旅游十大新闻（以时间为序）：

1.2015 年旅游业占全球 GDP10%，占就业总量 9.5%。中国国内旅游、出境旅游人数和国内旅游消费、境外旅游消费均列世界第一。

2.第 21 届联合国世界旅游组织全体大会在哥伦比亚麦德林举行。

3.联合国将 2017 年定为国际可持续旅游发展年。

4.中国国家主席习近平推动掀起中国"厕所革命"高潮。

5.美国为促进入境旅游改进签证和移民程序。

6.西班牙获选 2014 年最具旅游竞争力国家。

7.巴黎恐袭事件冲击法国旅游，联合国世界旅游组织强烈谴责。

8.俄罗斯总统普京签署总统令，宣布对土耳其旅游业进行制裁。

9.埃博拉疫情结束，非洲期待旅游复兴。

10.中国政府宣布将于 2016 年与联合国世界旅游组织共同主办首届世界旅游发展大会。

2016 年世界旅游十大新闻（以时间为序）：

1.2016 年国际游客规模创纪录，全年突破 12 亿。

2.中国国家主席习近平重视"厕所革命"引全球关注、世界喝彩。

3. 中国倡议、中国创意，并与联合国世界旅游组织在华联合举办首届世界旅游发展大会。

4. 2016 世界旅游日聚焦无障碍旅游。

5. 里约奥运带热旅游业，"奥运客"近 60 万超预期。

6. 美古复交，旅游破冰。

7. 中国旅游收入跃升世界第二，继续位居世界第一大出境旅游消费国。

8. 世界多地遭恐怖袭击，旅游业受冲击。

9. 脱欧引发英镑大幅贬值，竟催热英国旅游业。

10. 难民潮冲击欧洲，跨境自由行受考验。

2017 年世界旅游十大新闻（以时间为序）：

1. 中国与多国共办旅游年　旅游外交精彩纷呈。

2. 恐袭挡不住旅游业发展脚步。

3. 俄罗斯推出旅游"新福利"，电子签证可以游远东。

4. 飓风严重打击加勒比地区多国旅游业。

5. 联合国世界旅游组织第 22 届全体大会成功举行，祖拉布当选新一任秘书长。

6. 世界旅游联盟成立，凸显中国责任担当。

7. "一带一路"旅游部长会议在华举行，中国赴"一带一路"国家旅游人数将超 2500 万。

8. 习近平主席推动中国"厕所革命"，国际社会反响热烈。

9. 世界旅游业对全球 GDP 及就业贡献分别超过 10%。

10. 美国针对 6 个主要伊斯兰国家的旅行禁令全面生效，地区局势依旧复杂。

全域旅游全息信息系统

全国全域旅游全息信息服务系统是国家旅游局 2017 年 3 月 7 日印发的《"十三五"全国旅游信息化规划》中九大重点工程之一，是指以移动通信、位置服务、地理信息系统和虚拟显示、云计算、大数据等技术为基础，以提供更加高效、智能、便捷的旅游信息服务为目的，整合全域旅游相关社会、文化、经济资源，尤其是旅游资源、生态环境、公共服务、政策法规等，形成全国全域旅游资源和服务"一张图"，实现对旅游全过程、全要素、全方位、全业态的有效信息服务，形成面向社会的旅游服务总入口。

2016 年 11 月 15 日，国家旅游局与中国科学院举行工作会商，围绕依托科技武装旅游、提升旅游、服务旅游、治理旅游等相关问题进行深入探讨，并提出要建立全国全域旅游全息信息服务系统。

2017 年 1 月，全国旅游工作会议在湖南长沙举行，旅游工作报告再次提出要建立全国全域旅游全息信息服务系统。

2017 年 3 月 7 日，国家旅游局印发了《"十三五"全国旅游信息化规划》，全国／全球全域旅游全息信息系统工程、民宿客栈信息化工程、旅游电子商务平台工程、旅游网络营销平台工程、旅游行业监管综合平台提升工程、旅游应急指挥体系提升工程等被列为重点任务。规划提出，到 2020 年，我国将努力实现 4A 级以上旅游景区免费 Wi-Fi、智能导游、电子讲解、在线预订、信息推送等全覆盖。

2017 年 5 月 17 日国家旅游局印发《全域旅游示范区创建工作导则》，提出要推进服务智能化。要建立地区旅游服务线上"总入口"，形成集交通、气象、治安、客流等信息为一体的综合信息服务平台。涉旅场所实现免费 Wi-Fi、通信信号、视频监控全覆盖，主要旅游消费场所实现在线预订、网上支付，主要旅游区实现智能导游、电子讲解、实时信息推送。开发建设游客行前、行中及行后各类咨询，导览、导游、导购、导航和分享评价等智能化旅游服务系统。

全国全域旅游全息信息服务系统基于面向社会服务的多终端地理信息平台，建立涵盖旅游综合信息的旅游信息聚合平台。通过信息融合和资源整合，为游客提供一站式服务，形成权威性的旅游需求总入口。一期将建设完善基础数据管理、旅游资源管理、旅游场景展示、综合信息服务等，为游客提供全域全时的旅游信息服务。项目将和全国旅游产业运行监测与应急指挥平台、旅游基础数据等项目实现资源共享、业务协同；将配合"十三五"期间，全域旅游示范区的创建任务等重点工作，提供有效的信息化支撑。

全国全球旅游全息信息系统

全国全球旅游全息信息系统工程是《"十三五"全国旅游信息化规划》中的重点工程之一。

2016年11月15日，国家旅游局与中国科学院在京举行工作会商。国家旅游局局长李金早提出，旅游产业是综合性产业，旅游产业对我国经济和就业的综合贡献率已经双双超过10%。时代发展要求我们用科技武装旅游、提升旅游、服务旅游、治理旅游。李金早还提出要创建全国全域旅游全息信息系统，创建全球旅游全息信息系统。

2017年3月7日，国家旅游局印发的《"十三五"全国旅游信息化规划》，规划中包括全国/全球全域旅游全息信息系统工程、民

宿客栈信息化工程、旅游电子商务平台工程、旅游网络营销平台工程、旅游行业监管综合平台提升工程、旅游应急指挥体系提升工程等被列为重点任务。

千人自驾赴俄游

　　千人自驾赴俄游是由国家旅游局主办的"中俄红色旅游大型交流活动"之一，旨在促进中俄红色旅游交流合作，增进中俄两国人民友谊。举行"千人自驾赴俄游"活动，是加强中俄人文交流的又一项务实举措，更是用红色旅游促进"丝绸之路经济带"建设的有益实践。

　　2017 年 6 月 28 日，湖南、陕西两地同时举行国内发车仪式，并组织自驾车队向北京集结。7 月 1 日，车队与北京自驾车队会合，"千人自驾赴俄游"活动在北京正式启动。7 月 5 日在满洲里口岸举行边境出关仪式。活动从 6 月份开始到 9 月份结束，历时 3 个月，自驾车队沿着莫斯科—圣彼得堡、莫斯科—乌里扬诺夫斯克州、莫斯科—喀山 3 条线路行进，前往列宁故居、中共六大会址纪念馆、圣彼得堡莫尔尼历史纪念馆等承载着红色记忆的景点参观游览，行驶总里程超过 2 万公里。8—9 月，另外两批自驾游车队赴俄，开展自驾游活动。

　　中俄两国是山水相连的友好邻邦。习近平主席提出的"一带一路"倡议实施以来，两国高层互访频繁，人文交流和民间交往日益密切。近年来，中俄两国旅游合作机制日趋完善，中俄已互为重要的旅游客源国和目的地，2016 年中俄旅游互访人数达 327 万人次，旅游在促进中俄关系发展中的作用愈发明显。特别是红色旅游逐渐成为中俄旅游发展中的新亮点，自 2015 年以来，国家旅游局与俄罗斯联邦旅游署已连续三年共同举办中俄红色旅游合作交流系列活动，双方签署了红色旅游合作谅解备忘录，毛泽东和列宁两大伟人的故乡——湘潭市和乌里扬诺夫斯克市结为友好城市，两国部分城市之间签订了红色旅游合作协议，相互推出了 10 条中俄旅游精品线路。中俄红色旅游交流方兴未艾，为两国旅游业发展注入了新的活力，开拓了新的发展空间。

海峡两岸旅行商交流大会

海峡两岸旅行商交流大会，是两岸旅游交流合作的新平台，旨在进一步促进两岸业界互通信息、分享资源、共拓市场、深化友谊。

2017 年 8 月 17 日，首届海峡两岸旅行商交流大会暨乡村旅游推广活动在湖南省常德市举行。大会以"两岸一家亲·乡村旅游情"为主题，顺应两岸民众提升乡村旅游体验的愿望，符合两岸业界培育乡村旅游休闲度假市场的需求，代表两岸旅游产业合作向纵深发展的方向。两岸乡村旅游业者互学互鉴、互利合作，不仅加快推进了大陆乡村旅游业发展，也为台湾休闲观光农业开拓发展空间提供了机遇。两岸旅行商和乡村旅游业者以大会为契机，共同打造乡村旅游观光休闲、度假复合型产品，合作开发乡村度假酒店、养生休闲山庄、旅游风情小镇等，更好地满足两岸游客亲近自然、放松身心、享受生活的品质化需求，推动两岸乡村旅游合作提质升级，为两岸旅游交流合作注入新动能。会上还发布了 20 条台胞赴大陆旅游精品线路。

内地与港澳全域旅游暨
旅游警察交流座谈会

内地与港澳全域旅游暨旅游警察交流座谈会

　　2017年3月19日，国家旅游局和澳门特区政府社会文化司首次在澳门联合举办内地与港澳全域旅游暨旅游警察交流座谈会。来自内地、香港和澳门的旅游及警务部门代表就全域旅游和旅游警察建设有关情况进行交流，并实地调研了澳门旅游及旅游警察执勤情况。

　　会议认为，"景点旅游"向"全域旅游"转变，对旅游管理模式提出了新要求，内地在综合管理体制、现代旅游治理机制等方面取得了重要突破，各地都在积极建立和推动旅游"1+3"管理模式。港澳地区旅游发展比较成熟，特别是澳门旅游在特区政府高度重视下，大力推进世界旅游休闲中心建设，取得了丰硕成果，是全域旅游的典范，澳门旅游警察经过两年多的实践于2017年3月5日正式成立，积累了一定经验。会议提出，希望通过这次会议，加强内地与港澳经验交流，相互借鉴，进一步深化内地与港澳旅游交流合作，推动全域旅游和旅游警察队伍建设，为游客提供更好的服务。

澳门将根据特区五年发展规划，加强与其他产业融合发展，为游客提供多元化的产品和体验。澳门旅游警察的建立可以在旅游景区有效地执行治安管控，维护旅游秩序，进行人群管理等工作，为澳门全域旅游和建设世界旅游休闲中心作出积极贡献。

港澳台青少年赴内地（大陆）游学工程

为贯彻中央对港澳台工作部署，落实习近平总书记等中央领导对港澳台青少年工作的有关指示精神，充分发挥旅游在增进港澳台青少年对国家、民族认同方面的特殊作用，近年来，在国家旅游局的积极推动下，内地与港澳台教育、旅游界携手开展了大量港澳台青少年游学活动。这些精心组织的游学活动是面向港澳台青少年开展国情教育的重要载体，是增进情感、加深了解、传承文化的桥梁，也是促进港澳台青少年增强国家和民族认同的重要手段。

2015年年初，国家旅游局把"港澳台青少年赴内地（大陆）游学工程"列入"515战略"重点工作，周密部署、专题研究、加强规划、拨付专项经费。在区域选择上，利用粤港澳地域相连、语言相通、文化相近的优势，优先组织赴广东的游学活动，并逐步扩大游学目的地范围，延伸至陕西、河南、山东、江苏、福建等游学资源丰富的地区。各地主动参与，积极配合，在景区门票、交通等方面给予减免支持。国家旅游局连续三年组织港澳青少年赴内地开展"华夏文明之旅"、"粤游越精彩"、"中国心·澳门情"、"丝绸之路万里行"等游学品牌活动，累计组织 45000 名港澳青少年赴内地游学；连续五年组织开展台湾青年赴大陆研学旅游活动，累计组织了 6000 余名台湾青年赴大陆游学。游学活动中，港澳台青少年感知中华历史文化、游历壮丽山河、见证发展成就，增长了学识、开阔了眼界，培养和激发了民族情怀。

近年来，国家旅游局已会同北京、江苏、浙江、福建、山东、河南、湖北、广东、四川、陕西等地旅游部门，联合并支持香港国民教育促进会、香港旅游学库、中国国旅（香港）旅行社有限公司、澳门中国旅行社有限公司、澳门中国国际旅行社有限公司等游学组织机构开展了多项游学活动。并针对游学活动的规律和游学市场的特点，在活动行程设计上纳入"学生交流、社会实践、知识提升、国情认知"四个要素，力求彰显旅游元素，突出教育功能，实现"寓学于游、寓学于乐"，让参团学生不仅能够增长学识和见识，更能提升爱国热情和民族情怀。实践表明，以旅游为载体开展港澳台青少年国情教育，是当前形势下开展国情教育的一条有效途径，可以培养和激发港澳台青少年的爱国热情和民族情怀。

中国—东盟旅游教育联盟

　　"中国—东盟旅游教育联盟"是在国家旅游局、教育部的大力支持和指导下，由中国—东盟中心、桂林旅游学院联合中国和东盟 18 个旅游院校及企业共同发起，在自愿基础上结成的非政府组织。联盟凝聚了中国与东盟高水平旅游教育优势力量，致力于构建中国—东盟区域旅游教育合作机制，通过旅游教育合作交流，培养高素质旅游人才，推进中国、东盟旅游业发展。

　　2017 年 7 月 29 日，由中国—东盟中心和桂林旅游学院联合主办的"中国—东盟旅游教育联盟成立大会暨中国—东盟旅游教育合作论坛"在贵阳举行。联盟发起单位共同签署了《中国—东盟旅游教育联盟成立宣言》，并见证联盟成立。联盟在中国和东盟各设置一个常设主席单位，秘书处设在桂林旅游学院。

游 学 联 盟

　　为落实国家旅游局"万名港澳台青少年赴内地（大陆）游学工程"，2015 年 7 月 23 日，国家旅游局组织陕西、河南、江苏、福建、山东、湖北、广东 7 省份在河南郑州成立内地游学联盟，7 省旅游局相关负责人共同签署《内地游学联盟协议》，并出台多重优惠政策支持港澳青少年赴内地游学。该联盟旨在进一步加强各省市旅游合作，联合打造游学产品，加强宣传推广，共同培育和拓展青少年游学市场，推动港澳入境旅游市场可持续发展。2016 年 7 月 29 日，2016 年内地游学联盟大会暨游学推广活动在山东省青岛市举办。会上，发布了《内地游学联盟章程》、《港澳青少年内地游学接待服务规范》行业标准和十大游学精品线路，举行了内地游学联盟章程发布暨新增成员单位加入内地游学联盟仪式、游学推介会、内地游学摄影展等。2017 年 7 月 25 日，2017 年港澳青少年游学推广活动暨内地游学联盟大会在湖南长沙举办。大会上，游学联盟发布了《2016—2017 年度内地游学联盟报告》、《2017—2018 年度内地游学联盟计划》、港澳游学机构推荐的最受港澳青少年欢迎的"十大游学博物馆"、"十大游学主题活动"、"十大游学景区"以及第一批港澳青少年游学基地，举行了内地游学联盟新成员入盟仪式。

　　"515 战略"实施三年来，国家旅游局连续开展"港澳青少年内地游学工程"，共组织 4.5 万名、带动近 13 万名港澳青少年赴内地游学。港澳青少年内地游学服务与管理框架体系初步建立，游学产品有效供给不断加强，游学品质与成效不断提升。内地与港澳社会各界对游学的认知度、关注度、参与度日益提高，游学正释放出强劲的市场活力和社会影响力。

中国旅游志愿者

　　中国旅游志愿者是以满足旅游者的旅游活动需求，提高旅游行业综合服务质量为目标，在文明引导、游览讲解、质量监督、旅游咨询、应急救援等领域提供公益服务的人员，是志愿服务的重要力量，是中国旅游事业的重要组成部分。

　　2015 年，为了深入贯彻落实党的十八届三中全会和习近平总书记关于文明旅游工作所做的一系列重要指示精神，推动旅游行业文明旅游工作深入开展，充分发挥旅游志愿服务在提高旅游服务质量、推动旅游业创新发展等方面的特殊作用，国家旅游局决定在全国范围内建立一支由支持旅游事业、热心公益事业人士组成的旅游志愿者队伍，并制定了《中国旅游志愿者工作实施方案》。2015 年 9 月 10 日，中国旅游志愿者信息管理服务平台正式上线，标志着国家旅游局中国旅游志愿者招募行动正式在全国范围内展开，以"旭日飞马"为图案

的中国旅游志愿者标识系统正式发布。9月30日，中国旅游志愿者队伍成立暨旅游志愿服务活动启动仪式在北京举行，国家旅游局局长李金早注册成为首批中国旅游志愿者，参与旅游志愿服务。中国旅游志愿者队伍的成立在全国各地引发了广泛关注，越来越多的人积极参与到旅游志愿服务当中。截至2017年11月，全国已有26万旅游志愿者完成注册，中国旅游志愿者秉承奉献真诚、帮助他人、服务社会的原则，践行志愿精神、传播优秀旅游文化，弘扬社会文明，在文明旅游建设中发挥着重要的作用。

中国十大国际旅游品牌

为进一步塑造中国旅游形象，提高中国旅游国际竞争力，促进入境旅游市场的发展，国家旅游局于 2016 年初正式公布中国十大国际旅游品牌。首批确定并推出国际旅游品牌 13 个，其中包括天下黄河、魅力长江、万里长城、千年运河、丝绸之路、海丝之旅、江南水乡、天路之旅、香格里拉、北国雪乡、岭南风光、茶叶之路和世界遗产。这些国际旅游品牌具有较高知名度，在国际旅游市场具有较强吸引力，品牌所代表的区域覆盖面广，基本涵盖中国全部省级行政区域。

中国地域辽阔，区域差异性大，自然和历史文化遗存众多，旅游资源丰富。中国十大国际旅游品牌是以中国各区域独特鲜明的自然和文化资源为基础，按照"展示特色，兼顾区域平衡"的原则确定的，对全国优质旅游资源进行了抽象归纳，最终形成一批在国际上叫得响的品牌。每个品牌所代表的区域都有相应的旅游推广联盟支撑，每个品牌的建设和管理工作分别由相应的旅游推广联盟具体负责。围绕品牌创立工作，各旅游推广联盟将分别设计统一的旅游形象标识（LOGO），制定标识使用规范，对品牌标识使用和宣传等进行管理。为丰富十大国际旅游品牌内涵，将旅游线路和产品培育成旅游品牌的重要支撑，在国家旅游局指导下，各相关旅游联盟牵头单位统筹整合区域特色旅游资源，做好配套旅游线路的规划编排工作，为境外组团旅游企业及游客提供参考。

2016 年，国家旅游局将中国十大国际旅游品牌纳入总体推广计划，在国家旅游局和各驻外办事处组织的大型推广活动、旅游展览、广告等活动中加强宣传力度，举办"美丽中国——天下黄河"、"美丽中国——万里茶道"、"美丽中国——千年运河"等一系列旅游推广活动，不断培育和扩大品牌效应。各旅游推广联盟在国家旅游局的指导下，积极开展推广工作，丰富品牌内容，创新旅游产品，营造良好的旅游品牌建设环境，不断丰富"美丽中国"整体旅游形象内涵，提升中国旅游影响力。

红色旅游精品线路

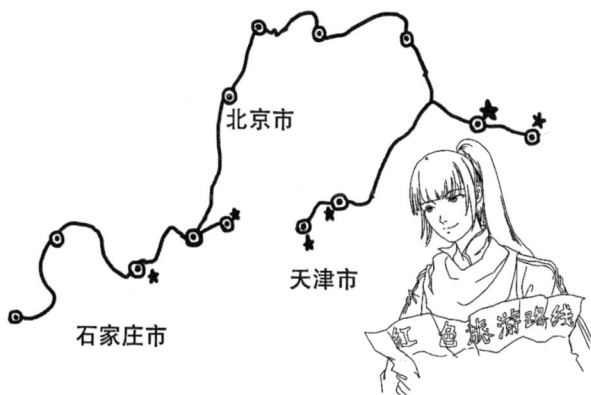

中共中央办公厅、国务院办公厅 2014 年年底印发的《2004—2010 年全国红色旅游发展规划纲要》，就发展红色旅游的总体思路、总体布局和主要措施作出明确规定。其中，提到的"配套完善 30 条'红色旅游精品线路'"是发展红色旅游要实现的重点目标之一。这是首次提出"红色旅游精品线路"。

2015 年，为纪念中国人民抗日战争暨世界反法西斯战争胜利 70 周年，更好地弘扬红色精神，传承红色文化，呈现中国人民波澜壮阔、艰苦卓绝的抗战历史，国家旅游局发布了北京—唐山—天津线、哈尔滨—长春—沈阳线、上海—苏州—常州—南京线、南昌—宜春—湘潭—衡阳—桂林线、长沙—衡阳—桂林—南宁线等 65 条抗战主题红色旅游精品线路。

2016 年，国家旅游局发布了"重走长征路"国家红色旅游精品线路，该线路以中央红军长征路线为基础，分主干线路 1 条和专题线路 8 条，包括：突围之旅（江西瑞金—广西兴安）、转折之旅（广西兴安—贵州遵义）、出奇之旅（贵州遵义—云南禄劝）、团结之旅（云南禄劝—四川泸定）、挑战之旅（四川泸定—四川小金）、卓绝之旅（四川小金—四川若尔盖）、曙光之旅（四川若尔盖—陕西吴起）、会师之旅（陕西吴起—甘肃会宁、宁夏西吉）。该线路主要位于中西部地区，是全国红色旅游产品体系的重要组成部分，是推进旅游精准扶贫的重要举措，也是推动旅游业供给侧结构性改革和全域旅游发展的重要抓手。

红色旅游书屋

　　红色旅游书屋是指面向游客、面向当地群众、面向景区工作人员，在红色旅游经典景区建立的公益性文化服务设施。党的十八大明确提出"开展全民阅读活动"。2014年3月5日，第十二届全国人民代表大会第二次会议上，"倡导全民阅读"首次写入《政府工作报告》中，体现了党中央、国务院对全民阅读的高度重视。为积极响应党中央、国务院的号召，进一步促进红色旅游持续健康发展，国家旅游局和中国旅游出版社联合开展"智力支持基层，建设红色旅游书屋"活动。

　　建设红色旅游书屋，是创新红色旅游宣传、培训的有效途径。红色旅游书屋是一项新事物，是推动红色旅游发展的一个新抓手，是旅游与文化融合的一个新亮点。通过建设红色旅游书屋，赠阅优秀旅游图书资料，既引导了红色旅游从业人员通过学习不断地提升业务水平，又可以满足游客多角度、多层次需求，促进景区宣传促销、教育培训、经营管理能力和服务水平进一步提升。

建设红色旅游书屋，是一项社会效益好的惠民公益项目。国家旅游局联合中国旅游出版社有计划、有安排地免费赠送行业最新的、权威的、具有前瞻性的旅游政策及法规解读、旅游管理理论及实务、红色旅游文化、历史文化时政、乡村旅游以及扶贫等类别图书资料，通常每个书屋赠送约 10 余万码洋的图书资料 3000 余册。获赠单位负责提供红色旅游书屋必备的软、硬件设施。

建设红色旅游书屋，是以实际行动强化服务基层意识的重要举措。红色旅游书屋接地气、顺民意，能够充分发挥红色旅游的正能量，顺应了红色旅游发展形势的需要，是贯彻落实中央领导同志有关发展红色旅游重要指示精神、培育和弘扬社会主义核心价值观的具体措施和实际举措，对推动所在地红色旅游发展具有积极促进作用。

红色旅游校园行

2017 年 4 月，国家旅游局印发《关于开展红色旅游校园行暨第七届全国大学生红色旅游创意策划大赛活动的通知》，提出 5 月至 9 月在全国组织开展红色旅游校园行暨第七届全国大学生红色旅游创意策划大赛活动。

2017 年 5 月 24 日，活动在北京拉开帷幕，9 月 14 日在南充市圆满落幕。活动期间，国家旅游局将红色旅游校园行活动与大学生红色旅游创意策划大赛有机结合，通过请进来、走出去的方式，组织专家团队深入校园宣讲红色故事；邀请广大师生走出校园，在体验红色旅游的过程中接受实实在在的革命传统教育和爱国主义教育。此次大赛有近万名在校大学生直接参与，覆盖全国 29 个省、市、自治区，共计 499 支参赛队伍，是历届红色旅游创意策划大赛参赛队伍最多、覆

盖省份最广的一次。大赛分初赛、采风、决赛三个环节，并最终产生了 30 支获奖队伍。

"红色旅游校园行"活动较好地发挥了红色旅游的教育功能，培养大学生传承红色基因、弘扬革命精神；有助于大学生将理论知识转化为实践成果，设计好的红色旅游作品，助力红色旅游发展；有助于大学生走进社会、开拓思维，促进其创新理念、创业发展。

第五篇　产业行动

"十三五"旅游业发展规划

2016 年 12 月 7 日，国务院印发《"十三五"旅游业发展规划》。旅游规划被列入国家重点专项发展规划，属史上首次。《"十三五"旅游业发展规划》确定了"十三五"时期旅游业发展的总体思路、基本目标、主要任务和保障措施，是未来五年我国旅游业发展的行动纲领。

《"十三五"旅游业发展规划》提出，"十三五"期间我国旅游业发展要实现四大目标：一是旅游经济稳步增长。到 2020 年，旅游市场总规模达到 67 亿人次，旅游投资总额 2 万亿元，旅游业总收入达到 7 万亿元。二是综合效益显著提升。旅游业对国民经济的综合贡献度达到 12% 以上。三是人民群众更加满意。"厕所革命"取得显著成效，旅游交通更为便捷，旅游公共服务更加健全，带薪休假制度加快落实，市场秩序显著好转，文明旅游蔚然成风，旅游环境更加优美。四是国际影响力大幅提升。入境旅游持续增长，出境旅游健康发展，与旅游发达国家的差距明显缩小。《"十三五"旅游业发展规划》要求，要全面落实旅游业创新驱动、协调推进、绿色发展、开放合作、共享共建等方面的任务。一是突出理念创新、产品创新、业态创新、技术创新和市场主体创新，推动精品景区建设、加快休闲度假产品开发、大力发展乡村旅游、提升红色旅游发展水平、加快发展自驾车旅居车旅游、大力发展海洋及滨水旅游、积极发展冰雪旅游、加快培育低空旅游。二是优化旅游业空间布局，做强 5 大跨区域旅游城市群、培育 20 个跨区域特色旅游功能区、打造 10 条国家精品旅游带、培育 25 条国家旅游风景道、推进 8 大类特色旅游目的地建设。三是加强交通基础设施建设，完善信息咨询、"厕所革命"等旅游公共服务体系，推动旅游各产业要素更新换代。四是从消费端倡导绿色旅游消费，从供给端强调绿色开发与节能减排。五是构建旅游开放新格局，实施积极的旅游外交战略，大力提振入境旅游，深化内地与港澳、大陆与台湾旅游合作，有序发展出境旅游，提高旅游业开放发展的深度和广度，提升旅游业发展内外联动性。六是大力实施乡村旅游扶贫工程，推进旅游业创业就业，规范旅游市场秩序，大力推进文明旅游，构筑旅游安全保障网，实施旅游服务质量提升计划，创造文明、安全、便捷、舒适、高效的旅游环境。

"十三五"全国旅游公共服务规划

"十三五"全国旅游公共服务规划

旅游公共服务是指政府和其他社会组织、经济组织为满足游客的公共需求，提供基础性、公益性服务的过程。为指导和推进全国"十三五"期间旅游公共服务体系建设，2016 年 12 月，国家旅游局制定了《"十三五"全国旅游公共服务规划》，其指导思想是：按照"五位一体"总体布局和"四个全面"战略布局，牢固树立和贯彻落实创新、协调、绿色、开放、共享发展理念，以转型升级、提质增效为主题，坚持"需求导向、补齐短板、创新共享、智慧支撑、结构优化、全域全程、软硬并举"建设主线，扩大旅游公共服务有效供给，优化旅游公共服务内容，全面提升旅游公共服务品质，提高旅游业可持续发展保障能力，为实现旅游强国"三步走战略"奠定坚实基础。

《"十三五"全国旅游公共服务规划》客观分析了"十三五"期间发展旅游公共服务的新机遇、新要求和新挑战，明确了六大发展目标：一是旅游公共服务供给总量有效扩大；二是旅游公共服务供给结构不断优化；三是旅游公共服务运营绩效完善提升；四是旅游公共服务均等发展实现突破；五是旅游公共服务空间布局科学合理；六是旅游公共服务体制机制健全完善。《"十三五"全国旅游公共服务规划》提出了九大主要任务：一是完善旅游基础设施；二是优化旅游交通便捷服务体系；三是提升旅游公共信息服务；四是大力推进厕所革命；五是构建国民旅游休闲网络；六是加强旅游惠民便民服务；七是构筑旅游安全保障网；八是优化旅游公共行政服务；九是推动旅游公共服务走出去。《"十三五"全国旅游公共服务规划》确定了十六项重点工程：一是"12301"国家智慧旅游公共服务平台提升工程；二是旅游服务中心建设工程；三是"厕所革命"推进工程；四是旅游"最后一公里"优化工程；五是国家旅游风景道公共服务示范工程；六是旅游观光巴士示范工程；七是旅游休闲绿道示范工程；八是自驾车旅居车营地公共服务示范工程；九是旅游区（点）道路交通标识体系优化工程；十是旅游安全与应急救援示范工程；十一是 A 级旅游景区视频监控工程；十二是乡村旅游公共服务工程；十三是红色旅游公共服务工程；十四是旅游志愿者服务管理工程；十五是旅游公共服务标准化工程；十六是旅游公共服务质量评价工程。《"十三五"全国旅游公共服务规划》推出了六大保障措施：一是创新体制机制；二是健全法律法规；三是加大投入力度；四是优化用地政策；五是落实国民休假制度；六是加强人才队伍建设。

"十三五"全国旅游信息化规划

"十三五"全旅游信息化规划

2016 年 12 月，国家旅游局为适应信息化时代和全域旅游发展的客观要求，为加快全国旅游信息化发展，制定了《"十三五"全国旅游信息化规划》。

《"十三五"全国旅游信息化规划》提出的发展目标是：到 2020 年，旅游"云、网、端"基础设施建设逐步完善，信息新技术的行业创新应用不断深化，旅游数字化、网络化、智能化取得明显进展，旅游公共信息服务水平显著提高，旅游在线营销能力全面发展，行业监管能力进一步增强，旅游电子政务支撑行业治理现代化坚实有力，信息化引领旅游业转型升级取得明显成效；主攻方向是"十三五"时期，加快推进新一代信息技术在旅游业中的应用，不断创新旅游模式、扩大旅游新供给、拓展旅游新领域、打造旅游新引擎，着力在满足游客需求、提升旅游品质、引领全面创新上取得突破，为旅游业转型升级、提质增效提供动力支撑。

《"十三五"全国旅游信息化规划》确定的重点工程：一是全国／全球全域旅游全息信息系统工程；二是民宿客栈信息化工程；三是旅游电子商务平台工程；四是旅游网络营销平台工程；五是"12301"国家智慧旅游公共服务平台提升工程；六是旅游行业监管综合平台提升工程；七是旅游应急指挥体系提升工程；八是旅游信息化标准体系提升工程；九是国家旅游基础数据库提升工程。《"十三五"全国旅游信息化规划》提出四项优先行动：一是旅游公共信息服务建设优先行动；二是旅游网络营销建设优先行动；三是旅游电子商务建设优先行动；四是旅游电子政务建设优先行动。

"十三五"旅游人才发展规划纲要

为贯彻落实中央《关于深化人才发展体制机制改革的意见》和《国家中长期人才发展规划纲要（2010—2020 年)》，依据《"十三五"旅游业发展规划》，2017 年 7 月，国家旅游局办公室印发关于《"十三五"旅游人才发展规划纲要》。

《"十三五"旅游人才发展规划纲要》要求，旅游人才培养要坚持对接产业、服务发展；坚持问题导向、改革创新；坚持重点突破、整体提升；坚持分类指导、统筹推进四大基本原则。旅游部门要把服务旅游业发展作为旅游人才工作的根本出发点和落脚点，围绕实施《"十三五"旅游业发展规划》，科学谋划旅游人才工作布局、改革思路和政策措施，提升人才质量和效益；围绕束缚旅游人才发展的关键环节和突出问题，大力推动旅游人才体制机制改革和政策创新，建立科学有效的培养开发、评价发现、选拔使用、流动配置、激励保障机制，释放市场在人才配置中的决定性作用。

《"十三五"旅游人才发展规划纲要》的目标在于，最终实现旅游人才规模更加壮大、旅游人才素质显著提升、旅游人才结构更加优化、旅游人才发展环境明显改善，到 2020 年，形成一支数量充足、结构优化、素质优良、充满活力、与旅游业发展相适应的旅游人才队伍。

《"十三五"旅游人才发展规划纲要》的主要任务包括统筹推进旅游行政管理人才、企业经营管理人才、专业技术人才、技能人才、乡村旅游实用人才等五支人才队伍建设，加快发展现代旅游职业教育，加强旅游人才国际交流与合作，深化旅游人才体制机制改革等四方面内容。明确提出旅游行政管理人才培训计划、旅游企业经营管理人才开发计划、旅游行业智库建设计划、万名旅游英才计划、旅游业青年专家提升计划、旅游创新创业人才开发计划、旅游新业态人才开发计划、导游素质提升计划、乡村旅游实用人才开发计划、红色旅游人才发展计划、旅游人才援助计划十一项重点计划。

"十三五"外国人入境旅游市场
发展规划（2016—2020）

《"十三五"外国人入境旅游市场发展规划（2016—2020)》

　　为贯彻落实《"十三五"旅游业发展规划》，推动市场开发工作向规划先行、有序引导转变，同时为外国人入境旅游市场开发工作提供系统性、长期性的指导意见，国家旅游局编制《"十三五"外国人入境旅游市场发展规划（2016—2020)》，旨在更好地为"十三五"时期的外国人入境旅游市场开发提供科学参考。

　　国家旅游局高度重视《"十三五"外国人入境旅游市场发展规划（2016—2020)》编制工作，将其列为 2017 年重点工作，组织召开了由学界、业界代表参加的专家研讨会，对方向、重点进行了研讨。2017 年 7 月中旬完成初稿，并在"2017 全国旅游市场业务培训班"上初步征求了各地旅游行业管理部门的意见。其后经过多次论证与修改，形成了最终成果。《"十三五"外国人入境旅游市场发展规划(2016—2020)》主要内容共有五个方面：

第一，在系统分析"十二五"期间发展成就、国内外发展形势的基础上，提出了发展的指导思想与发展目标，重点规划了国家旅游形象推广工程、旅游推广体系完善工程、旅游网络营销工程、海外公众旅游宣传推广工程、目的地国际品牌提升工程、旅游产品创新工程、旅游服务质量提升工程、"一带一路"协同工程、边境旅游促进工程、新型旅游市场主体培育工程十大主要任务。

第二，在"指导思想"部分，突出与上位规划的衔接，强调发挥市场工作服务"一带一路"倡议、国际旅游竞争力提升、旅游外交的功能属性，阐述了市场工作优化的主要方向与领域。

第三，在"国家旅游形象推广工程"部分，强调旅游形象与"中国梦"的结合；在"旅游推广体系完善工程"部分，突出了"美丽中国"形象如何具体、系统落实；在"旅游网络营销工程"部分，阐述了新平台新渠道的利用；在"海外公众旅游宣传推广工程"部分，分析了从海外受众视角选择合适的渠道与内容；在"目的地国际品牌提升工程"部分，从国内目的地视角提出了品牌提升的策略。

第四，在对接相关规划基础上，从点（国际旅游目的地）、线（国家精品旅游带、跨国精品旅游线路）、面（旅游产品体系）分别提出优化产品措施；在"旅游服务质量提升工程"部分，规划签证便利化、交通对接、购物退税优化、多语种服务、"厕所革命"等公共服务优化内容；在"边境旅游促进工程"部分，规划以边境为依托的多双边合作体系；在"一带一路协同工程"中，规划如何通过加强合作开发沿线国家与地区市场；在"新型旅游市场主体培育工程"部分，规划市场主体创新方式。

第五，为了确保规划目标和任务的完成，就经费投入、人才培养、政策协调、推广创新、分类指导等方面明确了具体的保障措施。

关于进一步促进旅游投资和消费的若干意见

2015 年 8 月 4 日，国务院办公厅印发《关于进一步促进旅游投资和消费的若干意见》指出，旅游业是我国经济社会发展的综合性产业，是国民经济和现代服务业的重要组成部分。

《关于进一步促进旅游投资和消费的若干意见》部署了改革创新促进旅游投资和消费工作，提出六个方面共二十六条具体措施，六个方面具体为：一是实施旅游基础设施提升计划，改善旅游消费环境；二是实施旅游投资促进计划，开辟新的旅游消费市场；三是实施旅游消费促进计划，培育新的消费热点；四是实施乡村旅游提升计划，开拓旅游消费空间；五是优化休假安排，激发旅游消费需求；六是加大改革创新力度，促进旅游投资消费持续增长。《关于进一步促进旅游投资和消费的若干意见》非常明确地提出了实施基础设施提升计划、乡村旅游提升计划、旅游新业态的旅游投资促进计划、"互联网 + 旅游"等工程，并在促进旅游发展政策和改革方面有了新突破。

　　《关于进一步促进旅游投资和消费的若干意见》的出台，对于推动现代服务业发展，增加就业和居民收入，提升人民生活品质，具有重要意义。

旅游产业发展大会

　　近年来，旅游业全面融入国家战略体系，走向国民经济建设的前沿，成为"稳增长、调结构、惠民生"的重要力量。全国各地党委政府高度重视发展旅游业，把旅游作为战略性支柱产业予以部署，纷纷召开全省（区、市）旅游产业发展大会，推进全域旅游，狠抓旅游扶贫，促进旅游富民。不少省份连续几年召开旅游产业发展大会。许多地方的旅游产业发展大会一直开到了市、县、乡，成为近年来影响日渐扩大、效果日渐明显的产业推进动员会、表彰会、招商会，一批批旅游项目由此落地。

　　旅游产业发展大会的举办，使各地更加明确了旅游业作为战略性支柱产业的发展定位，使越来越多的干部群众对旅游工作的认识达到新高度，对推进全域旅游，深化旅游供给侧结构性改革，满足人民群众日益增长的旅游需求具有重要意义。

中国旅游产业基金

2017年5月19日，由国家旅游局推动，中国旅游集团公司牵头组建成立"中国旅游产业基金"。基金采用有限合伙形式，总规模为300—500亿元人民币，首期规模为100亿元。基金将重点围绕"一带一路"，京津冀、长江经济带等国家发展战略，放眼旅游业全产业链，引领行业升级，直接投资全国范围内成长潜力强的旅游项目。中国旅游产业基金不仅可以发挥旅游业在稳增长、调结构、惠民生等方面的积极作用，同时也是国家供给侧结构性改革的具体落实，有利于推动传统旅游资源开发，提高旅游供给体系的品质和效率，进一步培育发展旅游经济新动力，拓展发展旅游行业新空间，构建旅游产业新体系。

截至2017年7月，湖南、重庆、云南、四川、江西、山东、广东

等地先后设立了规模在 20 亿元以上的旅游产业投资基金，浙江省设立
了规模为 100 亿元的旅游投资基金。就全国范围看，旅游产业基金由无
到有、由点到面，只用了短短两年多时间，成为我国旅游现阶段改革创
新的一个重要标志。

中国旅游产业杰出贡献奖——飞马奖

　　近年来，在全国旅游产业发展中涌现出一大批投资规模大、创业意识强、发展势头好的民营企业，为旅游产业健康快速发展作出了积极贡献。为鼓励和引导社会资本投资旅游产业，充分发挥旅游产业在稳增长、调结构、增就业、惠民生中的重要作用，国家旅游局设置了中国旅游产业杰出贡献奖——飞马奖。

　　该奖项是对投资中国旅游产业100亿元以上、为中国旅游产业作出重要贡献的民营企业颁发的重要奖项，是年度旅游产业最高奖项。

2015 年 5 月 15 日在北京召开的中国旅游产业促进座谈会上首次颁发，至今已颁发了 3 批。

首批共有 10 家企业经营者获奖。他们分别是：开元旅业集团有限公司董事长陈妙林、上海春秋国际旅行社（集团）有限公司董事长王正华、山东龙冈旅游集团董事局主席张善久、凤凰古城文化旅游投资股份有限公司董事长叶文智、成都天友旅游集团总经理白燕川、昆明诺仕达企业（集团）有限公司董事局主席任剑峥、携程旅行网董事局主席梁建章、广东长隆集团有限公司董事长苏志刚、海昌控股有限公司董事长曲乃杰、宋城演艺发展股份有限公司董事长黄巧灵。

2016 年 5 月 15 日，国家旅游局与山东省政府在济南市共同举办了"2016 中国旅游产业投融资促进大会暨国家重点旅游项目推介会"。在会上，国家旅游局公布了第二届中国旅游产业杰出贡献奖——飞马奖 10 名获奖人员。他们分别是：广东深圳华强文化科技集团股份有限公司董事长梁光伟、陕西汉中文化旅游投资集团有限公司董事长杨海明、浙江横店圆明新园有限公司董事长徐文荣、山东省坤河旅游开发有限公司董事长李海峰、辽宁丰远集团有限公司董事长姜秀云、湖北丰太投资控股集团有限公司董事长曹江城、河南天瑞集团旅游发展股份有限公司董事长李留法、四川建川实业集团董事长樊建川、易达（福建）旅游集团有限公司董事长陈敏华、山东蓝海股份有限公司董事长张春良。

2017 年 5 月 19 日，2017 年度中国旅游产业投融资促进大会在北京召开。此次会议颁发中国旅游产业杰出贡献奖——飞马奖，共有 9 家企业榜上有名，分别是：武汉三特索道集团股份有限公司、长白山国际旅游度假区开发有限公司管理分公司、苏宁置业集团有限公司、荣盛康旅投资股份有限公司、传奇文化发展集团有限公司、华夏文化旅游集团股份有限公司、江西三清山旅游集团有限公司、广东（梅州）客天下旅游产业有限公司、安徽悠然蓝溪旅游开发有限公司。

国家—地方—企业—海外
四位一体旅游市场推广体系

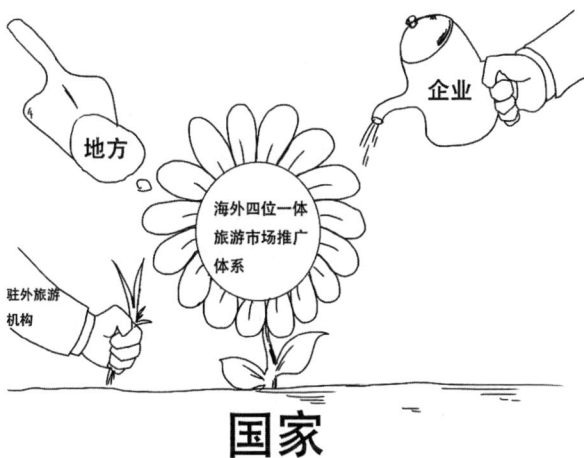

近年，国家旅游局紧扣"美丽中国——丝绸之路旅游年"主题，配合国家外交大局，与"一带一路"沿线各国开展旅游合作与交流，秉承全域旅游发展理念，创新市场推广工作，全面铺开多领域、多层次的旅游推广体系，不断完善国家"搭台"、地方和企业"唱戏"、驻外旅游机构做"红娘"的四位一体"一盘棋"旅游推广机制，全域旅游战略对旅游业创新发展的推动效应正逐步显现。

一是国家"搭台"，全方位构建推广体系。国家旅游局是国家对外旅游宣传推广工作的牵头单位，直接担负国家形象宣传责任，负责顶层设计、宏观指导、政策制定、统筹规划，组织实施重点工程、重大项目、重要活动。在国家旅游局大力支持和推动下，各方共同在旅游市场推广上齐发力、共行动、打配合，在现有体系基础上不断创新，建立了一系列旅游城市品牌和旅游推广联盟，在市场推广中形成了以"美丽中国"为核心的形象体系，新产品、新线路的开发工作取得阶段性成果。

二是地方"唱戏"，发挥推广联盟优势。推广联盟是国家与地方通力合作的典范。近年来，国家旅游局牵头，各地主导，推动成立和发挥推广联盟优势，以全域旅游的思维做好市场工作。"万里茶道"国际旅游联盟、中国长江旅游推广联盟、京杭大运河城市旅游推广联盟、中国世界遗产旅游推广联盟、中国大香格里拉旅游推广联盟等19个推广联盟相继成立并开展工作，已实现31个省、市、自治区及港、澳特别行政区全覆盖。各联盟整合优势资源，在组织建设、宣传推广和产品开发三个方面扎实开展工作。依托联盟，2016年国家旅游局推出了"中国十大国际旅游品牌"等精品旅游线路，专门拿出部分财政资金与13个联盟联合开展国际旅游推广活动。

三是驻外办为宣传推广牵线搭桥。各驻外旅游机构在前沿支持国家、地方和企业在境外开展宣传推广等工作，也在不断强化"走出去""请进来"工作力度，取得了良好的市场效应。驻外机构掌握着客源市场发展的第一手材料，了解客源市场的结构、偏好，同时熟悉当地的主流媒体、社交媒体、旅游机构，长期以来一直肩负着对外沟通、形象推广、平台搭建等多重职能。

旅游装备制造

　　旅游装备，是指游客参加户外旅游时需要配备的设备和物品以及为游客提供服务的各类大型、中小型设备及用品，包括大型旅游设备设施（如邮轮游艇、旅游直升机、低空飞行旅游装备、景区索道缆车、游乐设施和数字导览设施、环保型景区设备等）、旅游用品（如滑雪设备、高尔夫设备、潜水设备、睡袋、帐篷、救援器具、攀岩器具、GIS 定位仪、旅游房车等）以及旅游商品等。随着旅游业的发展，旅游装备的内涵和范围会不断丰富和完善。

　　旅游装备制造业并不是一个列入国家标准行业目录的术语，它隶属于制造业，是装备制造业的一种。装备制造业是我国独有的概念，其他国家或国际组织并没有提出这一概念。"装备制造业"的正式出现，见于 1998 年中央经济工作会议明确提出的"要大力发展装备制造业"。

目前我国是世界第一大出境旅游消费国及世界第四大入境旅游接待国，拥有世界最大的国内旅游市场，但与我国旅游需求增长强劲不相符的是，与之配套的旅游装备制造业尚处于起步阶段，旅游装备制造企业竞争力不强，研发能力和技术水平薄弱，产品配套体系不健全，核心部件依赖进口等问题突出。

2015年9月28日，由工业和信息化部、国家发展和改革委员会、交通运输部、国家质量监督检验检疫总局、国家旅游局、中国民用航空局六部门联合发布《关于促进旅游装备制造业发展的实施意见》，对于加快旅游产业与第二产业中装备制造业的融合，促进我国邮轮游艇、索道缆车、游乐设施和低空飞行旅游装备等大型装备制造业的自主研发，推动我国装备制造产业结构升级、培育新的经济增长点等都具有重要意义。

72 小时过境免签

经报国务院批准，目前，北京（首都国际机场）、大连（周水子国际机场）、沈阳（桃仙国际机场）、上海（虹桥国际机场、浦东国际机场）、杭州（萧山国际机场）、广州（白云国际机场）、桂林（桂林两江机场）、重庆（江北国际机场）、成都（双流国际机场）、昆明（长水国际机场）、西安（咸阳国际机场）、厦门（高崎国际机场）等航空口岸对 51 个国家持有有效国际旅行证件和 72 小时内确定日期、座位以及前往第三国（地区）联程机票的人员，实行过境免办签证政策。

现有 51 个国家适用 72 小时过境免办签证政策，其中包括 24 个欧洲申根签证协议国家（奥地利、比利时、捷克、丹麦、爱沙尼亚、芬兰、法国、德国、希腊、匈牙利、冰岛、意大利、拉脱维亚、立陶宛、卢森堡、马耳他、荷兰、波兰、葡萄牙、斯洛伐克、斯洛文尼亚、西班牙、瑞典、瑞士）、13 个欧洲其他国家（俄罗斯、英国、爱尔兰、塞浦路斯、保加利亚、罗马尼亚、乌克兰、塞尔维亚、克罗地亚、波黑、黑山、马其顿、阿尔巴尼亚）、6 个美洲国家（美国、加拿大、巴西、墨西哥、阿根廷、智利）、2 个大洋洲国家（澳大利亚、新西兰）以及 6 个亚洲国家（韩国、日本、新加坡、文莱、阿联酋、卡塔尔）。

自 2016 年 1 月 30 日起，在上海各开放口岸以及江苏省南京航空口岸、浙江省杭州航空口岸，对 51 个国家持有有效国际旅行证件和 144 小时内确定日期、座位前往第三国（地区）联程客票的人员，实行过境免签政策。过境外国人可选择从上海海、陆、空港口岸或者南京航空口岸、杭州航空口岸任一口岸入境或出境，在上海市、江苏省和浙江省行政区域内免签停留 144 小时。

实行更加便利的签证政策是世界各主要国家和地区提振入境旅游市场的通用做法。实施 72 小时过境免签政策，对促进入境旅游市场发展，拉动旅游消费，展现我大国风范和对外开放姿态，具有积极作用。

入 境 免 签

　　签证政策是影响国际旅游业的重要一环。据联合国世界旅游组织统计，目前，全球约2/3的人出国旅游需要签证。随着大众旅游时代的到来，尤其是旅游对外合作的不断深化，中国公民出境旅游需求越来越旺盛。为此，国家旅游局与外交、公安等部门配合，继续同有关国家加紧协商，进一步推进签证便利化，为中国公民提供高质量服务。

　　截至2017年7月，与我国互免普通护照签证的国家达到10个，单方面允许中国公民免签入境国家或地区达到16个，单方面允许中国公民办理落地签证国家和地区达39个。自2013年起，中国陆续在18个口岸城市实施对过境前往第三国（地区）并订妥联程机票的51国公民实行72小时过境免签政策。自2016年1月30日起，江、浙、沪144小时过境免签政策开始实施。截至2017年1月30日，上海口岸共为近3.9万人次外籍旅客签发了144小时过境免签临时入境许可。自2016年10月1日起，上海实行外国旅游团（2人及以上）乘坐邮轮入境15天免签政策。我国与俄罗斯、白俄罗斯等国在团队旅游免签政策安排方面也取得积极进展。同时，我国也相继出台了一系列提升外国公民入境便利化政策措施，相关政策环境持续优化，为扩大我国入境旅游规模、促进旅游业发展发挥了积极作用。

近期，国家旅游局推动白俄罗斯完成了互免团体旅游签证协定两国的内部审批手续，与格鲁吉亚互免团体签证协定磋商工作取得积极进展，与俄方就修改2000年签署的《俄罗斯联邦政府与中华人民共和国关于互免团体旅游签证的协定》举行了多轮磋商，推动哈萨克斯坦对中国旅游团队签证办理采取更加便捷的政策。

中国旅游业正以前所未有的开放姿态走向世界，旅游正成为国际经贸合作和人文交流最活跃、最具潜力的领域和构建新型大国关系的重要内容和桥梁，中国将与更多的国家分享旅游发展红利，世界将因中国旅游更加精彩。

境外旅客购物离境退税政策

　　离境退税政策，是指境外旅客在离境口岸离境时，对其在退税商店购买的退税物品退还增值税的政策。

　　为落实国务院《关于促进旅游业改革发展的若干意见》中"研究完善境外旅客购物离境退税政策，将实施范围扩大至全国符合条件的地区"的要求，完善增值税制度，促进旅游业发展，2015 年 1 月 6 日，财政部发布了《关于实施境外旅客购物离境退税政策的公告》，决定在全国符合条件的地区实施境外旅客购物离境退税政策（以下简称"离境退税政策"）。

　　2015 年 6 月 2 日，国家税务总局发布了《关于发布〈境外旅客购物离境退税管理办法（试行）〉的公告》，明确了退税商店的备案、退税代理机构的确定、退税物品的销售以及退税办理流程等内容，为

各地区制定实施方案提供了操作指南。离境退税政策由各省级人民政府组织实施。离境退税政策对于扩大旅游购物消费，促进旅游业健康发展具有重要的作用。

全国旅游投资优选项目

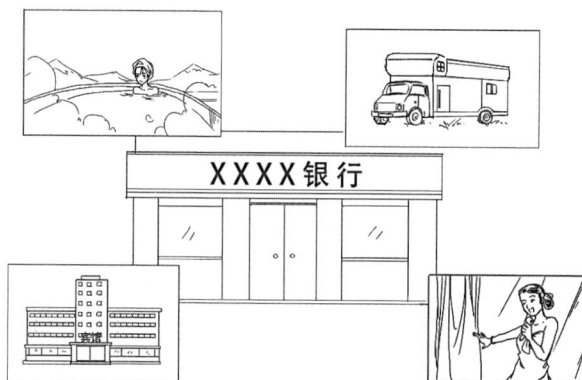

为更好地引导旅游投资，促进社会资本投资旅游业，国家旅游局联合国家开发银行、中国进出口银行、中国工商银行、中国农业银行、中国银行、中国建设银行、招商银行、平安银行、兴业银行等多家银行，在各省上报的旅游项目中综合考虑项目的成熟度、开工条件、市场前景和引领示范作用等因素，评选出符合条件的优秀项目，确定为全国旅游投资优选项目。

国家旅游局高度重视全国旅游投资优选项目在打造幸福产业、推进全域旅游、实施"三步走"战略中的基础性作用，坚持"质量为先、融资为要、落地为本"的原则，与金融机构以优选项目为"抓手"，紧密合作，共同努力，力争把项目转化成游客喜爱的旅游产品。

入选优选名录的旅游项目可获得省级旅游部门和相关金融机构的优先支持，在推动优选旅游项目落地、协调解决项目单位投融资过程中可以获得招商和融资方面的优质服务，同时也可以获得国家旅游发

展基金贷款贴息资金的优先支持等。

全国旅游投资优选项目一般包括生态旅游项目、乡村旅游项目、休闲度假旅游项目、温泉滑雪项目、自驾车与房车营地、旅游饭店、旅游演艺项目7大类型。2015年5月15日在北京召开的中国旅游产业促进座谈会上首次颁发，至今公布了3批。

首批全国旅游投资优选项目是国家旅游局会同相关金融机构从各省上报的667个旅游项目中遴选出来的，共有500个符合条件的优秀项目榜上有名，计划总投资1.5万亿元，融资需求近5000亿元，其中投资额100亿元以上的大项目有31个，占项目总数的6.2%。

2016年5月15日，国家旅游局与山东省政府在济南市共同举办了"2016中国旅游产业投融资促进大会暨国家重点旅游项目推介会"。在会上，国家旅游局公布了747个全国旅游投资优选项目。

2017年5月19日，2017年度"中国旅游产业投融资促进大会"在北京召开。在会上，国家旅游局会同国家开发银行等12家金融机构共同遴选推出了680个优选旅游项目，主要包括景区提升改造项目、生态旅游项目、乡村旅游项目、旅游综合体、旅游小镇及休闲度假旅游项目等，计划融资总额为8433亿元，同比增长35%。

"熊猫走世界——美丽中国"
全球营销活动

国家旅游局开展的"熊猫走世界——美丽中国"（Beautiful China, More Than Pandas）全球营销活动，旨在以大熊猫为载体，向全球推广"美丽中国"旅游形象，宣传中国旅游资源和产品，有效激发境外潜在游客来华旅游需求，促进我国入境旅游市场增长。

"熊猫走世界——美丽中国"活动于 2016 年 9 月 2 日在德国柏林正式启动。国家旅游局局长李金早、德国联邦独立旅游公司联盟协会主席约亨·塞奇出席了启动仪式并致辞，150 多名来自中德两国旅游界、文化界以及新闻媒体的代表应邀出席仪式。随后，"熊猫走世界——美丽中国"专项主题宣传推广系列活动率先在欧洲地区开展，国家旅游局驻法兰克福、苏黎世、马德里、伦敦和罗马办事处在欧洲地区 10 个国家 25 个城市陆续举办约 30 次巡回路演和推介活动，投放广告约 300 批次，并与当地百家旅行社开展合作。同时，为扩大宣

传受众、提升宣传效果，国家旅游局在中国旅游海外推广网站专门开设了"熊猫走世界——美丽中国"全球旅游营销活动主题页面，通过文字、图片、视频等形式对活动进行全面、深度的报道，吸引了海外用户更高的关注度，充分实现了与用户的互动，达到了宣传推广目的。

2017 年，"熊猫走世界——美丽中国"活动先后走进尼泊尔、捷克、奥地利、泰国、美国等不同国家和地区，取得了很好的产品战略宣介和客源市场开发效果。

"熊猫走世界——美丽中国"全球营销活动拥有统一的英文品牌标识，专门设计了名为"Pandas"的熊猫吉祥物形象，并编辑制作了宣传片，以在活动中充分展示中国十大国际旅游品牌丰富的自然和人文资源，进一步诠释"美丽中国，不仅仅有熊猫"的概念。

旅游休闲重大工程

旅游休闲重大工程是指国家根据人民群众对旅游消费升级和产业结构调整的现实要求，基于巨大的市场需求和发展空间，为增加旅游基础设施、提升旅游公共服务，实现扩就业、增收入，推动中西部发展和贫困地区脱贫致富，促进经济平稳增长和生态环境改善等目标，提高人民生活质量，培育和践行社会主义核心价值观而实施的一系列重大工程。《国民旅游休闲纲要（2013—2020年)》提出到2020年，职工带薪年休假制度基本得到落实，城乡居民旅游休闲消费水平大幅增长，健康、文明、环保的旅游休闲理念成为全社会的共识，国民旅游休闲质量显著提高，与小康社会相适应的现代国民旅游休闲体系基本建成的目标以及保障国民旅游休闲时间、改善国民旅游休闲环境、推进国民旅游休闲基础设施建设、加强国民旅游休闲产品开发与活动组织、完善国民旅游休闲公共服务、提升国民旅游休闲服务质量等系列任务和措施。2016年12月，国家发展改革委、国家旅游局共同发布《关于实施旅游休闲重大工程的通知》，指出旅游休闲重大工程的基本原则在于统筹布局、突出重点，政府引导、市场主导，改革创新、合力推进，提升质量、优化结构。实施旅游休闲重大工程的主要任务包括：一是加强旅游基础设施和公共服务设施建设；二是加快旅游产品开发；三是积极推动乡村旅游和旅游扶贫；四是稳步推进重点旅游区发展；五是扎实推进全域旅游；六是大力推动旅游创业创新。重点引导企业开展以下八个领域项目建设：一是旅游公共服务保障工程；二是重点景区建设工程；三是旅游扶贫工程；四是红色旅游发展工程；五是贫困户乡村旅游"三改一整"工程；六是新兴旅游业态培育工程；七是旅游创业创新工程；八是绿色旅游引导工程。到2020年，依托旅游休闲重大工程的实施，将基本建立与大众旅游时代相匹配的基础完善、城乡一体、结构优化、供需合理、机制科学、规范有序的现代旅游业发展格局。具体包括：旅游业对国民经济的贡献明显提高，全国旅游直接投资年均增长20%，旅游基础设施和公共服务设施水平全面提升，"厕所革命"深入开展；打造1000家新的自然生态环境良好、文化科普教育功能完善、在国内外具有较强吸引力的精品景区，使旅游供给的结构性矛盾逐步缓解；旅游企业的发展能力明显增强，形成100家左右具有国际一流水平的龙头型、创新型的综合旅游企业集团和旅游服务品牌。到2020年，实现旅游投资总额达到2万亿元，旅游消费总额达到7万亿元，旅游业对国民经济增长的综合贡献超过10%，旅游就业总量达到5000万人，对社会就业的贡献率超过10%，实现每年约200万贫困人口通过发展旅游业精准脱贫。

跨省区市旅游发展规划

跨省区市旅游发展规划是指在全域旅游理念的引领下，各地突破地域限制，以跨区域的资源要素整合为重点，整体编制的旅游发展规划。

近年来，国家旅游局大力推动跨省区市旅游发展规划的制定工作。2016 年 8 月，国家旅游局联合国家发展改革委制定《全国生态旅游发展规划（2016—2025 年)》，提出培育 20 个生态旅游协作区、建设 200 个重点生态旅游目的地的发展目标，牵头编制了《浙皖闽赣国家生态旅游协作区规划》、《长江国际黄金旅游带发展规划》、《四省藏区旅游业协同发展总体规划》、《"重走长征路"国家红色旅游精品线路方案》。

《"十三五"旅游业发展规划》提出，做强京津冀、长三角、珠三角、成渝和长江中游 5 个跨区域旅游城市群；培育 20 个跨区域特色旅游功能区；打造 10 条国家精品旅游带；重点建设 25 条国家旅游风景道；推进 8 个特色旅游目的地建设。

乡村旅游"千千万万"品牌

为了加快实施"515战略",加大培育乡村旅游发展品牌,推动全国乡村旅游转型升级,提质增效,国家旅游局组织开展了乡村旅游"千千万万"品牌推介行动。

2015年8月12日,经各省区市旅游部门遴选、审核、推荐,国家旅游局审核研究决定,共评出"中国乡村旅游模范村"1056个、"中国乡村旅游模范户"1063个、"中国乡村旅游金牌农家乐"9231家,"中国乡村旅游致富带头人"8887人。

通过推荐一批示范引领、典型带动、品牌辐射作用强的乡村旅游典型村、乡村旅游经营户、精品农家乐和致富带头人,激发全国各省市发展乡村旅游的积极性,促进乡村旅游规范化、特色化、组织化发展,为稳增长、调结构、增就业、惠民生服务,使乡村旅游真正成为推动农民增收、农业增效、农村经济社会发展的重要力量。

　　国家旅游局将会同各省区市旅游委（局）每三年对中国乡村旅游模范村、模范户、致富带头人和金牌农家乐开展一次专门评估，对发展缓慢、丧失特色、品牌退化、不符合条件的，予以整改通报或取消称号，并要求各地从政策、资金、项目、人才培训、宣传推广等方面综合施策，加大对中国乡村旅游模范村、模范户、致富带头人和金牌农家乐的支持力度，充分激发各地发展乡村旅游的积极性，不断提升乡村旅游发展水平。

中国乡村旅游创客示范基地

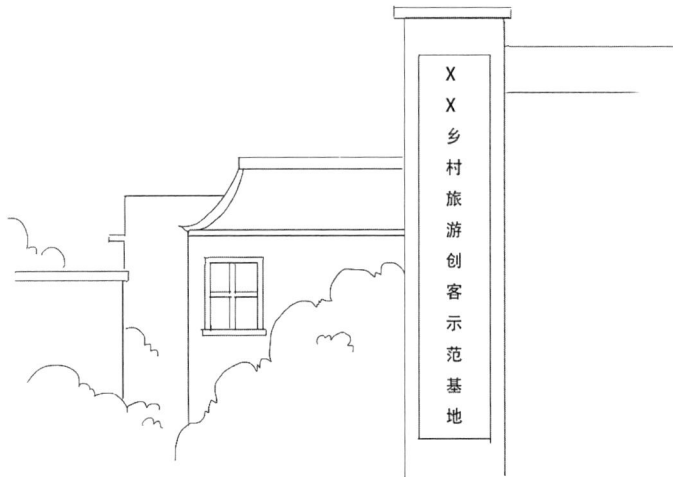

　　根据《国务院办公厅关于进一步促进旅游投资和消费的若干意见》中"建设一批乡村旅游创客示范基地"的要求，为深入推进乡村旅游创客行动，推动乡村旅游转型升级、提质增效，国家旅游局于2015年7月启动了"百村万人乡村旅游创客行动"，用三年时间，在全国创建100个乡村旅游创客示范基地；组织引导10000名大学生、返乡农民工、专业艺术人才、青年创业团队等各类"创客"投身乡村旅游发展。

　　乡村旅游创客示范基地对象范围为乡村旅游资源丰富、基础扎实、态势良好，并已制定出台务实、优惠的招募和引进乡村旅游创客具体政策的行政村或乡村旅游集聚区。在各地自愿申报和各省区市旅游委（局）推荐的基础上，国家旅游局组织专家从乡村旅游创客是否集聚、创业特色是否浓厚、发展基础是否扎实、创业前景是否广阔以及旅游创业政策落实和建设方案是否具有示范引领性等方面进行了评审，从 2015 年开始连续三年分 3 批认定北京怀柔雁栖湖"不夜谷"、北京市通州区宋庄镇旅游文化艺术创业基地、上海"阡陌云间"农业休闲观光园等 100 家单位为中国乡村旅游创客示范基地。

乡村旅游"后备箱"工程

  2016 年 10 月 14 日，国务院总理李克强主持召开国务院常务会议，提出了要加大旅游、文化等领域有效供给，实施乡村旅游后备箱行动。后备箱行动或后备箱经济是指一般市民从城市到乡村去旅游，散客多会选择自驾出行，去的时候汽车的后备箱是空的，而在游客返程时，常会在后备箱捎带上当地特色产品。

  在国家旅游局印发的《乡村旅游扶贫工程行动方案》中重点提出了乡村旅游后备箱专项行动。依托乡村旅游发展带动农副土特产品销售，支持乡村旅游扶贫重点村在邻近的重点景区景点、高速公路服务区、主要交通干道旅客集散点等设立农副土特产品销售专区。乡村旅游"后备箱"工程得到了全国各地的积极响应，武汉、徐州、淮南等地充分发挥乡村各类物质与非物质资源富集的独特优势，进一步放大产业带动作用，实现了旅游扶贫、富民功能。

中国优秀国际乡村旅游目的地

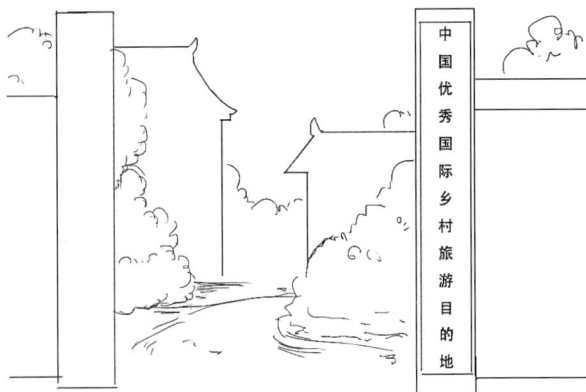

为切实做好乡村旅游品牌培育打造，不断提升乡村旅游的国际吸引力、国际认知度和综合服务水平，国家旅游局开展了中国优秀国际乡村旅游目的地推荐工作。

2017 年 7 月 31 日，在各地自愿申报和各省区市旅游委（局）推荐的基础上，国家旅游局组织专家，按照总量控制、严格条件、优中选强、宁缺毋滥的原则，从乡村旅游产品具有稀缺性和独特性、国际旅游市场知名度和游客美誉度、基础设施和国际化接待服务水平、科学管理水平以及国际化营销网络建设水平等方面进行了评审，最终认定北京延庆区、湖南省韶山市韶山旅游区、安徽省黄山市黟县、江西省上饶市婺源县、江苏省昆山市周庄香村、浙江省金华市东阳花园村、广西桂林市阳朔县、海南省琼海市北仍村、贵州省西江千户苗寨等单位为"中国优秀国际乡村旅游目的地"。

全国巾帼示范农家乐

　　"全国巾帼示范农家乐"是指由妇女创办领办的，以农村家庭为单位，利用各类农（渔、牧）业资源，依托良好的生态景观和乡土文化，为游客提供以农（渔、牧）业体验为特色的观光、住宿、餐饮、娱乐、运动、购物等服务，经营业绩突出、服务质量一流的家庭经营实体。

　　2017年9月，为贯彻落实习近平总书记关于美丽乡村、乡村旅游和扶贫开发的重要指示精神，推动《中共中央国务院关于深入推进农业供给侧结构性改革　加快培育农业农村发展新动能的若干意见》落地落实，进一步发挥妇女在发展乡村旅游、促进农村一二三产业融合中的独特优势，助力精准扶贫、精准脱贫，助推农业增效、农民增收、农村增绿，国家旅游局会同全国妇联印发《关于开展创建"全国巾帼示范农家乐"促进乡村旅游发展工作的通知》，组织开展"全国巾帼示范农家乐"评选活动。

　　2017 年 12 月，在省（区、市）妇联、旅游委（局）推荐的基础上，国家旅游局、全国妇联组织专家对申报单位进行了评审审核，认定北京农家乐旅店等 42 家单位为"全国巾帼示范农家乐"。

　　"全国巾帼示范农家乐"的评选进一步激发了农村妇女的创业就业热情，在提高乡村旅游整体服务水平、打造乡村旅游新亮点、引领带动广大农村妇女通过乡村旅游实现就业脱贫增收等方面发挥了重要作用。

第六篇　旅游外交

联合国世界旅游组织
第 22 届全体大会

世界旅游组织（World Tourism Organization，UNWTO）是联合国系统的政府间国际组织，是旅游领域的领导性国际组织。其宗旨是促进和发展旅游事业，使之有利于经济发展、国际间相互了解、和平与繁荣。全体大会是世界旅游组织的最高权力机构，每两年召开一次，批准预算和工作方案，审议重大问题，是目前全球旅游界规模最大、规格最高的会议。

2015 年 3 月，国家旅游局代表团在西班牙马德里访问联合国世界旅游组织总部时，与该组织达成共识：由中国承办第 22 届联合国世界旅游组织全体大会。

2017 年 9 月 13 日，联合国世界旅游组织第 22 届全体大会在四川成都开幕。习近平主席发贺词。中国国务院副总理汪洋出席开幕式，宣读中国国家主席习近平致大会的贺词并致辞。联合国世界旅游组织第 22 届全体大会主席、中国国家旅游局局长李金早主持开幕式，并作大会总结。

国家主席习近平在贺词中指出，旅游是不同国家、不同文化交流互鉴的重要渠道，是发展经济、增加就业的有效手段，也是提高人民生活水平的重要产业。习近平强调，中国高度重视发展旅游业，旅游业对中国经济和就业的综合贡献率已超过10%。未来5年，中国将有7亿人次出境旅游。中国拥有悠久历史、灿烂文化、壮美山川、多样风情，我们热情欢迎各国旅游者来华观光度假。联合国世界旅游组织为推动全球旅游业发展、加强国际旅游交流合作发挥着积极作用。希望各国以这次会议为契机，共同推动全球旅游事业取得更大发展。

汪洋副总理表示，中国正加快步入大众旅游时代，旅游业在经济发展、生态建设、人文交流中发挥着日益重要的作用。要坚持以创新发展为引领，推动旅游业供给侧结构性改革，增强旅游发展新动能。坚持以协调发展为支撑，优化旅游空间布局，强化公共服务和综合监管，提升旅游业发展质量和效益。坚持以绿色发展为优先，把开发服从保护的理念贯穿于旅游规划、建设、管理、服务全过程，提升旅游生态文明价值。坚持以开放发展为动力，全面加强国际旅游交流合作，拓宽旅游业对外开放的广度和深度。坚持以共享发展为目标，积极发展乡村旅游、全域旅游，带动就业、促进脱贫，提升人民群众的获得感。汪洋副总理强调，旅游是开放的产业、合作的产业。中方愿与国际社会一道，扩大相互市场开放，推进互联互通，加强能力建设合作，提高安全保障水平，深化人文交流，推动全球旅游业可持续发展，为促进世界和平与共同发展贡献力量。中方发起成立的世界旅游联盟，是世界旅游组织体系的有益补充。希望各方积极参与，共同利用好全球旅游业界的智慧和资源禀赋。

联合国秘书长安东尼奥·古特雷斯在向大会的贺词中积极回应：旅游业是最有影响力的综合性产业之一，要努力使旅游业成为经济、社会、全球的变革力量，成为推动各国可持续、包容、公平以及繁荣发展的核心力量。联合国世界旅游组织秘书长塔勒布·瑞法依和与会

各国旅游部长纷纷表示，习近平主席高度重视发挥旅游在促进经济、政治、和平、发展中的重要作用，此次贺词与多个中外旅游年贺词一脉相承，充分体现出习近平主席对旅游作为经济综合产业、人民幸福事业的深入思考和战略眼光，这必将对推动全球旅游持续增长、加强国家民族理解互信、促进人类全面发展产生深远影响。

联合国世界旅游组织现任秘书长瑞法依和候任秘书长祖拉布对本次大会予以高度评价："此次大会将不仅是联合国世界旅游组织的一个重要里程碑，也将是世界旅游业发展的一个重要里程碑。"

李金早在作会议总结时说，第22届全体大会是一次成果丰硕的大会。与会代表深度聚焦旅游可持续发展，在会上，与会代表深度聚焦旅游可持续发展，成功举办了"一带一路"旅游部长会议，成立了世界旅游联盟，选举产生了下一届联合国世界旅游组织秘书长。这次大会是在全球旅游业快速发展、旅游规模快速扩大、旅游地位显著提升，同时又面临许多挑战的背景下召开的一届旅游业国际盛会，对全球旅游业的发展进步具有特殊的历史意义。

大会共召开6次全体大会、2次执委会会议、30余场专题和区域性会议等一系列专业性会议，取得了系列成果。为落实联合国《2030年可持续发展议程》和"2017国际可持续旅游发展年"计划，大会围绕推动旅游实现可持续发展进行深入探讨，从各国自身发展经验出发，积极贡献智慧，规划设计可持续发展的旅游方案，达成广泛共识，发布《"一带一路"旅游合作成都倡议》等成果文件。与会代表还共同种下了"旅游可持续发展友谊林"。大会产生了下任秘书长，推选格鲁吉亚驻西班牙大使祖拉布（唯一候选人）为新一届秘书长，任期为2018—2021年。大会还通过《旅游道德框架公约》。这是联合国世界旅游组织第一个具有法律性质的公约。大会还决定科摩罗和索马里成为联合国世界旅游组织正式成员国，由此成员国数量增加到158个。大会最终确定俄罗斯圣彼得堡为2019年第23届联合国世界旅游组织全体大会的承办城市。本次大会还通过了第 694（XXII）号决议，决定在第 23 届全体大会前逐步实现中文的官方语言化，即在部分会议中开始使用中文。此次大会将中文列为官方语言之一。

美国有线新闻网、欧洲新闻台、法国国际广播电台、西班牙埃菲社以及中国的中央电视台、新华社、凤凰卫视等 130 余家国际媒体踊跃报道了此次会议。

联合国世界旅游组织第 22 届全体大会是该组织有史以来规模最大的一次盛会，同时也是近年来在华举办的规格最高、规模最大的重要旅游外交活动之一。大会期间，李金早邀请联合国世界旅游组织前任、现任和候任三位秘书长共进午餐，畅谈世界旅游发展。出席会议的外国政要和皇室成员 7 人、部长级贵宾 121 人、大使级贵宾 38 人、国际组织负责人 41 人、会议代表千余名参会。其中包括沙特阿拉伯王国亲王兼旅游和古迹大臣苏尔坦，伊朗伊斯兰共和国副总统兼文化遗产、手工业和旅游组织主席阿里，格鲁吉亚共和国副总理兼外长贾内利泽，瓦努阿图共和国副总理兼商务和旅游部长那图曼，科摩罗副总统哈桑尼，保加利亚皇室西美昂二世等。

习近平主席特使出席
汤加国王加冕典礼

2014年11月，习近平主席在斐济同包括汤加在内的太平洋岛国领导人举行历史性会晤，双方一致同意建设相互尊重、共同发展的战略伙伴关系。有力推动了中国与岛国关系进入新的发展阶段，也为中汤关系发展明确了方向。

2015年6月29日，外交部发言人华春莹宣布，应汤加国王图普六世邀请，国家旅游局局长李金早将作为国家主席习近平特使赴汤加出席于7月4日举行的图普六世国王加冕典礼。

2015年7月4日，习近平主席特使、国家旅游局局长李金早在汤加皇家教堂出席图普六世国王加冕典礼。应邀出席加冕典礼的还有泰国、日本、奥地利、匈牙利、文莱等国皇室成员，澳大利亚总督、新西兰总督、斐济总统等国家元首，所罗门群岛、纽埃总理，美、英、德、法等国使节共千余名嘉宾。加冕典礼结束后，李金早出席了图普六世国王在王宫举行的加冕午宴，以及在汤海军基地举行的大型焰火、音乐招待晚宴。

在汤期间，李金早分别与汤图普六世国王和王后、波希瓦首相、图伊卡诺议长、索瓦莱尼副首相、拉武拉武旅游部长等进行了友好交流，务实推进中汤友好关系和具体合作事宜。与图普六世国王会见时，李金早转达了习近平主席对图普六世国王加冕的诚挚祝贺，转交了习近平主席给他的生日贺函和加冕贺卡。图普六世国王请李金早特使转达对习近平主席的亲切问候和良好祝愿，感谢习主席派李金早特使专程出席其加冕典礼。

在汤期间，李金早还代表国家旅游局与汤旅游部签署了《旅游合作谅解备忘录》，内容包括 2015 年至 2020 年两国在数据交换与信息交流、市场推广、业界合作、人才培训、国际组织框架下的合作等五个领域的合作目标和计划。

习近平主席特使、李金早局长出席汤加国王加冕典礼获新华社、《人民日报》、《人民日报·海外版》、《中国旅游报》、人民网、央视网、中国网、中央人民广播电台、中国国际广播电台、《汤加日报》等海内外主流媒体及中国政府网、外交部网站、人民政协网、联合国世界旅游组织官网、新西兰外交事务全球开源情报网等国内外官方网站广泛报道。舆论一致认为，李金早局长以习近平主席特使身份参加汤加国王加冕仪式，体现了党中央、国务院期望旅游外交更闪亮地走上国家外交舞台，更大地发挥旅游在国际合作中的综合优势，服务国家关系及经济社会发展的战略需求。"特使之任"是习近平主席和党中央国务院对整个旅游业发展及旅游工作的殷切期望，对旅游全行业和所有旅游人来说都是一个巨大的鼓舞，极大调动起旅游行业广大干部职工的工作自信心和自豪感，有利于推动旅游国际合作不断开创新局面，推动中国旅游产业发展更上新台阶。

中日友好交流大会

应中国国家旅游局邀请，日本自民党总务会长二阶俊博 2015 年5 月 20—26 日组织日本各界三千人来华开展交流活动。5 月 23 日，中日友好交流大会在人民大会堂举行，习近平主席出席会议并发表对日关系的重要讲话。国务院副总理汪洋、国务委员杨洁篪等出席活动，中日双方各界代表 3000 多人参加了大会。

习近平主席在讲话中回顾了两千多年来中日友好交往的历史，指出，历史证明，中日友好事业对两国和两国人民有利，对亚洲和世界有利，值得我们倍加珍惜和精心维护，继续付出不懈努力；强调，中日和平、友好、合作是人心所向、大势所趋。尽管中日关系历经风雨，但中方这一基本方针始终没有改变，今后也不会改变。我们愿同日方在中日四个政治文件的基础上，推进两国睦邻友好合作；严正告诫日本国内右翼势力日本军国主义犯下的罪行不容掩盖，历史真相不容歪曲；习近平主席强调，中日友好的根基在民间，鼓励两国各界人士，特别是年轻一代踊跃投身中日友好事业，在交流合作中增加理解、建立互信、发展友谊，表明了中方将广大日本人民和少数极右翼势力区别对待的鲜明态度。

习近平主席的讲话得到日本各界的积极回应。日本自民党总务会长二阶俊博表示，此次日中友好交流大会十分重要，日本各界踊跃参加，感谢中国政府对此予以重视和支持。习近平主席的讲话十分重要，我们要为推动日中关系发展作出更大努力。日中关系的根基在民间。保持两国民间和文化交流、特别是增进两国青少年相互了解和往来对维护双边关系长远发展十分重要，希望双方加强在这些领域的交流合作。我们愿同中方一道，为两国关系的长远发展不懈努力。

中日友好交流大会是近年来规模最大的中日民间交流活动，活动的成功举办彰显了中国领导人的政治智慧，夯实了中日民间友好的基础，对消除部分日本游客疑虑、重拾来华旅游信心将产生深远而积极的影响。大会上，中日各界人士共同发表了呼吁两国加强民间交流合作、为中日世代友好携手努力的《中日友好交流大会倡议书》。

"一带一路"国际旅游交流合作

　　"一带一路"倡议由习近平总书记于 2013 年 9 月首次提出，是习近平总书记顺应国际大势、切合时代主题、惠及长远发展的伟大战略构想。"一带一路"倡议提出四年来，得到各国积极反响，逐渐形成广泛国际共识。旅游部门积极行动，以"一带一路"沿线国家为重点区域开展工作，持续密切与相关国家的旅游交流合作，推动旅游往来规模不断提升，社会经济效益不断凸显。

　　一是建立一系列"一带一路"旅游合作交流机制。建立中国—东盟、中国—中东欧、中俄蒙等一系列双多边旅游合作机制，举办首次中国—东盟旅游部门会议、首次中国—中东欧国家旅游合作高级别会议、首届中俄蒙旅游部长会议、首届中国—南亚旅游部长会议等活动，为深化旅游"一带一路"工作提供机制保障。指导成立海上丝绸之路旅游推广联盟、陆上丝绸之路旅游推广联盟、"万里茶道"国际旅游推广联盟等，推动"一带一路"沿线国家、地区、省市在客源互送、线路共建、目的地共推等方面加强横向合作。

　　二是凝聚"一带一路"旅游发展国际共识。2015 年举办丝绸之路旅游部长会议，通过《丝绸之路国家旅游部长会议——西安倡议》，各国旅游部长一致认为要"共同打造'丝绸之路'旅游品牌","推动沿线各国的市场互换和客源互送,努力扩大人员互访规模"。2016年举办首届世界旅游发展大会,107个国家旅游部门一致提出"各国政府通过'一带一路'倡议等举措,加强互联互通,提升旅游便利化,推进并支持区域旅游合作"。在2017年承办联合国世界旅游组织第22届全体大会期间召开"一带一路"国家旅游部长会议,并发布"一带一路"旅游合作成都倡议。

三是不断夯实"一带一路"民意基础。先后举办中俄、中韩、中印、中美、中国—中东欧、中澳、中丹、中瑞、中哈、中国—东盟等旅游年,覆盖众多国家和地区,在各旅游年框架下组织民众喜闻乐见的旅游推广交流活动,增进我国与"一带一路"沿线国家民众间相互了解,推动民心相通。同时,国家旅游局着力提升"一带一路"旅游国际影响力,连续三年以"丝绸之路"为主题开展海外旅游市场宣传,通过电视、网络等多种媒体投放广告,邀请海外旅行商、媒体三千余人来华踩线采风,在全球推出"游丝绸之路·品美丽中国"系列宣传活动。

旅　游　年

　　伴随改革开放 40 年的发展，中国旅游业从无到有、从弱到强不断发展。旅游作为增进民间交往、促进民众感情交流的重要载体，正日益成为国家整体外交不可或缺的重要组成部分。在多双边外交舞台上，旅游合作的热度持续提升，旅游交流的愿望更加迫切。顺应各国政府与各国人民的良好意愿，"旅游年"应运而生。2010 年 9 月，中俄领导人共同宣布互办"旅游年"，拉开了一系列旅游年活动的帷幕。与其他国家互办旅游年活动，已成为中国特色大国外交的重要内容之一。"旅游年"成为近年各国人民耳熟能详、街谈巷议的"热词"。

　　2012 年"俄罗斯旅游年"在中国举办；2013 年"中国旅游年"在俄罗斯举办；2015 年"印度旅游年"在中国举办，韩国"中国旅游年"、"中国—中东欧国家旅游合作促进年"也相继举办；2016 年"中美旅游年"隆重登场，印度"中国旅游年"引起强烈反响，"韩国旅游年"也在中国顺利举办；2017年"中国—瑞士旅游年"、"中国—丹麦旅游年"、"中国—澳大利亚旅游年"、哈萨克斯坦"中国旅游年"、"中国—东盟旅游合作年"陆续举办。

国家领导人对"旅游年"活动高度重视，习近平主席出席俄罗斯"中国旅游年"开幕式并致辞，分别为"中美旅游年"开幕式和闭幕式、韩国"中国旅游年"开幕式、中国"印度旅游年"开幕式致贺词。李克强总理出席韩国"中国旅游年"闭幕式并致辞，为"中国—中东欧国家旅游合作促进年"致贺词。汪洋副总理出席"中美旅游年"闭幕式、中国"印度旅游年"开幕式、韩国"中国旅游年"开幕式并致辞。

在旅游年框架下，国家旅游局积极调动各方力量，开展了一系列丰富多彩、成效显著的旅游交流活动，推动形成了旅游部门、地方及企业共同参与的良好格局。

旅游是政治互信的民意基础，是经贸合作的新引擎，是务实合作的新亮点，是互学互鉴的独特渠道。旅游年系列活动的举办，提升了中国与相关国家间游客互访规模，进一步增强了国家间关系的民意基础，密切了人文与经贸交流，为双边关系注入了新的内涵与动力。

中 俄 旅 游 年

　　党的十八大后，国家主席习近平的首次国事访问，是 2013 年 3 月 22 日访问俄罗斯。当天，俄罗斯"中国旅游年"开幕式在莫斯科克里姆林宫大礼堂隆重举行，习近平主席和俄罗斯总统普京共同出席并致辞。

　　习近平在致辞中代表中国政府和人民，向俄罗斯政府和人民，向支持和协助举办中国旅游年的俄罗斯朋友们表示衷心感谢。

　　习近平表示，中俄两国山水相连，是好邻居、好伙伴、好朋友。两国一致决定，把扩大各领域务实合作作为今后两国关系发展的重点，为提高两国人民生活水平和质量提供重要推动力。

　　习近平指出，旅游是传播文明、交流文化、增进友谊的桥梁。中国是文明古国，又是充满发展活力的东方大国，旅游资源得天独厚。希望双方以举办旅游年为契机，把旅游合作培育成中俄战略合作新亮点。习近平主席希望俄罗斯"中国旅游年"活动能够像春天一样百花齐放、姹紫嫣红，并代表热情好客的中国人民欢迎俄罗斯朋友们到中国旅游，观赏自然风光，体验中华文明，增进人民友谊。

普京在讲话中热烈祝贺俄罗斯"中国旅游年"开幕。普京表示，人文合作在俄中全面战略协作伙伴关系中占有特别重要的地位。近年来，双方互办了"国家年"、"语言年"等活动，2012年，中国"俄罗斯旅游年"成功举办，这些活动极大增进了两国人民相互了解和信任，巩固了两国关系的社会基础。

普京表示，中国有悠久的历史和灿烂的文化，是俄罗斯公民第三大旅游目的国。两国旅游合作潜力巨大。相信俄罗斯"中国旅游年"活动必将精彩纷呈，加深两国友谊，促进俄中关系发展。

开幕式后，习近平和普京同中俄各界人士5000多人观看了由中国艺术家表演的《美丽中国》主题文艺演出。

2013年11月22日，中国国务院副总理汪洋与俄罗斯联邦政府副总理戈洛杰茨在圣彼得堡共同出席"中国旅游年"闭幕式并致辞。汪洋强调，中俄互办旅游年是两国元首着眼双边关系发展大局作出的重大决策。两年来，双方开展了600多项丰富多彩的活动，有力地促进了两国旅游合作，增进了双方人民的相互了解和友谊，夯实了中俄世代友好的民意基础，使两国元首的良好祝愿变成了美好现实。中俄同为人口大国和旅游资源大国，两国人民扩大交流、增进友谊的愿望日益强烈，双方旅游合作前景广阔。

此前，2012年中国"俄罗斯旅游年"顺利举办。"俄罗斯旅游年"期间，两国高层互访频繁，旅游、文化、经贸、金融、教育、青年等部门间联系愈加紧密，成功举办了225项活动，为把旅游培育成中俄战略合作的新亮点作出了贡献。

中 韩 旅 游 年

  中韩互办"旅游年"是习近平主席 2014 年 7 月对韩国进行国事
访问期间同韩国国家元首达成的共识。2014 年 7 月 3 日，中华人民
共和国和大韩民国在首尔发表《中华人民共和国和大韩民国联合声
明》。声明提出，中华人民共和国国家主席习近平和韩国国家元首商
定，将 2015 年和 2016 年分别确定为"中国旅游年"和"韩国旅游
年"。活跃地方政府间交流合作，致力于到 2016 年实现两国人员往
来达到 1000 万人次的目标。

  2015 年 1 月 23 日，韩国"中国旅游年"开幕式在韩国首尔举行。
中国国家主席习近平和韩国国家元首专门发来贺信，中国国务院副总
理汪洋宣读贺信并发表了热情洋溢的致辞。韩国副总理黄佑吕宣读了
贺信。中国国家旅游局局长李金早出席开幕式，韩国文化体育观光部
长官金钟德致辞。

习近平在贺信中对"中国旅游年"开幕表示祝贺,向韩国人民致以诚挚问候。习近平表示,中韩文化交流源远流长。中国自古推崇"读万卷书,行万里路"。韩国诗人崔致远盛赞半岛"东国花开洞,壶中别有天"。韩国民众很能理解中国文化的深厚底蕴,中国民众也很欣赏韩国文化的独特魅力。这些为两国扩大包括旅游在内的人文交流奠定了坚实基础。习近平希望双方以此为契机,全面扩大旅游合作和文化互鉴,为促进双边关系发展、增进人民友好感情作出新贡献。

汪洋致辞表示,互办"旅游年"活动,是两国元首的倡议,反映了两国人民扩大交流、增进友谊的共同心声。中韩双方应顺应两国人民的殷切期盼,推动两国旅游合作向更大规模、更深层次、更高水平迈进。希望中韩双方以互办"旅游年"为契机,开启两国旅游合作和人员往来的新时代,让"汉风"和"韩流"交相辉映。

2015年11月1日,韩国"中国旅游年"在首尔国会议员会馆举行闭幕式,国务院总理李克强和韩国国会议长郑义和出席并讲话,韩国文化体育观光部长官金钟德致辞,国家旅游局局长李金早主持闭幕式。

李克强在致辞中祝贺2015"中国旅游年"在韩国顺利圆满举办。他表示,旅游不仅是经济活动,也是人文交往。中韩两国地理相近、人文相亲、心灵相通,自然和人文景观丰富独特。两国互为海外旅游最大目的地国,一年人员往来突破千万人次。希望中韩旅游业加强交流互鉴,拓展更多商机,共创中韩旅游合作的崭新未来。

郑义和表示,"中国旅游年"带动韩中两国人员往来突破年千万人次大关,拉近了两国民众友好感情。韩方愿以2016年在华举办"韩国旅游年"为契机,推动双边旅游和各领域合作更上一层楼。金钟德在致辞时说,2016年中国"韩国旅游年"即将举办,韩方将加强在中国的宣传,为中国游客创造更多的访韩乐趣。

李金早在主持闭幕式时介绍,互办旅游年反映了两国人民扩大交流、增进友谊的共同心声。今天，李克强总理和郑义和议长共同出席"中国旅游年"闭幕式，必将推动中韩旅游合作向更大规模、更深层次、更高水平迈进。

闭幕式后，李金早陪同李克强总理、郑义和议长等共同参观中国旅游宣传图片展。

自 2015 年 1 月 23 日，"中国旅游年"开幕式在韩国首尔举行，一年时间内，中国国家旅游局牵头策划了 120 多项配套活动，中方组团参加了在韩国举办的近 10 项旅游展览，举行了 50 多场旅游宣传推广活动，邀请百名旅行商和百名媒体记者到中国 20 多个省市踩线采风。两国政府和业界举行了 10 多场双边活动，两国旅游科研教育机构也举办了多场学术交流活动，中方还特别聘请韩国著名演员延政勋担任 2015"中国旅游年"形象宣传大使。韩国"中国旅游年"活动取得了丰硕成果。

2016 年 1 月 20 日，中国"韩国旅游年"开幕式在北京二十一世纪剧场举行。中华人民共和国国家主席习近平向开幕式发来贺词，韩国国家元首向开幕式发来欢迎视频。中国国家旅游局局长李金早在开幕式上宣读了习近平主席贺词，并和大韩民国文化体育观光部长官金钟德分别致辞。

习近平对"韩国旅游年"活动开幕表示热烈祝贺。习近平指出，中韩友好交往历史源远流长，特别是 1992 年建交以来，中韩关系在各领域快速发展。决定互办旅游年，旨在加强中韩人文纽带、促进人员互访，夯实两国友好的民意基础。在双方共同努力下，2015 年的"中国旅游年"活动取得丰硕成果。过去一年，中韩人员往来规模持续扩大，两国"一千万+"时代人文交流更加活跃。2016 年韩方将在中国举办"韩国旅游年"活动。我们支持举办"韩国旅游年"系列活动，为深化两国人文交流提供新动力，推动中韩友好合作关系不断迈上新台阶。

　　李金早在致辞中说，为落实两国领导人的重要共识，2015 年中方在韩国成功举办了"中国旅游年"，开展了 120 多项丰富多彩的旅游交流活动。2015 年，中国接待韩国游客 444 万人次，同比增长 6.3%；同时，中国旅客给韩国带来了 220 亿美元的综合经济效益，约占韩国 GDP 的 1.6%。旅游已成为两国关系中的一大亮点，成为两国人民加强沟通、增进情感、传承友谊的重要纽带。

　　金钟德表示，2015 年两国交流规模突破一千万人次大关，两国实现了连续两年超过一千万人次的目标。同时，以中国旅游年得以成功为基础，在 2016 年的"韩国旅游年"里两国会进一步增进友谊，保持相互理解的关系。

　　2016 年"韩国旅游年"活动闭幕式 2016 年 12 月 15 日在北京嘉里中心举行，中国国家旅游局局长李金早和韩国文化体育部长官出席活动。

　　李金早致辞表示，中韩两国地理相邻、文化相近，在旅游方面加强合作符合两国利益。近来，两国关系因"萨德"问题面临新的局面和挑战，两国旅游业界和游客也对此高度关注。人文交流的扩大取决于良好的关系和坚定的民意，希望两国共同寻求有关问题的合理解决方案，为旅游合作创造所需条件。

　　韩国文化体育部长官说，希望两国人员文化交流顺利推进，韩国将同中国政府一道努力促使旅游产业更加成熟，并将继续邀请游客访韩。

　　在旅游年框架下，中韩两国旅游部门建立了多层次、常态化、全方位的合作体系。两国旅游企业间也签署了众多合作协定，分别在对方国家举办数百场介绍本国优秀旅游产品和路线的交流活动，为两国国民了解彼此旅游风情创造了更多机会，也为两国旅游业界交流搭建了更广阔的合作平台。

中 印 旅 游 年

2014 年 9 月 19 日，中华人民共和国与印度共和国在新德里发表
《中华人民共和国和印度共和国关于构建更加紧密的发展伙伴关系的
联合声明》，应印度共和国总统普拉纳布·慕克吉邀请，中华人民共
和国主席习近平于 2014 年 9 月 17 日至 19 日对印度进行国事访问。
习近平主席会见了印度总统普拉纳布·慕克吉，同总理纳伦德拉·莫
迪举行会谈。两国领导人决定，2015 年在中国举办"印度旅游年"，
2016 年在印度举办"中国旅游年"。其间，双方将开展一系列推广活
动，促进双向游客往来，加强民间纽带。

为认真落实两国元首达成的有关共识，2015 年 2 月 2 日，印度
"中国旅游年"开幕式在北京举行。中国国务院副总理汪洋出席开幕
式并致辞。印度总理莫迪专门为"印度旅游年"开幕发来视频贺词，
正在访华的印度外交部长苏什玛·斯瓦拉杰出席开幕式。

汪洋说，2014 年 9 月习近平主席访问印度时与莫迪总理共同决定，

2015 年在中国举办"印度旅游年"，2016 年在印度举办"中国旅游年"，这是中印旅游合作中的大事，也是两国关系发展中的喜事。双方应认真落实两国领导人的共识，顺应两国人民的期盼，把旅游年活动办出特色、办出成效、办出水平，做大旅游市场的蛋糕，拉紧友谊与合作的纽带，打造双边关系发展的新亮点。

中国国家旅游局局长李金早表示，有信心到 2016 年中印双向旅游交流人数突破 100 万人次，"相对于中印两国超过 25 亿的人口，100 万还很小"。未来两国旅游合作空间极其广阔，责任也十分重大。

2016 年 1 月 14 日，印度"中国旅游年"开幕式在新德里举办。中华人民共和国国家主席习近平发来贺词。中国国家旅游局局长李金早在开幕式上宣读了习近平主席贺词，并和印度旅游文化部长马赫希·夏尔马、中国驻印度大使乐玉成分别致辞。

习近平主席在贺词中表示，在 2016"中国旅游年"开幕之际，谨代表中国政府和人民，并以个人的名义，对"中国旅游年"活动开幕表示热烈的祝贺，向友好的印度人民致以诚挚的问候，向印度政府以及所有支持协助"中国旅游年"活动的印度朋友表示衷心的感谢。

习近平主席在贺词中说，中印两国人民友好交往源远流长。千百年来，两国人民交流互鉴，树立了世界跨文化交流的楷模，为人类文明进步发挥了重要作用。中印各领域互补优势明显、合作潜力巨大。两国应该发扬传统友谊，加强互利合作，扩大人文交流，为世界和平与发展作出新贡献。希望双方再接再厉，以在印度举办"中国旅游年"为契机，扩大文化交流和人员往来，为构建中印更加紧密的发展伙伴关系注入更多活力。

李金早在致辞中说，习近平主席的贺词表达了对中印旅游交流的亲切关怀，体现了对加强中印两国务实合作、深化人民友好的殷切希望。旅游正成为中印两国人民友好交流的特殊纽带。中国现拥有 48 处世界遗产，其中许多资源以历史久远、文化古老、底蕴深厚而闻名

于世。2015 年，中印双向交流人数已达 90 万人次，未来发展潜力和空间巨大。相信通过互办旅游年，2016 年将迎来中印双向旅游交流的百万人次新时代，为两国更加紧密的发展伙伴关系注入新的活力。

中印旅游年举办期间，两国努力加强两国互联互通，简化签证手续，增加两国主要城市间直航航班，加强对两国游客的安全保障，深化旅游人才培养合作，支持相互旅游投资，提高游客服务水平，不断拓展两国旅游合作的广度和深度。

中国—中东欧国家旅游合作促进年

　　中国—中东欧国家旅游合作促进年是 2014 年 12 月中国—中东欧国家领导人贝尔格莱德会晤的共识之一，也是《贝尔格莱德纲要》的一项重要内容。作为中国—中东欧国家合作的重要组成部分和重点领域，扩大旅游合作有助于促进中国和中东欧国家人员交流，深化人民间相互了解，巩固传统友谊，助力各国经济发展。中东欧 16 国包括波兰、捷克、斯洛伐克、匈牙利、斯洛文尼亚、克罗地亚、罗马尼亚、保加利亚、塞尔维亚、黑山、马其顿、波黑、阿尔巴尼亚、爱沙尼亚、立陶宛和拉脱维亚。

　　2015 年 3 月 26 日，"中国—中东欧国家旅游合作促进年"启动仪式在布达佩斯国际会议中心隆重举行。中国国务院总理李克强和匈牙利总理欧尔班分别致信祝贺，中国国家旅游局局长李金早出席仪式并致辞，捷克、罗马尼亚、波黑等中东欧国家政府部门代表、旅游企业、专家学者、驻匈使节，匈牙利宪法法院院长兰科维赤、国会常务副主席玛特劳伊、前外长马尔托尼等政要、各界友人及在匈中资企业、华侨华人、留学生代表等近 1500 人出席。

李克强在贺信中表示，"中国—中东欧国家旅游合作促进年"是 2014 年 12 月中国—中东欧国家领导人贝尔格莱德会晤的共识之一，也是《贝尔格莱德纲要》的一项重要内容。作为中国—中东欧国家合作的重要组成部分和重点领域，扩大旅游合作有助于促进中国和中东欧国家人员交流，深化人民间相互了解，巩固传统友谊，助力各国经济发展。

李克强指出，中国和中东欧国家旅游资源丰富，开展旅游合作基础良好，潜力巨大。中方愿同中东欧各国一道，共同办好旅游合作促进年系列活动，力争将旅游合作打造成为中国—中东欧国家合作新的增长点，为双方传统友谊注入新活力，为深化互利共赢的中欧全面战略伙伴关系作出新贡献。

欧尔班在贺信中表示，"中东欧国家—中国"旅游合作促进年的举办，必将推动双方旅游合作深入开展，增进双方民众对对方国家和文化的了解，为经贸等各领域合作可持续发展打下坚实基础。

李金早局长全文宣读李克强总理贺信并表示，中国和中东欧国家旅游资源互补性强、合作潜力巨大，举办促进年将为双方提高旅游合作水平、带动文化传播、增进彼此友谊创造新契机，愿与各方携手同行，提升旅游便利化水平，扩大双向旅游交流规模，建立更多合作机制，提升旅游服务质量，加大相互旅游投资，把旅游打造成"16+1 合作"新亮点。

作为启动仪式活动的配套组成部分，中国国家旅游局还与匈牙利等中东欧十六国旅游部门共同在布达佩斯组织了中国旅游信息日、中国美食之夜、中国—中东欧旅游合作中文网站上线仪式等多项精彩活动。同时，中国国家旅游局协调部分旅游企业组织了近 700 名中国游客来到匈牙利，与当地民众开展交流，匈牙利政府专门为中国游客举办了"你好，匈牙利"大型推介活动。

"中国—中东欧国家旅游合作促进年"期间，中国与中东欧国家开展了一系列富有成效的合作活动，大力推动了中国与中东欧国家在旅游领域的合作，是中国与东欧合作的一个重要里程碑。

中美旅游年

2015 年 9 月 25 日，中国国家主席习近平在美国华盛顿白宫与时任美国总统奥巴马进行正式会谈。会谈后，习近平和奥巴马在白宫玫瑰园共同会见记者。习近平宣布，中方支持未来 3 年中美两国互派 5 万名留学生到对方国家学习，中美将在 2016 年举办"中美旅游年"。

2016 年 2 月 29 日晚，2016"中美旅游年"在北京隆重开幕。中国国家主席习近平发来贺词，时任美国总统奥巴马发来祝贺视频。中国国家旅游局局长李金早宣读了习近平主席贺词并致辞。

习近平主席在贺词中说，共同举办 2016"中美旅游年"是 2015 年 9 月对美国进行国事访问期间双方达成的一项重要成果。中美建交 37 年来，两国关系取得历史性发展。近年来，双方共同努力推进中美新型大国关系建设，两国在诸多重要领域、重大国际和地区问题上开展了富有成效的协调与合作，不仅造福两国和两国人民，而且有力促进了世界和平、稳定、繁荣。中美都有灿烂的文化、优美的风光，两国人民都有加深了解、增进友谊的强烈愿望。希望双方以举办旅游年为契机，扩大人员往来，加强文化交流，为中美关系发展培育更为厚实的民意和社会基础。欢迎更多美国朋友来中国旅游。祝2016"中美旅游年"圆满成功。

奥巴马在祝贺视频中说，2016年是"美中旅游年"，我们鼓励我们更多的人民相互访问并体验我们所提供的一切。希望更多美国人了解中国人的精神、紫禁城和长城的威严，兵马俑战士的历史、黄山之美以及像上海这样的城市的活力。希望更多的中国人了解是什么塑造了美国人。这样的地方，例如独立厅、硅谷、州首府和华盛顿等。请准备好——更多的美国人要到中国来，我们期待着欢迎更多的中国人到美国来。我们越真正了解对方，就越能一起努力。让我们两国和世界各地的人民，生活在和平、繁荣和友谊中。

李金早致辞时说，习近平主席和奥巴马总统共同祝贺"中美旅游年"开幕，体现了两国元首对加强中美旅游合作、深化人民友好的莫大期许。中美远隔太平洋，直飞航班最短11个小时，最长16个小时，然而太平洋隔不断两国游客的互访热情，2015年双向旅游规模超过475万人次。在中美构建新型大国关系中，旅游是政治互信的民意基础，是经贸合作的新引擎，是务实合作的重要平台，是相互借鉴学习的独特渠道。中方愿与美方一道，以旅游年为契机，开展万名中美游客互访等百项活动，加大对美旅游开放和投资合作，努力实现今年中美双向旅游500万人次目标。让我们携手把旅游打造成中美新型大国关系的闪耀亮点。

美国商务部长布鲁斯·安德鲁斯致辞时说，两国领导人对旅游交流的作用高度认可，共同确定举办旅游年活动。因为旅游不仅可以扩大民间交流，还可以促进经贸往来，成为两国经济发展的重要支柱。

中美是世界上最大的两个市场，对全球经济发展和稳定至关重要。美国高度重视与中国的经贸往来，尤其是旅游交流合作。近年来，美国一直致力于推动中美两国间的旅游交流，中国市场已经成为美国增长最快的市场之一。相信旅游年活动一定能进一步强化两国经贸和人民友谊的纽带，让更多人民实现友好互访。美国将进一步简化签证政策，提升旅游服务，为中国游客提供更多便利。

美国驻华大使马克斯·博卡斯致辞时表示，旅游交流可以增进不同国家、不同民族人民间的了解和理解，进而为增进国家间的友好关系创造条件。中美两国作为世界上的大国，两国关系对于世界和平发展至关重要。希望旅游交流能够在两国关系中发挥积极作用，为子孙后代创造良好的环境。双方应以旅游年活动为契机，在促进两国旅游业发展的同时，进一步推动两国人民友好交往，让旅游成为两国友好关系的纽带，为两国关系发展创造更好条件。

2016年11月20日，"中美旅游年"闭幕式在华盛顿举行。中国国家主席习近平发来书面贺信。国务院副总理汪洋在闭幕式上宣读贺信并致辞。

汪洋表示，举办2016"中美旅游年"、促进两国人民友好交往，是习近平主席和奥巴马总统的倡议。2016年双方举办了丰富多彩的旅游推广和民间交往活动，不仅为两国经济发展注入了强劲动力，还增进了两国人民相互了解。两国元首的期望已经变成了现实。

汪洋指出，中方愿与美方共同努力，实施更加便利的签证政策，提供更加便捷、舒适、安全的服务，放宽旅游业投资准入门槛，鼓励双方企业扩大投资合作，分享旅游业发展经验，做大共同利益的蛋糕。双方应本着互利共赢的原则，共同开创中美旅游交往新格局。

美国商务部长普里茨克出席闭幕式，并宣读了时任美国总统奥巴马的贺信。奥巴马祝贺2016"美中旅游年"取得成功。奥巴马说，"美中旅游年"的举办，使两国人民能够体验新文化、探索新地方，增进了相互了解，深化了两国人文交流与合作。美国政府鼓励和支持两国进一步拓展在旅游领域的交往与合作。

中国国家旅游局局长李金早主持闭幕式，感谢为"中美旅游年"各项活动成功举办作出贡献的中美两国人士，表示两国旅游业界将致力于通过旅游合作，为构建中美两国新型大国关系架起更宽广更坚固的友谊桥梁。来自中美两国各界1000多名嘉宾出席了闭幕式。

在2016"中美旅游年"框架下，中美双方陆续开展万名中美游客互访、中美旅游高层对话、中美旅游年闭幕式等百项交流活动。系列活动的举办，有力拉动了两国旅游市场增长，为两国旅游业带来更大的收益，也为两国创造了更多的就业机会。

中国—瑞士旅游年

2017 年 1 月 17 日，中国国家主席习近平和瑞士联邦主席洛伊特哈德在达沃斯共同启动了"中国—瑞士旅游年"活动。

2017 年 5 月 13 日，"中国—瑞士旅游年"高峰活动——"瑞士联邦主席登长城"在北京市慕田峪长城风景区举行。瑞士联邦主席洛伊特哈德、中国国家旅游局局长李金早出席活动并致辞。

洛伊特哈德致辞时说，"瑞士—中国旅游年"是中瑞两国长期友好交往和各个领域务实合作的重要成果，将为进一步深化两国交流合作带来巨大的潜力。"瑞士—中国旅游年"可以积极促进两国经济增长，也可以带动双方人才、思想、创新、创业、文化等方面交流与合作，进而增进两国的相互理解和互信。加强旅游业合作，可以帮助两国通过包容性的、可持续增长方式，实现绿色未来的发展愿景。希望中瑞两国在各个领域、各个层面，抓住"瑞士—中国旅游年"带来的各种机会，进一步强化交流合作。欢迎更多中国游客到瑞士观光旅游。

李金早致辞时表示，2017年1月17日，中华人民共和国主席习近平访瑞期间，在达沃斯雪山脚下与洛伊特哈德主席阁共同启动"中瑞旅游年"，开启了中瑞旅游交流合作新篇章，丰富了两国"一带一路"倡议合作内涵。我们愿与瑞方一道，紧紧把握"一带一路"发展机遇，借助2022年中国举办冬奥会契机，进一步完善旅游合作机制，提升旅游便利化水平，加强宣传推广，在冰雪旅游、山地旅游等方面深化务实合作，更好造福两国人民。我们要发扬敢于尝试的"好汉精神"，增进两国民众间的相互了解，用旅游架起中瑞友谊与合作的桥梁。

2017年12月7日，"中国—瑞士旅游年"闭幕式在瑞士洛桑举行。中国国家主席习近平、瑞士联邦主席多丽丝·洛伊特哈德向闭幕式致贺词。中国国家旅游局局长李金早宣读贺词并致辞，瑞士国务秘书玛丽·加布里埃尔·伊内钦·弗莱契宣读贺词。

习近平指出，举办"中国—瑞士旅游年"，是我和洛伊特哈德联邦主席共同作出的决定。一年来，双方以旅游年为契机，举办交流活动，扩大人员交往，加深了两国人民相互了解，促进了双方人文、经贸等多领域交流合作，为中瑞关系发展注入了新动力。

习近平强调，人民的参与和支持是中瑞关系发展的重要基础。希望双方以"中国—瑞士旅游年"的成功举办为新的起点，加强人员往来，增进务实合作，为中瑞关系发展不断夯实民意基础。

洛伊特哈德指出，自2016年建立创新型战略伙伴关系以来，瑞中两国关系已跨入新纪元。毫无疑问，旅游业发挥了特别重要的作用。旅游业不仅对经济增长产生积极影响，还在两国之间传播了思想、创新、创业、文化和信任。瑞中旅游年促进了两国民间交流，大大增进了两国之间的友谊、信任和创新精神，并开启了无数新的合作契机。值此"旅游年"之际，瑞士还特别向中国隆重推出象征瑞士国家形象的圣伯纳犬。在中国各地巡展的两只圣伯纳犬，极大地增强了两国人民之间的感情，数百万中国民众热烈欢迎这两只"瑞士熊猫"。此外，瑞士还在中国各地展出圣伯纳犬和熊猫雕塑，作为"中瑞旅游年"的有形纪念品，并以瑞士精神欢迎2018年中国狗年。瑞士将继续致力于加强与中国在旅游、体育等领域的合作。

李金早在致辞中说，2017年是中瑞两国交往历史中极不平凡的一年。习近平主席与洛伊特哈德主席共同启动中瑞旅游年，开启了中瑞旅游交流的新篇章。一年来，双方成功举办一系列旅游交流活动，预计2017年双向旅游交流规模有望突破150万人次。

2017"中瑞旅游年"期间，两国相关部门认真谋划、务实合作，先后举办了"中瑞旅游年"高峰活动——"瑞士联邦主席登长城"、百名瑞士游客登长城、千名中国游客访瑞、中瑞酒店业管理研讨会、中瑞旅游论坛、闭幕式等系列旅游交流活动，并签署《中华人民共和国国家旅游局和瑞士联邦国家旅游局关于旅游合作的谅解备忘录》，极大地提升了两国旅游交流合作水平，促进了两国人民的友好交往。

中国—澳大利亚旅游年

"中澳旅游年"的举办是两国领导人为进一步巩固双方旅游交流、增进人民之间的相互了解达成的重要共识。2017 年 2 月 5 日，在澳大利亚悉尼歌剧院举行开幕式。国务院总理李克强和澳大利亚总理特恩布尔分别向开幕式致贺词。

李克强在贺词中表示，人文交往是支撑中澳关系发展的重要支柱之一。中澳互为两国民众青睐的旅游目的地，2016 年双向人员往来近 200 万人次。希望双方以举办旅游年为契机，扩大和深化人文等广泛领域的交流与合作，为中澳关系全面发展培育更加坚实的民意基础。

李克强指出，中澳都尊重世界文明多样性。中方愿同澳方在建交45 年关系良好发展的基础上，继续秉持平等相待、包容开放、互学

互鉴，共同维护世界和平，促进地区稳定，推动双方互利合作取得新的成果，更好造福两国人民。

特恩布尔表示，澳中旅游合作伙伴关系20多年来取得累累硕果。中国已成为澳大利亚最有价值的旅游市场，2016年访澳的中国游客也达120万人。"澳中旅游年"活动标志两国关系进入崭新时代。相信通过双方共同努力，澳中将会共享未来发展带来的机遇。

中国国家旅游局局长李金早在开幕式上宣读国务院总理李克强的贺词。李金早和澳大利亚贸易、旅游、投资部部长斯蒂文·乔博共同为"中澳旅游年"揭幕。李金早表示，两国领导人共同决定举办"中澳旅游年"，对促进两国旅游交流，带动各领域发展，深化人民之间友谊意义深远。中方重视与澳大利亚的旅游合作，欢迎更多澳大利亚朋友来华旅游，希望中澳双向旅游交流规模在目前接近200万人次的基础上获得更大发展。

澳大利亚贸易、旅游、投资部部长斯蒂文·乔博在开幕式上宣读澳总理特恩布尔的贺词。乔博表示，中澳旅游年的举行有助于加强澳大利亚在华旅游推介力度，从而带动澳大利亚旅游产业的发展。中国是澳大利亚最重视的旅游市场，市场规模有望在2020年突破130亿美元。2016年全年，共有120万中国游客访问澳大利亚。预计这一数字在中澳旅游年期间将进一步上升，并继续保持增长势头。游客数量的增加将带动澳大利亚就业的增长。

2017年12月13日，"中澳旅游年"闭幕式在广州举行。这项为期一年、旨在进一步加强中国与澳大利亚两国之间旅游文化交流的活动正式画上圆满的句号。

2017年，中澳迎来建交45周年，作为亚太地区的重要国家，中澳两国继续推进旅游合作与文化交流尤为重要。旅游年期间，两国相关部门将组织开展百名澳洲旅行商媒体来华考察踩线、中澳游客互访互动、"走遍澳洲"巡回路演、"熊猫跑澳洲"大篷车巡游、"澳人眼中的中国"等一系列旅游交流活动，促进中澳两国旅游市场的不断扩展，深化了两国人文等广泛领域的交流与合作，为中澳关系全面发展培育更加坚实的民意基础。

中丹旅游年

  2017 年 2 月 24 日，"中丹旅游年"在北京京举行开幕式，中国与北欧国家首个旅游年正式启动。中国国家旅游局局长李金早和丹麦工商业和金融事务大臣布莱恩·米克尔森共同为"中丹旅游年"揭幕。

  李金早说，丹麦是"一带一路"北欧方向的重要国家。近年来，中丹旅游交往日益密切。2016 年两国双向旅游交流规模超过 21 万人次。"中丹旅游年"是中国与北欧国家举办的首个旅游年，为中丹"民心相通"搭建了新平台，为双方企业合作提供了新契机，将成为中丹人文交流深入发展的新标志，为密切中丹关系提供新动力。希望通过举办旅游年，让更多的中丹两国游客到对方国家观光旅游，加深相互了解。要通过举办旅游年促进双向旅游，同时推动两国企业合作。

布莱恩·米克尔森说，多年来，丹中两国保持紧密的贸易往来与频繁的双边对话，两国人民经常到彼此国家旅游观光。未来几年，丹中间联系与合作将更加紧密而深入，2017"丹中旅游年"是迈向未来的重要一步。旅游年提供了向中国人民展示丹麦文化、生活、风光、美食等资源的绝佳机会，丹麦人民也可借此机会体验感受真正的中国。2017年，丹麦计划举办系列文化旅游交流活动，期待更多中国游客走进丹麦，感受独特的风土人情和旖旎的自然风光。

随后，李金早和布莱恩·米克尔森共同见证了《关于2017"中国—丹麦旅游年"相互支持举办活动的合作谅解备忘录》的签署，标志着长达一年的旅游年活动正式开始。

2017年12月5日，"中国—丹麦旅游年"闭幕式在丹麦哥本哈根举行。丹麦王储腓特烈、中国国家旅游局局长李金早等中丹两国嘉宾出席。

李金早在致辞中表示，举办"中丹旅游年"由中国国家主席习近平与丹麦首相拉斯穆森共同决定，是两国领导人立足中丹全面战略伙伴关系，深化人文等领域合作的重要举措，反映了两国人民扩大交流、增进友谊的共同心声。"中丹旅游年"也是中国与欧盟国家举办的首个旅游年，对加强中欧旅游合作也具有特殊的意义。一年来，在两国政府的支持下，两国旅游部门主动设计，旅游企业积极参与，在旅游年框架下举办了一系列形式多样，内容丰富的交流活动，取得显著成效。

腓特烈王储表示，2017"丹中旅游年"即将落下帷幕，这一整年来举办的一系列活动，见证了我们丹中之间坚强的双边关系。我们一年来紧密合作，向我们两国人民，向全世界人民展示了丹中两国在文化、自然美景、生活格调等方面所存在的潜力。"丹中旅游年"创建了一个巨大的全方位的交流平台。通过这一平台，我们可以进行政治对话、商业贸易以及其他各领域的合作交流，当然也包括我们的旅游交流合作。同时，在"丹中旅游年"期间建立的新合作伙伴关系证明丹中两国关系正在持续乐观的发展。

米克尔森大臣说,2017"丹中旅游年"十分鼓舞人心、富有成就！通过举办"点亮哥本哈根"等一系列活动，丹麦人民更好地了解到中国灿烂文化，"丹中旅游年"同样也给了丹麦向中国人民展示的极好机会。

近年来，中丹两国高层互访频繁。丹麦是首个与我国互办"旅游年"的欧盟国家。在旅游年框架下，两国除举办开、闭幕式等重点活动外，还举办了一系列市场促进活动，邀请各自重点旅行商和主流媒体来华实地采风等，极大促进了两国旅游合作，有效增进了两国人民友谊和政治互信，为两国全面战略伙伴关系纵深发展注入新的活力。

中国—东盟旅游合作年

近年来，中国与东盟的旅游合作快速升温，旅游成为双方合作的战略内容。2017 年 3 月 16 日，2017"中国—东盟旅游合作年"开幕式在菲律宾首都马尼拉国际会议中心隆重举行。中国国务院总理李克强和菲律宾共和国总统杜特尔特分别向开幕式致贺词，中国国务院副总理汪洋和菲律宾旅游部部长泰奥在开幕式上分别宣读贺词并致辞。中国国家旅游局局长李金早主持开幕式。

李克强在贺词中表示，中国与东盟国家或山水相连或隔海相望，彼此人文相通，血脉相亲，友好交往源远流长。中国将东盟作为周边外交的优先方向，支持东盟在区域合作中的中心地位，愿继续秉持相互尊重、理解、信任和支持，不断深化共识，共享发展机遇，携手构建更为紧密的中国—东盟命运共同体，促进地区乃至世界的和平、稳定与繁荣。

李克强指出，旅游合作是中国同东盟国家人文交流与合作的重要内容，增进了双方人民相互了解与友谊，带动了各产业领域的务实合作。中国已成为东盟第一大游客来源国。我们愿同东盟朋友们在东盟成立50周年之际，以共同办好"中国—东盟旅游合作年"为契机，为促进新时期中国—东盟关系继续提质升级注入新的强劲动力。

杜特尔特表示，2016年是东盟同中国建立对话关系25周年。双方关系广受欢迎，合作正逢其时，向外发出共同努力实现远大目标的明确信号。衷心祝贺东盟—中国旅游合作又迈出成功一步，期待通过合作带动包容性、可持续增长，让各国关系更加紧密，促进本地区和平、安全与发展。

开幕式上，汪洋副总理与东盟十国旅游部门代表共同启动了"中国—东盟旅游合作年"。

李金早主持开幕式时表示，举办"中国—东盟旅游合作年"是中国与东盟国家领导人达成的重要共识，开启了中国东盟旅游合作的新时代。中国—东盟旅游交流已跨入3000万人次时代，旅游必将进一步密切中国与东盟各国的政治、经济、人文往来，为构建中国—东盟命运共同体提供重要支撑。

2017年11月17日，"中国—东盟旅游合作年"闭幕式在昆明举办。中国国家旅游局副局长魏洪涛，云南省副省长陈舜，东盟国家旅游组织主席、泰国旅游和体育局常务秘书彭帕努出席闭幕式并致辞。

2017"中国—东盟旅游合作年"期间，双方借助旅游年契机，对接政策措施，加强友好对话，先后举办了一系列旅游交流活动。在各方努力下，"中国—东盟旅游合作年"以实实在在的旅游成果惠及双方广大民众，促进了双方的交流，推动着旅游合作迈上新台阶。

哈萨克斯坦"中国旅游年"

2016 年 6 月 24 日，中国国家主席习近平在塔什干会见哈萨克斯坦总统纳扎尔巴耶夫。习近平强调，中哈建立全面战略伙伴关系 5 年来，双方合作呈现加速发展势头，成果丰硕。中方支持哈方办好 2017"中国旅游年"。

2017 年 4 月 19 日，中国国家旅游局副局长杜江和哈萨克斯坦文化与体育部长阿雷斯坦别克·穆哈维迪乌雷共同出席了在阿拉木图市阿塔肯特展览中心举办的第十七届哈萨克斯坦国际旅游展开幕式。双方在开幕式上启动了 2017 哈萨克斯坦"中国旅游年"。

旅游年举办期间，习近平主席和纳扎尔巴耶夫总统分别为《美丽中国 美丽哈萨克斯坦——丝绸之路经济带与"光明之路"对接的伟

大实践》画册致辞。

习近平在致辞中说，2017 年是中哈两国建交 25 周年，哈萨克斯坦首次举办"中国旅游年"。中哈合作出版《美丽中国　美丽哈萨克斯坦》画册，向世界展示两国引人入胜的自然人文景观，体现中哈两国人民友谊，具有重要意义。

纳扎尔巴耶夫表示，2017 年的哈萨克斯坦"中国旅游年"，将进一步增进两国人民的相互了解，加深两国之间的传统友谊。为重振丝绸之路而特别制作的这本画册，将是展示哈萨克斯坦和中国各自成就的绚烂画卷。

2017 年 11 月 17 日晚，哈萨克斯坦"中国旅游年"闭幕式在哈萨克斯坦首都阿斯塔纳和谐和解宫隆重举行。中国国家旅游局副局长杜江、驻哈萨克斯坦大使张汉晖夫妇和哈萨克斯坦文化体育部副部长科扎加帕诺夫及各界嘉宾千余人出席。

在旅游年框架下，中哈两国举办了一系列形式多样、内容丰富的交流活动，成效显著，成果丰硕，为持续推动中哈两国政治、经济、文化等领域全方位合作注入了新的动力，为两国友好关系的发展进一步夯实了民意基础。

中国—欧盟旅游年

　　2016 年 7 月，中国国务院总理李克强和欧盟委员会主席容克共同出席了中欧峰会开幕式，宣布中国和欧洲旅游委员会指定 2018 年为"中国—欧盟旅游年"。2016 年 10 月 26 日，欧盟内部市场、工业、创业和中小企业总司总司长楼芮·埃文斯一行访问中国国家旅游局，就深化旅游合作、共同办好 2018"中国—欧盟旅游年"等议题交换了意见。

　　2017 年 5 月 31 日至 6 月 2 日，李克强总理应邀正式访问德国并举行中德总理年度会晤、赴布鲁塞尔举行第十九次中国—欧盟领导人会晤并对比利时进行正式访问。6 月 2 日上午，李克强总理与欧盟委员会主席容克在比利时布鲁塞尔埃格蒙宫，共同为 2018"中国—欧盟旅游年"标识揭牌。中国国家旅游局局长李金早参加揭牌仪式。双方还签署《中华人民共和国国家旅游局与欧盟委员会内部市场、工业、创业和中小企业总司关于落实 2018 年举办中国—欧盟旅游年的协议》。预计，2018"中国—欧盟旅游年"开幕式将于 2018 年 1 月在意大利威尼斯举办。

中欧建交 40 多年来，双方旅游交流丰富活跃，合作成果丰硕。双方商定于 2018 年举办"中国—欧盟旅游年"，是继"中国—中东欧"、"中国—丹麦"、"中国—瑞士"等"旅游年"之后，中国与欧洲国家举办的又一高层次的"旅游年"活动，这对中欧旅游发展而言具有里程碑意义，必将开创中欧旅游合作的新格局，更好地发挥旅游在促进中欧关系发展中的特殊纽带作用，进而谱写中国与欧盟全面战略伙伴关系新的篇章。

中国—加拿大旅游年

2016 年 8 月 30 日至 9 月 6 日，加拿大总理贾斯廷·特鲁多应中国国务院总理李克强邀请，对中国进行首次正式访问。访问期间，中加两国总理共同宣布 2018 年为"中国—加拿大旅游年"，双方同意就促进双向游客往来扩大合作。

2016 年 9 月 21 日至 24 日，李克强总理应邀对加拿大成功进行了正式访问。双方就深化中加各领域合作达成一系列重要共识，为打造中加关系新的"黄金十年"注入了强劲动力。其间，中加双方签署《中华人民共和国国家旅游局和加拿大创新科学与经济发展部关于旅游合作的谅解备忘录》。根据备忘录，到 2025 年两国双向往来人员要实现比 2015 年翻一番的目标。"中国—加拿大旅游年"无疑将对推动这一目标的实现起到至关重要的作用。

2017 年 12 月 3 日至 7 日，应李克强总理邀请，加拿大总理贾斯廷·特鲁多于对中国进行正式访问并举行第二次中加总理年度对话。12 月 4 日，李克强总理在人民大会堂同加拿大总理特鲁多举行第二次中加总理年度对话。李克强指出，中加务实合作有互补的优势、互利的基础、共赢的前景。要密切人文交流，办好明年中加旅游年活动。同日，2018"中国—加拿大旅游年"标识发布仪式在京举行。加拿大总理特鲁多和中国国家旅游局局长李金早共同为"中加旅游年"揭幕。

2017 年 12 月 5 日，中国国家主席习近平在钓鱼台国宾馆会见加拿大总理特鲁多。习近平指出，中加两国人民有着深厚的传统友谊。双方要加强教育、文化、旅游、体育等领域交流合作，使中加友好更加深入人心。双方要办好 2018"中国—加拿大旅游年"，中方愿在筹办 2022 年冬奥会过程中借鉴加方先进经验。双方还要加强在气候变化等重要领域以及多边框架内的协调和合作，不断充实中加战略伙伴关系内涵。

举办 2018"中国—加拿大旅游年"是两国领导人达成的重要共识，这将进一步密切两国旅游合作，促进更多两国游客互访。根据工作安排，2018 年 3 月中方将赴加举行旅游年开幕式，2018 年年底前，加方将来华举办闭幕式。目前，双方都在积极筹划旅游年框架下活动。国家旅游局将联合各地旅游部门、相关旅游业界统筹设计旅游年框架下拟举办的对加交流活动，同时将为加方在华举办相关活动提供支持，不断丰富旅游年活动内容，与加方携手举办一个既能加强两国政府企业间合作交流又能切实惠及两国民众的旅游年。

第七篇　整治行动

旅游市场秩序整治风暴

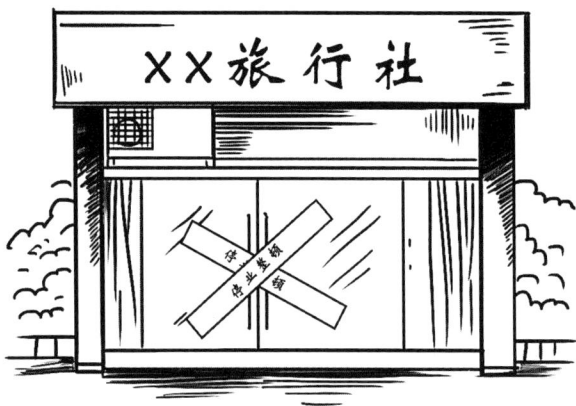

　　2016年国家旅游局开展的全国旅游市场秩序专项整治，引起社会广泛关注，获得行业的普遍好评，用媒体的话形容，这是一场史上最强的旅游秩序整治风暴。

　　全国旅游市场秩序专项整治体现了六个"最"——"参与部门最多、涉及范围最广、时间跨度最长、督查要求最严、处罚企业最多、社会反响最好"。总体归纳有"五大收获"——"找准了路子、整合了力量、取得了实效、扩大了影响、坚定了信心"。一是找准了路子：这个路子就是按照"全国一盘棋"进行总体部署，坚持"五个同步"的原则——"目的地和客源地同步整顿、组团社和地接社同步治理、线上线下旅游企业同步清查、出境游市场与国内游市场同步规范、集中整治与常态机制同步推进"，抓住三个重点环节：合同、价格、购物；建立了一整套有效的管控机制——约谈通报督查连环机制、在线旅游产品价格监督机制、旅行社双向排查机制、旅游购物长效管控机制、重要案件督办机制、境外旅游目的地国家市场监管合作机制。二是整合了力量。实现了执法力量纵横双向联动，横向联合公安、工商、物价、质检、网信等部门，纵向联动省、市、县三级旅游部门；进行全国质监执法力量总动员，抽调全国各地执法骨干轮番到各地检查旅游违法违规情况，及时将具有典型意义的案件线索移交地方并进行限时督办，较好地促进了各旅游市场的规范。三是取得了实效。2016年全国共查处违法违规案件1324起，行政处罚819家旅行社，其中吊销61家旅行社经营许可证，责令停业整顿、没收违法所得并处罚款旅行社65家，责令改正并处罚款旅行社693家。四是扩大了影响。中央电视台、《人民日报》等中央媒体以及各种官媒、新媒体、专家学者、业内人士纷纷关注这场整治风暴，各旅游企业相继表态抵制"不合理低价游"，广大游客对整治行动点赞，"掀起史上最强旅游秩序整治风暴"被评为国家旅游局公布的2017年中国十大旅游新闻，形成了抵制"不合理低价游"的社会氛围。五是坚定了信心。这信心来自于领导的肯定，来自于行业的认可，来自于社会的好评。汪洋副总理在多个场合肯定了旅游市场秩序整治工作，在国务院旅游工作部际联席会议第四次全体会议上指出，国家旅游局重拳出击，惩戒旅游违法违规行为，开展不合理低价游专项整治，是履职尽责、敢于担当的表现。在全国旅游系统劳模先进代表座谈会上指出，这两年国家旅游局加大了整治力度，展现出敢于担当、敢于负责的精神，这些做法得到社会的好评，让全国人民看到了希望。

近三年来，为认真贯彻落实习近平总书记"下决心整治旅游不文明的种种顽疾陋习"的重要指示，解决人民群众反映强烈的旅游市场秩序顽疾，国家旅游局在全国掀起旅游市场秩序整治风暴，制定并实施《依法治理旅游市场秩序三年行动方案（2015年）》，开展"秩序"、"治黑"、"清网"、"督查"、"规范"五个专项行动。

旅游市场秩序整治风暴持续时间长、整治力度大、参与部门多、涉及范围广，有效打击"不合理低价游"等违法违规行为，在社会上和行业内形成了较强的震慑力，使旅游市场秩序不断向好，企业诚信经营的市场导向得到强化，保障了旅游业的健康持续发展。

旅游市场综合监管机制

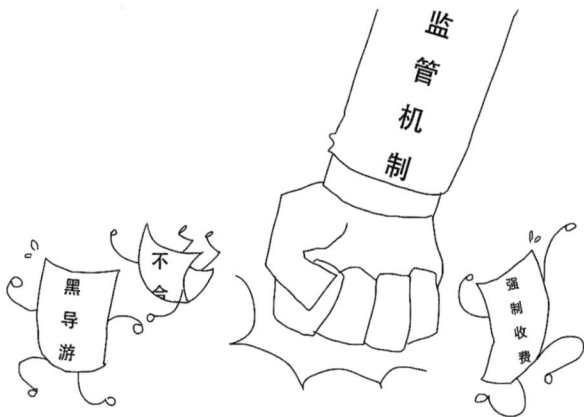

国家旅游局以贯彻落实《国务院办公厅关于加强旅游市场综合监管的通知》精神为契机，顺应全域旅游市场监管发展需求，全力推进旅游市场监管体制机制创新。

旅游市场综合监管机制是指国家旅游局积极履行统筹旅游市场综合监管的"第一职责"，印发通知，贯彻落实《国务院办公厅关于加强旅游市场综合监管的通知》精神，牵头召集旅游市场综合监管工作小组成员单位，研究制定《旅游市场综合监管专项督查工作方案》，会同十多个部门对各地开展专项督查，强化了各地党委、政府对"综合产业综合抓"的意识，促使各级政府把综合监管列入旅游业可持续发展的核心工作之一，设立专门机构，安排专项经费，制定考核办法，改变了过去"有问题抓一抓、没问题放一放"的监管方式。各级旅游市场综合监管机构加强"横向"协调与"纵向"联动，既强化市

场监管的共同责任，又强调监管职责"包干到户"，形成了各级党委、政府牵头领导，旅游部门加强协调，各职能部门积极履职的全国旅游市场综合监管体系。

截至 2017 年年底，全国有 25 个省（区、市）成立了旅游发展委员会，旅游警察 205 家，旅游巡回法庭机构 280 家，工商旅游分局 132 家。这些开创性的工作，为我国建立法制化、规范化、市场化的市场监管现代化制度奠定了重要基础。

"12301平台"：全国旅游投诉举报平台

为了提升游客投诉便利性，提高旅游投诉处理效率，2016年9月底，国家旅游局将"12301旅游服务热线"和"全国旅游投诉举报平台"技术整合为"12301全国旅游投诉举报平台"（以下简称"12301平台"）。目前，该平台已经实现国家、省、市、区县四级旅游质监执法机构全覆盖。

"12301平台"为推进旅游投诉处理工作的"扁平化"、"实时化"、"常态化"发挥了较好的作用。一是"12301平台"穿透层级管理，直接将投诉案件同时发送至国家、省、地市、区县等四级旅游质监执法机构，基本实现了旅游投诉处理的"扁平化"。二是各级旅游质监执法机构通过"12301平台"，可在第一时间实时查询、督办、处理属地的旅游投诉案件，初步实现了旅游投诉处理的"实时化"。三是"12301平台"整合了网站、微信、电话、信函等多种旅游投诉渠道，提供全天候的汉语和英语旅游投诉受理服务，初步实现了旅游投诉渠道和受理时间的"常态化"。

　　国家旅游局将进一步针对各地旅游质监执法部门在使用"12301平台"过程中,对涉嫌违法违规投诉案件多数以调解或者和解代替行政处罚的做法,在"12301平台"中开发完善"诉转案系统",推动"诉转案"工作力度。加强对严重违法违规行为的查处力度,加大市场经营主体的违法成本,切实维护广大游客合法权益。

景 区 摘 牌

　　近年来，国家旅游局加大了对景区管理的力度，打破了 A 级景区终身制，实行动态管理。2015 年首次对不合格的 5A 级旅游景区实行摘牌处理。截至 2017 年 10 月，已有 3 家问题突出的 5A 级景区被摘牌，多家（23 家）反映较大的 5A 级景区被严重警告或警告。2016 年，全国 31 个省（区、市）和新疆生产建设兵团旅游部门对全国 4A 级及以下景区进行专项整治，共有 367 家 4A 级及以下景区受到摘牌、降级、严重警告、警告、通报批评等不同程度处理，107 家 A 级景区被摘牌处理，其中 4A 级景区 55 家，3A 级及以下景区 52 家。被处理景区存在涉及管理、服务等多个方面的问题，主要包括：安全管理不到位、厕所环境卫生条件不合格、市场秩序混乱、旅游基础及服务设施不足、标识导览系统短缺、资源保护措施不到位等。例如，铜仁市碧江区九龙洞景区因厕所整体布局不合理，数量不足，内部环境较差，安全隐患严重等。各地旅游管理部门明确要求被处理景区限期整改，对于被严重警告、警告、通报批评的景区，整改完成并通过验收后，方可撤销对其的处理；对于被取消及降低等级的景区，整改完成后，必须按照有关程序重新申报创建相应等级的 A 级景区。

旅游景区评级的初衷是提升服务质量和管理水平，让消费者获得更好的旅游体验。但少数 5A 级景区获评后，其"含金量"和服务水平却没有同步提升。国家旅游局通过强化对 A 级景区的前期评审和后期监督，彻底打破景区评级"只升不降"的怪圈。不断加强景区动态管理机制，既有效地维护了广大游客的权益，也督促各大景区时刻紧绷"质量弦"，擦亮 A 级旅游景区"金字招牌"。这表明了党和政府调整旅游市场秩序整治思路、遏制旅游业乱象、维持旅游业长期健康发展的决心。

旅游企业、从业人员失信黑名单

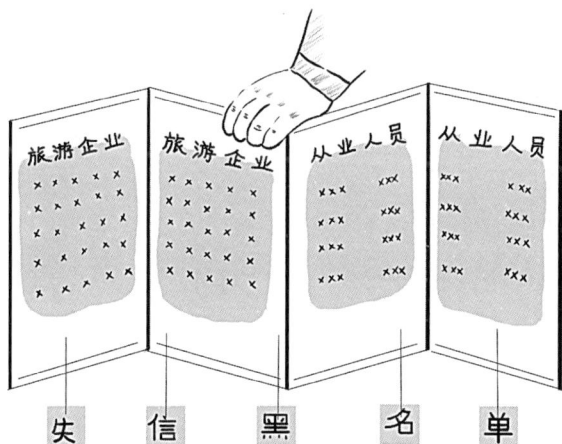

国家旅游局于 2015 年 7 月印发《旅游经营服务不良信息管理办法（试行）》（以下简称《办法》），在全国实施旅游企业"黑名单"制度，以加大对违法失信行为的惩处力度。旅游经营服务不良信息包括旅行社、景区以及为旅游者提供交通、住宿、餐饮、购物、娱乐等服务的经营者及其从业人员在经营服务过程中产生的不良信息。

根据《办法》，旅游经营者和旅游从业人员如果侵害旅游者合法权益，造成严重社会不良影响等，应当公开。国家旅游局及相关部门将对纳入"黑名单"的企业和从业人员采取检查、暗访、责令整改等措施实施有效监管。旅游行政管理部门延迟报送、玩忽职守的，将对相关责任人员予以行政处分。此外，各级旅游主管部门审核行政许可申请、旅游经营业务申请或者其他与旅游活动相关的申请时，应当查阅申请人是否在旅游经营服务不良信息名单中。

国家旅游局以健全旅游诚信体系为目标，积极申请加入社会信用体系建设部际联席会议成员单位，2016 年 7 月国务院已批复同意国家旅游局成为国务院社会信用体系建设部际联席会议成员单位。印发了《关于加强旅游诚信建设实施失信联合惩戒的通知》，部署旅游行业诚信建设和与相关部门联合开展失信惩戒工作。组织全国 20 强、百强和利税 20 强旅行社企业签署《"依法合规、诚信经营，共同维护旅游市场秩序"倡议书》，号召全行业共同维护旅游市场秩序；指导旅游行业协会通过多种形式公布旅游线路诚信指导价，通过多种手段向社会发布旅游消费提示警示。进一步健全完善旅游失信"黑名单"定期发布制度，截至 2017 年 5 月，已公示 76 件旅游经营服务不良信息记录（涉及旅游企业 45 件，涉及旅游从业人员 31 件）；同时鼓励旅游企业主动承诺诚信经营，分两批对外公布 5923 家公开承诺"诚信经营旅行社"名单，并通过国家旅游局官方网站和"中国旅游诚信网"平台形成的信用信息，为社会公众和征信机构提供查询服务。

假日旅游红黑榜

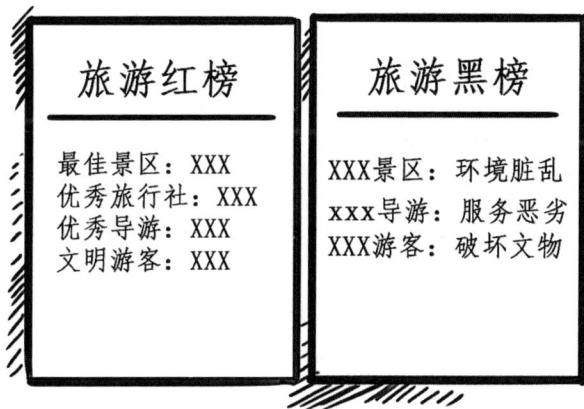

2016年10月9日，国家旅游局发布十一假日旅游"红黑榜"，一批最佳景区、优秀旅行社、优秀导游、优秀旅游工作人员和文明游客受到集中表扬；而环境脏乱、管理混乱、服务恶劣的旅游经营单位和从业人员以及不文明游客也被曝光，在社会上引起强烈反响。

十一假日旅游"红黑榜"由各地旅游主管部门根据本地假日旅游市场秩序情况提供信息汇总而成。涵盖景区、旅行社、旅游工作人员、导游、游客5大类，其中景区又分综合秩序和厕所革命、旅游市场秩序、旅游安全保障、旅游服务4个专项，全部榜单共9大项，覆盖全国31个省（区、市）和新疆生产建设兵团。推出"红黑榜"是一次假日旅游工作的全新探索，目的是加强旅游市场监管，进一步提升旅游服务管理水平，褒扬正面和先进、曝光负面典型，监督、引导企业合法经营，倡导游客自律、文明出游，积极营造良好的旅游发展环境。

旅游社会监督员

  2015 年 2 月，国家旅游局制定出台了《旅游服务质量"万名社会监督员"工作方案》和《旅游服务质量社会监督员职责和工作办法（试行)》，从各级人大、政协、相关部门和企业、专家学者、新闻媒体等人员中选聘约 1 万名旅游服务质量社会监督员，以尽可能多地调动社会力量广泛参与，促进旅游业健康发展。

  旅游服务质量社会监督员对旅游经营者及其从业人员的监督工作，主要包括：一是监督旅游经营者及其从业人员的旅游经营行为和旅游服务质量，主要包括是否存在非法经营、超范围经营、欺行霸市、垄断市场等问题；二是监督厕所、旅游标识、通往景区的道路等旅游基础设施和公共服务设施是否存在布局不合理、使用不方便、达不到安全卫生要求等问题；三是对规范旅游市场秩序、提高旅游服务质量、改进旅游公共服务提出意见和建议；四是协助开展旅游法律法规、文明旅游宣传工作，引导消费者依法合理维权和社会公众理性反映诉求；五是监督旅游主管部门及其工作人员依法履行职责情况；六是监督企业履行《旅游法》和其他法律法规明确要求的事项。

4月25日，来自全国各地、各个行业、各个层面的近万名社会监督员正式上岗履职。两年来，社会监督员从文明旅游、乡村旅游、旅游安全等方面积极建言献策，监督作用得到初步发挥。

打击"不合理低价游"

2015 年 9 月 29 日，国家旅游局印发《关于打击组织"不合理低价游"的意见》，对"不合理低价游"作出了认定：

所谓"不合理低价"，是指背离价值规律，低于经营成本，以不实价格招徕游客，以不实宣传诱导消费，以不正当竞争扰乱市场。有以下行为之一，可被认定为"不合理低价"：一是旅行社的旅游产品价格低于当地旅游部门或旅游行业协会公布的诚信旅游指导价超过30% 的；二是组团社将业务委托给地接社履行，不向地接社支付费用或者支付的费用低于接待和服务成本的；三是地接社接待不支付接待和服务费用或者支付的费用低于接待和服务成本的旅游团队的；四是旅行社安排导游领队为团队旅游提供服务，要求导游领队垫付或者向导游领队收取费用的；五是法律、法规规定的旅行社损害旅游者合法权益的其他"不合理低价"行为。

2016 年，国家旅游局联合公安、工商等多个部委组织 40 个工作

组对 31 个省（区、市）开展 8 轮旅游市场综合监管专项督查，下架
8000 多条涉嫌"不合理低价游"产品。开通"我要投诉举报"平台，
开发"全国旅游投诉举报和案件办理管理系统"，完善中国旅游诚信
网平台，快速受理处理游客投诉。建立约谈机制，约谈发生重大旅游
投诉、存在不合理低价游、违法一日游等问题的旅游企业。

　　2017 年，按照《国务院办公厅关于加强旅游市场综合监管的通
知》要求，国家旅游局以整治"不合理低价游"为重点，以游客投诉
为主要线索，以查办案件为主要目标，以旅游质监执法力量为主体，
联合相关部门行政执法力量，采取有力措施，陆续开展了"春季行
动"、"暑期整顿"和"秋冬会战"旅游市场秩序综合整治活动，对
"不合理低价游"违法违规行为进行了有力打击。

旅游国际监管合作

旅游国际监管合作是国家旅游局按照"出境游市场与国内游市场同步规范"的原则，不断加大出境游市场整治力度，加强与旅游目的地国家和地区监管合作的一项举措。具体工作如下：

一是设立合作机构。与泰国、韩国旅游部门分别成立中泰、中韩旅游市场监管合作协调组，统筹协调旅游市场监管合作工作，并联合签署《中泰关于加强旅游市场监管合作的谅解备忘录》、《中韩关于加强旅游市场监管合作的谅解备忘录》。

二是定期工作会晤。与泰国、韩国等旅游部门分别建立旅游市场监管合作磋商机制，定期召开旅游市场监管合作协调组会议，共同商定旅游市场秩序治理方案，部署联合整治工作。

三是加强信息互通。与泰国、韩国等旅游部门分别建立工作联络专线，相互及时通报对方游客在各自境内发生的重大旅游事件或旅游投诉案件，并督促各自旅游企业做好处理工作；相互移交涉及旅游企业和从业人员的违法违规案件线索，并及时向对方通报查处情况。

《中泰关于加强旅游市场监管合作的谅解备忘录》签署以来，中泰双方共同致力于旅游市场秩序整顿，泰国已依法取缔874家旅行社，查获2155辆旅游巴士。2017年6月13日至17日，中泰旅游市场监管合作协调小组第二次会议在泰国清迈召开，就开展中泰旅游市场监管联合行动、建立旅游监管工作事务级联络热线，召开旅游监管事务级磋商工作会和举办中泰旅游市场监管合作协调小组第三次会议，以及推动旅游警察互访交流等议题达成系列共识。

"我要投诉举报"平台

"我要投诉举报"平台是国家旅游局在"515战略"背景下，为了全面受理、第一时间解决游客的投诉举报，在官方网站开通的面向广大游客的服务平台。

2015年5月9日，针对旅游市场乱象，国家旅游局开通"我要投诉举报"平台，面向全国集中受理旅游市场违法违规案件投诉举报，及时梳理分析、调查核实、依法依规处理，坚决打击违法违规行为。此后，全国各省、自治区、直辖市相继开通了本地区的"我要投诉举报"平台，公开受理投诉举报案件，并对相关投诉举报案件及时进行处理。

"我要投诉举报"平台为建立全国统一的投诉举报平台奠定了基础。此后，按照全域旅游的要求，国家旅游局逐步整合电话、网络、信函、微信等8种投诉方式，统一到"12301全国旅游投诉举报平台"，建立了全国统一的旅游投诉受理机制。

《导游等级划分与评定》国家标准

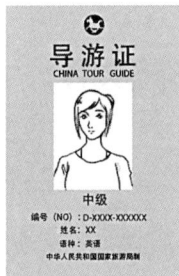

为提升导游队伍素质，引导导游加强业务学习，不断提升专业技能水平和带团服务能力，同时进一步提高导游等级考核评定工作的科学性和标准化水平，2016 年，国家旅游局组织研究制定了《导游等级划分与评定》国家标准，该标准对导游基本素质以及导游等级划分的条件作出了说明，从知识要求、能力要求和其他要求等方面提出了具体标准，并提出了导游等级评定的基本方法。该标准已于 2017 年 9 月通过国家标准委审定并发布，于 2018 年 4 月 1 日开始实施。

导游资格全国统考

　　根据国务院审改办关于规范行政审批行为、改进行政审批工作的要求，国家旅游局决定从 2016 年起，实行全国统一的导游资格考试。全国导游资格考试是依据《中华人民共和国旅游法》，为国家和社会选拔合格导游人才的全国统一的准入类职业资格考试。考试遵循公平、公正的原则，目的是检验考生是否具备从事导游职业的基本素养、基础知识和基本技能。2015 年，国家旅游局进一步完善了"导游人员从业资格证书核发"行政审批事项的相关工作机制，于 2015 年 8 月印发了《关于完善"导游人员从业资格证书核发"行政审批事项有关工作的通知》，明确从 2016 年起，实行全国统一的导游资格考试，改革完善考试内容与考试方法，形成科学规范、公开透明、便利高效的考试制度。

　　国家旅游局制定了《全国导游人员资格考试管理办法（试行)》

和《全国导游人员资格考试现场考试工作标准（试行）》，做到统一工作标准、统一考试大纲、统一考试科目、统一考试时间、统一报名窗口"五统一"，各地也根据考试要求制定了考务工作规程和现场考试工作方案，为全国导游资格考试工作提供了保障。

根据工作要求，自2016年起，全国导游资格考试定于每年11月举行，每年一次，具体时间由国家旅游局当年确定。考试科目包括科目一"政策与法律法规"、科目二"导游业务"、科目三"全国导游基础知识"、科目四"地方导游基础知识"、科目五"导游服务能力"五个科目。考试形式分笔试与现场考试两种，科目一、科目二、科目三、科目四为笔试，科目五为现场考试。笔试实行全国统一的计算机考试。现场考试以模拟考试方式进行，由省级考试单位根据考试大纲和《全国导游资格考试现场考试工作标准（试行）》组织。考试结果以笔试成绩、现场考试成绩和总成绩分别划定分数线，笔试成绩、现场考试成绩和总成绩均满足划线要求的为合格。考试成绩当年有效。考试结果经国家旅游局审查后公布。对考试结果合格的考生，国家旅游局委托省级旅游主管部门颁发"导游资格证书"。

国家旅游局和各省级旅游主管部门加强对考试各个环节的监督管理，强化报名审核、考试组织、费用收取、结果发布、证件核发等各环节的全过程管理，维护考试的公平、公正和权威性。

电子导游证

电子导游证是导游执业证，由国家旅游局制定格式标准，各级旅游主管部门通过全国旅游监管服务信息系统实施管理。电子导游证以电子数据形式保存于导游个人移动电话等移动终端设备中。电子导游证汇集了导游的基本信息和游客评价、旅行社考核和旅游部门奖惩等综合信息。电子导游证，更新了导游注册流程，便利了导游领证执业，拓宽了证书通用的渠道，有利于促进导游流动更加开放化、导游资源配置更加市场化。游客通过扫描导游证的二维码对导游身份进行认证，有利于游客识别导游人员身份、获取导游执业的综合信息，进而合理选择、在线评价导游。旅游管理部门不仅方便了现场对导游进行身份识别和执法监管，而且通过汇集各方面的评价信息，建立旅游部门处罚、游客信用评价、用人单位考核为一体的综合监管机制，从重视事前审批向加强事中事后监管转变，发挥市场结果导向的淘汰作用，促使导游用优质服务获取市场好评和执业机会。

全国旅游市场秩序
综合整治 "春季行动"

　　全国旅游市场秩序综合整治 "春季行动" 是指由国家旅游局统一部署，全国旅游部门于 2017 年 2 月至 5 月组织开展的旅游市场秩序综合整治行动。

　　国家旅游局在 "春季行动" 中组织了三轮督查：第一轮对云南丽江和西双版纳、江西婺源、湖南凤凰、陕西临潼、四川九寨—黄龙、重庆渝中 7 个重点地区进行重点督查，立案调查 86 起旅游违法违规案件，罚款逾 300 万元，关停 40 家涉嫌 "不合理低价游" 网站，这是国家旅游局一次性专项督查开出的最大罚单，处罚更加严厉、重点更加明确、成效也更加显著。第二轮对广东、山西、天津、湖北、河北 5 个省市开展专项督查，立案查处了 57 家旅行社；第三轮集中力量对四川单一省份开展集中督查，立案查处了 38 家旅行社。连续三轮督查咬定重点不放松，不达目的不罢休，使整治风暴向全面从严升级。全国各地积极响应"春季行动"的部署，全国累计出动旅游质监执法人员 16450 人次，检查旅游企业及分支机构 13410 家，对违法违规企业和个人立案 809 起，截至 2017 年 7 月，处罚了 455 起，罚款金额达 1288.31 万元。

　　"春季行动"的战果超过了上一年的处罚总额，推动了从严治旅整治风暴的升级。

全国旅游市场秩序
综合整治"暑期整顿"

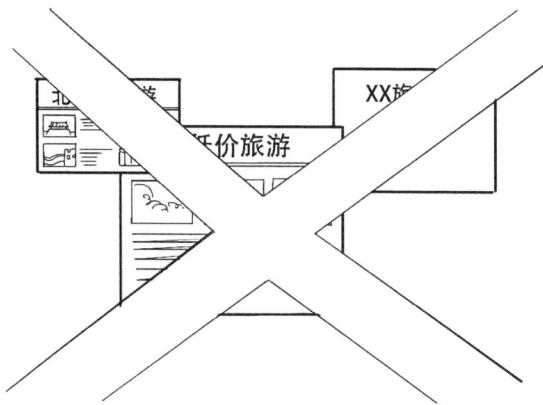

　　"暑期整顿"是指国家旅游局继"春季行动"后，于 2017 年 6 月至 8 月组织全国旅游部门开展的旅游市场秩序综合整治行动。"暑期整顿"实现了对全国省区市的督查全覆盖。

　　国家旅游局在"暑期整顿"中组织了三轮督查：第一轮针对首都暑期旅游旺季，从全国抽调力量打击北京"一日游"、"不合理低价游"，对 313 家旅游企业进行抽检，查获涉嫌违法案件 81 起，涉案企业 69 家。第二轮对黑龙江、吉林、内蒙古、新疆、西藏 5 省区开展督查，立案查处 56 家旅游企业。第三轮对广西、甘肃、青海 3 省区开展督查，立案查处 47 家旅游企业。"暑期整顿"期间，全国各地共查处旅游企业 31036 家，共立案 885 件，已办结 533 件，罚款 3 万元以上案件 54 件，罚款及没收违法所得 674.6368 万元，吊销经营许可证 13 家。国家旅游局督办案件为 214 件，已办结 51 件。

全国旅游市场秩序
综合整治"秋冬会战"

　　"秋冬会战"是 2017 年国家旅游局继"春季行动"、"暑期整顿"之后开展的又一次旅游市场秩序综合整治活动。

　　"秋冬会战"的工作重点有三个方面：一是聚焦重点地区。重点对省会城市、副省级城市、重点旅游城市开展市场秩序检查，充分发挥旅游市场综合监管机制作用，落实综合监管责任，推进"1+3+N"机制建设，强化诚信经营导向，维护游客合法权益。二是明确重点企业。根据游客投诉、价格监控、舆情监测等线索，梳理整治重点，对游客投诉集中、行业反映强烈、舆情曝光多的企业以及"春季行动"和"暑期整顿"发现问题较多的企业、已被列入不诚信名单的企业，要作为重点检查对象。三是紧盯重点问题。继续紧盯"不合理低价游"等行业顽疾不放松，重点规范出境游市场特

别是赴日、赴泰及赴港澳台旅游市场秩序。同时，对涉嫌从事非法融资、销售多用途预付卡以及在线旅游企业违法经营等新生问题予以及时整治。

第八篇　文明旅游

旅游不文明行为记录

为推进旅游诚信建设工作，提升公民文明出游意识，2015 年 3 月 24 日，国家旅游局依据《中华人民共和国旅游法》、中央文明委《关于进一步加强文明旅游工作的意见》及相关法律法规、规范性文件制定的《游客不文明行为记录管理暂行办法》开始实施，全国游客不文明行为记录管理工作同时开展。这是国家首次出台有关游客不文明行为治理的相关文件，被业内称为"不文明游客黑名单制度"。2015 年 4 月，国家旅游局修订出台了《国家旅游局关于游客不文明行为记录管理暂行办法》，对游客不文明行为记录信息实行动态管理。2016 年 5 月，国家旅游局修订发布了《国家旅游局关于旅游不文明行为记录管理暂行办法》，规定，中国游客在境内外旅游过程中发生的因违反境内外法律法规、公序良俗，造成严重社会不良影响的行为，从事旅游经营管理与服务的工作人员在从事旅游经营管理和服务过程中因违反法律法规、工作规范、公序良俗、职业道德，造成严重社会不良影响的行为，纳入"旅游不文明行为记录"。截至 2017 年 11 月，已经有 29 人被列入"旅游不文明行为记录"。

文明旅游背包行

　　大学生"文明旅游背包行"是面向全国在校大学生的文明旅游公益活动。活动号召全国在校大学生广泛参与文明旅游的公益宣传，在暑期的行走中通过多元传播方式实践并宣传这一理念，在全社会形成弘扬文明旅游的新风，营造文明旅游的大环境。2015 年 6 月 6 日，首届大学生"文明旅游背包行"活动在中国人民大学正式启动，得到了全国高校的积极响应，参与活动的院校有 125 所，在校大学生们结合暑期实践活动，走进旅游景区，沿途向游人宣传文明旅游。2016 年，参与活动的院校达 284 所。所影响的人群由 2015 年的 1000 万以上，增长到 2016 年的 3000 万以上。大学生"文明旅游背包行"公益宣传活动专属 H5 页面点赞量超过 50 万，校园线下活动 110 场，暑期实践活动 240 场，提交团队成果报告 123 份，活动覆盖范围遍及全国 31 个省（区、市），举行线下签名活动近百场，50 余万大学生签名支持并实践。新浪微博话题"文明旅游背包行"阅读量超过 3000

万，讨论量 10 余万，多次成为微博"旅游"、"社会"、"公益"等话题热搜榜第一名。活动在社会上引起了巨大反响，大学生"文明旅游背包行"被中央文明办列入 2016 年重点项目。2017 年，大学生"文明旅游背包行"已整合纳入"为中国加分"文明旅游公益宣传活动中，共举办各类线下活动近 400 场，新浪微博话题阅读量达 3700 多万，讨论量近 17.4 万。直接落地城市达 300 多个。活动评选出优秀团队和优秀传播团队各 10 支。

民间版文明旅游公约

"中国公民文明旅游公约"（民间版）发布会

主办：　　　　　承办：

"中国公民文明旅游公约"（民间版）是面向社会广泛征集而得的"中国公民文明旅游公约"。具体内容为："重安全，讲礼仪；不喧哗，杜陋习；守良俗，明事理；爱环境，护古迹；文明行，最得体。"

2015年年底，国家旅游局正式启动征集活动，以全社会动员、公开征集、网民和专家共同评选的方式，邀请广大公民参与制定文明旅游公约。活动得到全社会的热烈响应。据统计，全国共有200多家媒体网站对本次活动进行宣传报道，活动官方页面浏览量10万余次。截至2016年5月中旬，共收到各类形式的文明旅游公约1233篇。

国家旅游局在初选基础上，组织业内人士、专家学者和资深媒体记者对参赛作品进行了评审，最终从千余篇投稿中选出一等奖2名，二等奖3名，三等奖5名，并借鉴参考获奖作品，推出了"重安全，讲礼仪；不喧哗，杜陋习；守良俗，明事理；爱环境，护古迹；文明行,最得体"10句30字的新版文明旅游公约。

与2006年颁布的《中国公民国内旅游文明行为公约》相对照,新版公约具有以下特点:一是这是自下而上推出的文明旅游公约,是源自民间、扎根民间的大众文明旅游共识。二是公约采取三字一句的押韵句式,用短短30字基本涵盖了2006年版公约涉及的维护环境卫生、遵守公共秩序等8方面内容,简洁生动、易于记诵。三是配合公约同时发布了10条文明旅游宣传语,宣传语采用当下流行的语言风格,将文明旅游与公民个体紧密相关,真正让公约走下神坛,方便对公约进行大众化传播。

为做好新版公约的宣传推广,国家旅游局通过报纸杂志、微信微博、机场广告等进行全方位立体传播,积极引导大家熟记践行,在全社会再掀文明旅游热潮。

中国公民文明旅游公约大家定

2015 年 12 月 1 日，国家旅游局主办的"中国公民文明旅游公约大家定"主题活动正式启动。这是深入贯彻落实习近平总书记关于文明旅游"宣传教育，约束规范，深化社会监督"重要指示精神的一次生动实践，是国家旅游局加强文明旅游宣传引导、动员全社会共筑文明旅游大环境的又一重要举措。

"中国公民文明旅游公约大家定"主题活动让公民参与到文明旅游公约制定中来，进一步缩小文明旅游与公众、与游客的心理距离，增强人民群众对文明旅游的理解，让新风尚源自民间、扎根民间，增强民众和游客的文明价值认同。活动将文明旅游核心内涵化大为小、化繁为简，以更为主动、更加新颖的方式强调文明旅游社会责任、倡导文明旅游行为方式，颂扬文明旅游时代精神，营造文明旅游人人可为、事事可为、时时可为、处处可为的社会风尚。

活动要求，参赛作品须直观表达公民在旅游全程中应该遵循的文明行为；导向正确，主题鲜明，既有中国作为礼仪之邦的文化底蕴，又能体现民族精神和时代精神；内容贴近实际，纠正当下存在的旅游不文明行为，具有趣味性、传播力和普适性，兼顾国内游和出境游游客；文字须简洁生动，通俗易懂，朗朗上口，字数在300字以内。2016年7月，经联合投稿、个人投稿和评审委员会评审，共评出110篇获奖作品。

文明旅游短信提示

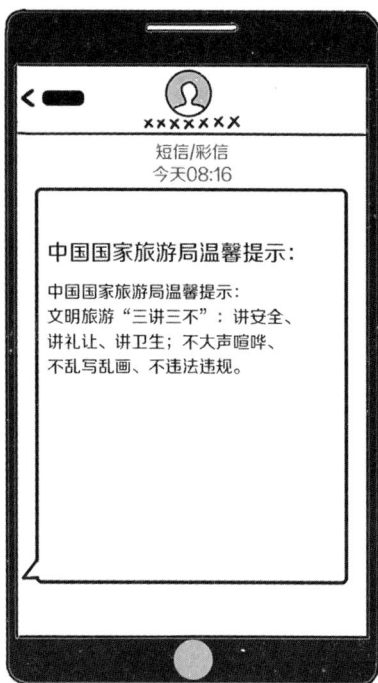

2015 年 3 月，国家旅游局积极协调电信部门，为出境中国游客发送文明旅游手机提醒短信，在春节前实现了对每一位出境游客的直接提醒。

提示短信内容为："中国国家旅游局温馨提示，文明旅游'三讲三不'：讲安全、讲礼让、讲卫生；不大声喧哗、不乱写乱画、不违法违规。"短信发送覆盖范围为与中国移动、中国联通、中国电信有漫游关系的国家和地区。

文明旅游提醒语

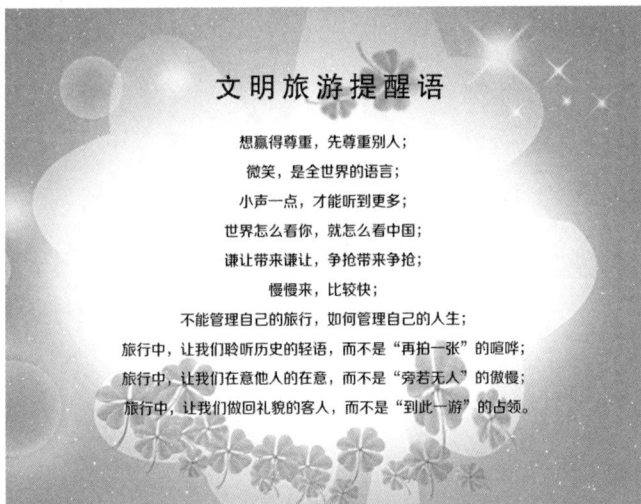

2015 年 12 月，国家旅游局继 2014 年发布十大文明旅游提醒语后，再次推出一组文明旅游提醒语。这次推出的文明旅游用语更多了一些"文艺范儿"。这些充满善意的提醒，不作道德绑架，也不讲什么大道理，温和暖心，让人听得顺耳，改得服气。

文明旅游提醒语：

1. 想赢得尊重，先尊重别人；

2. 微笑，是全世界的语言；

3. 小声一点，才能听到更多；

4. 世界怎么看你，就怎么看中国；

5. 谦让带来谦让，争抢带来争抢；

6. 慢慢来，比较快；

7. 不能管理自己的旅行，如何管理自己的人生；

8. 旅行中，让我们聆听历史的轻语，而不是"再拍一张"的喧哗；

9. 旅行中，让我们在意他人的在意，而不是"旁若无人"的傲慢；

10. 旅行中，让我们做回礼貌的客人，而不是"到此一游"的占领。

"四个一批"旅游志愿服务先锋行动

中国旅游志愿服务"先锋人物"表彰

　　为了深入贯彻落实党的十八届三中全会和习近平总书记关于文明旅游工作所做的一系列重要批示精神，充分发挥旅游志愿服务在推进文明旅游工作中的作用，2016 年 9 月，国家旅游局联合中国旅游报社启动"四个一批"旅游志愿服务先锋行动，面向全国征集中国旅游志愿服务"先锋人物"100 名、中国旅游志愿服务"先锋组织"50 个、中国旅游志愿服务"先锋项目"50 个、中国旅游志愿服务"示范基地"50 个。2017 年 6 月，国家旅游局对外公布征集结果，其中，征集到中国旅游志愿服务"先锋人物"95 名、中国旅游志愿服务"先锋组织"50 个、中国旅游志愿服务"先锋项目"45 个、中国旅游志愿服务"示范基地"50 个。征集结果及"四个一批"的先进典型事迹均在《中国旅游报》开辟专版进行宣传。

十大文明旅游公益宣传片

　　十大文明旅游公益宣传片是国家旅游局于 2015 年制作的 10 部文明旅游公益宣传片，旨在用直指人心、寻求共鸣和内化于心、外化于行的方式，将文明旅游理念植根于游客心中。10 部宣传片邀请"最美导游"担任文明旅游提醒人，以北京、纽约、耶路撒冷等具有代表性的全球著名旅游城市为背景，涉及出行、游览、餐饮等多个旅游环节，通过优美的剧情和生动的解说，对游客常见的不文明行为，例如乱丢垃圾、大声喧哗、不守秩序、破坏自然、闯红灯等予以提示和纠正，并对入乡随俗、保护环境、自我约束、互帮互助、微笑沟通等行为给予正面鼓励和引导。

"为中国加分"文明旅游公益行动

　　"为中国加分"文明旅游公益行动是国家旅游局贯彻落实习近平总书记关于文明旅游重要批示精神而举办的全国性、全民性文明旅游公益宣传活动，旨在提升中国游客文明素养，促进中国旅游业健康发展，塑造文明自信的中国国际形象。2014年9月19日，国家旅游局首次举办了"为中国加分"文明旅游公益行动启动仪式，发出"文明旅游，我为中国加分"的倡议，号召公民提高旅游素质，争做文明使者。从2015年开始，"为中国加分"季季有主题、年年有创新，持续不断开展宣传、层层动员细化落实。活动开展以来，广大游客和行业人员广泛参与，在社会上引起了强烈反响，掀起了"做文明游客，为中国加分"的旅游新风尚，成为文明旅游宣传的品牌性和标志性活动，并将在全国范围内长期持续开展。

文明旅游随手拍

　　为推动公众参与文明旅游工作，发挥舆论引导作用，营造有德光荣、无德可耻的社会氛围，2015年6月16日，由国家旅游局与中国新闻社主办，中国新闻社图片网络中心承办的"文明旅游随手拍"公益活动正式启动，活动旨在号召全社会携起手来，为文明旅游行为点赞，曝光旅游不文明行为，共同营造扶正祛邪、文明旅游的社会氛围，为弘扬社会主义核心价值观，推动全社会文明程度提升，增强国家软实力作贡献。活动期间，公众可以使用相机、手机将所见的各种文明与不文明行为拍摄下来。活动主办者通过报刊、广播电台、电视台、网络等进行多媒体、多平台、全方位宣传展示拍摄作品，褒扬文明行为、曝光不文明行为，以进一步提高游客文明行为意识。活动得到了全国各地民众的支持和热情参与，收到各地摄影者拍摄的大量相关图片。拍摄者通过相机、手机镜头，借助影像的力量，从游客、旅游志愿者、旅游从业者、旅游服务机构、政府职能部门、景区建设等角度，弘扬文明旅游正能量，揭露旅游不文明行为。对引导文明旅游，促进公民文明素质提升，营造和谐社会环境，起到了积极的作用。

"文明旅游伴我行"微信公众平台

　　"文明旅游伴我行"微信公众平台是国家旅游局监督管理司主管运营的、以文明旅游为主要宣传内容的微信公众号，旨在利用新媒体传播途径，加强文明旅游宣传引导，开展与公众的互动交流。"文明旅游伴我行"微信公众平台于2014年5月19日正式开通运营，每个工作日重点推送文明旅游宣传提示、文明旅游和旅游志愿服务工作等信息，并在重要的主题活动、时间节点，开展与粉丝的互动活动。截至目前，"文明旅游伴我行"微信公众平台订阅用户（粉丝）量已超过12万。

中 国 好 导 游

近年来，全国旅游行业积极践行社会主义核心价值观和"游客为本、服务至诚"的旅游行业核心价值观，涌现出了一大批诚实守信、乐于奉献、积极向上、奋发有为的优秀导游。为发挥优秀导游的榜样作用，在全行业形成学习好导游先进典型的热潮，2015 年 7 月，国家旅游局在全国范围内组织开展了"2015 中国好游客、中国好导游"推选征集活动。当年 9 月，国家旅游局向社会公布"中国好导游"推选征集标准为：拥党爱国、遵纪守法、爱岗敬业、明礼诚信、文明引领、至诚服务、业务精湛、沉着机智、形象健康、广受好评。通过在全国范围内多渠道、多方式的推选征集，2015 年 12 月，国家旅游局公布了 2015 年度 1643 名"中国好导游"名单。

随着社会文明程度、行业自律状况的提升，公众对我国导游的形象认知也渐渐产生了改变。此次国家旅游局评选出"中国好导游"，既弘扬了社会正能量，也引领了文明旅游风尚。

中国好游客

为深入贯彻习近平总书记关于文明旅游工作的重要批示精神，紧紧围绕旅游业"515战略"文明旅游目标，2015年7月，国家旅游局在全国范围内组织开展了"2015中国好游客"推选征集活动。同年9月，国家旅游局向社会公布"2015中国好游客"推选征集标准为：拥党爱国、遵纪守法、崇德向善、明礼诚信、尊重他人、文明旅游、理性消费、爱护环境、热心公益、广受好评。通过在全国范围内多渠道、多方式的推选征集，2015年12月，国家旅游局公布了2015年度共1003人的"中国好游客"名单。随着人们文明素质的提升和旅游经验的丰富，越来越多的游客守法知礼、文明出游、乐于助人、见义勇为、热心公益、积极传播中华优秀文化，成为"中国旅游"一张张亮丽的名片。国家旅游局开展的"中国好游客"评选活动为大众树立了好游客的典型，发挥了榜样作用，促进了全社会文明旅游良好氛围的形成。

第九篇　民　生

5·19旅游惠民日

　　旅游业的蓬勃发展调动了游客参与旅游休闲的积极性，让游客更多地参与旅游，通过旅游开阔视野、增长见识、陶冶情操，实现精神愉悦，获得幸福感。国家旅游局通过组织行业开展"中国旅游日"系列活动，鼓励旅游企业出台惠民措施，加大宣传力度，达到丰富旅游产品供给、完善旅游公共服务、强化旅游安全、倡导文明出游的目的，满足了广大人民群众日益增长的旅游需求。

　　2009 年 12 月 1 日，国务院印发《关于加快发展旅游业的意见》，提出要设立"中国旅游日"，2011 年 3 月 30 日，国务院常务会议通过决议，自 2011 年起，中国正式设立国家旅游日，时间确定为每年的 5 月 19 日。"中国旅游日"形象宣传口号是"爱旅游、爱生活"，口号简单明快，响亮有力，易于上口，高度概括了"中国旅游日"的主题理念，倡导更多的国人走出家门，广泛参与旅游活动，提高生活品质。自 2011 年至今，中国旅游日活动已成功举办六届，推出了一大批旅游主题活动和惠民措施，广泛宣传全域旅游发展理念，报道旅游业发展情况，倡导安全出行、合理出行、诚信经营、文明旅游等积极风尚，为扩大旅游行业影响和引导市场经营风气作出了贡献。2017年，国家旅游局印发了《关于组织开展 2017 年"中国旅游日"活动的通知》，要求各地以"旅游让生活更幸福"为主题，紧紧围绕旅游业是幸福产业这一核心主题，按照 2017 年《政府工作报告》中对于"完善旅游设施和服务，大力发展乡村、休闲、全域旅游"的重点工作部署，通过广泛深入宣传和组织，开展丰富多彩、特色鲜明、注重实效、利民惠民的"中国旅游日"系列活动，充分展示旅游业在全面建成小康社会中的积极作用，推动"中国旅游日"成为全域旅游发展成果的"展示日"、全民分享旅游幸福的"惠民日"和旅游业发展"三步走战略"的"宣传日"。各地以突出主题、广泛参与、公益惠民、形式多样、因地制宜、节俭高效为原则，开展了 1381 场主题活动，推出了 5014 项惠民措施，使"中国旅游日"真正成为了全民感受和分享旅游幸福的重要节日。2017 年 5 月 19 日国家旅游局在北京国际饭店举办"中国旅游日"主题宣传活动，现场以"旅游让生活更幸福"为主题组织了主题宣传片播放、便民惠民措施发布、《中国旅游日倡议书》发布、"网民最喜欢的旅游目的地"发布等活动，并在央视网网络直播，中央电视台、新华社、《人民日报》等中央新闻媒体集中报道，受到了社会各界的广泛关注和广大群众的一致好评。

旅 游 扶 贫

　　习近平总书记强调：在扶贫开发中，把旅游扶贫作为重要内容，在切实保护资源的前提下，加快欠发达地区旅游开发，使之成为新的经济增长点。近年来，旅游扶贫成为党中央、国务院确定的新时期扶贫开发十项重点工作之一。与其他扶贫方式相比，旅游扶贫是充分运用市场机制的扶贫，效率高、成本低；是造血式扶贫，可以由脱贫直接跃升到致富；是广泛受益的扶贫，带动性强、覆盖面宽；是物质和精神"双扶贫"，持续性强、返贫率低；是富有尊严的扶贫，利于相互尊重、平等交流；是促进和谐的扶贫，利于社会稳定、生态文明；是促进国际交流的扶贫，利于增进国人与世界各国人民的了解、促进世界和平。因此，旅游扶贫以其强大的市场优势、新兴的产业活力、强劲的造血功能、巨大的带动作用，在我国扶贫开发中发挥着日益显著的作用，以其锐不可当之势正成为我国扶贫攻坚的崭新生力军。

　　旅游扶贫是乡村旅游工作的重中之重，是党中央、国务院赋予旅游部门的重要任务和使命，国家旅游局把旅游扶贫作为产业报国、产业为民、产业发展的好机会，按照中央关于扶贫攻坚的决策部署，紧紧围绕新时期农村扶贫开发目标，以攻坚克难的勇气、责无旁贷的担当，举全行业之力，从资金项目、人才培训、政策扶持、宣传促销等方面加大倾斜和支持力度。依托贫困地区特有的自然人文资源，深入实施乡村旅游扶贫工程，连续召开全国乡村旅游与旅游扶贫工作推进会议。调研深度贫困地区乡村旅游和旅游扶贫工作，召开国家旅游局定点扶贫座谈会、深度贫困地区旅游扶贫工作会。已筛选确定了2.26万个具备发展乡村旅游条件的贫困村、230万家建档立卡贫困户作为乡村旅游带动扶贫的工作对象。开展旅游"万企千村"结对帮扶活动和乡村旅游创新创业行动，加强旅游扶贫带头人培训，已培训旅游扶贫村村官4000多名。推出280个全国旅游扶贫示范项目，推广"景区带村、能人带户、企业＋农户、合作社＋农户"等旅游精准扶贫模式。会同发展改革委、国土部、农业部等11个部门联合发布《全国乡村旅游扶贫工程行动方案》，实施乡村旅游扶贫8大专项行动，实施乡村旅游"后备箱"工程。与国家民委共同编制《兴边富民行动规划（2016—2020)》，大力支持边疆民族地区发展旅游经济，推动沿边特色村寨和小城镇建设。

从我国旅游促进扶贫的发展历程和实践成果来看，旅游促进扶贫主要有五种方式：一是直接参与旅游经营；二是在乡村旅游经营户中参与接待服务，取得农业收入之外的其他劳务收入；三是出售自家农副土特产品获得收入；四是通过参加乡村旅游合作社和土地流转获得租金；五是通过资金、人力、土地参与乡村旅游经营获取入股分红。

旅游富民

　　习近平总书记强调："凡治国之道，必先富民。发展的最终目的是造福人民，必须让发展成果更多惠及全体人民。""要趁势而上，扎实工作，使宝贵的旅游资源兴县富民。"国家旅游局大力实施旅游富民工程，以增强贫困地区发展的内生动力为根本，以环境改善为基础，以景点景区为依托，以发展乡村旅游为重点，以增加农民就业、提高收入为目标，创新工作体制机制，集中力量解决贫困村乡村旅游发展面临的突出困难，支持重点景区和乡村旅游发展，带动贫困地区群众加快脱贫致富步伐。国家旅游局会同农业部抓好国家现代农业庄园创建工作，推进乡村旅游"后备箱"行动计划，引导乡村旅游投资向多类型、多业态乡村旅游度假产品拓展。积极落实《兴边富民行动"十三五"规划》，大力支持边疆民族地区发展旅游经济，推动沿边特色村寨和小城镇建设。据测算，2016 年我国旅游总收入 4.69 万亿元，对社会就业综合贡献超过 10.26%。

五年来，广大人民群众通过旅游创业、旅游经营、旅游服务、旅游资产收益等方式增收致富，为全面建成小康社会贡献力量。2016年，全国乡村旅游共接待游客约 21 亿人次，旅游消费总规模达 1.1 万亿元；乡村旅游投资达到 3856 亿元，同比增长 47.6%，直接从业人员 845 万，带动 672 万农民受益，旅游富民硕果累累，为决胜全面建成小康社会作出了新贡献。

带薪年休假

带薪休假，是指劳动者连续工作一年以上，就可以享受一定时间的带薪年休假。

《中华人民共和国劳动法》对带薪年休假作了原则性规定，但没有规定休假时间及具体操作办法，而是指定由国务院制定相应的具体办法。2007年12月7日，中国国务院第198次常务会议已经通过《职工带薪年休假条例》，自2008年1月1日起施行。至此，职工带薪年休假就有了法律保障。2015年以来，我国政府多次公开强调落实带薪休假。为进一步推进落实，国家相继出台相关政策。

2015年8月31日，国务院办公厅印发了《关于进一步促进旅游投资和消费的若干意见》，明确提出要进一步推动带薪休假制度的落实。一是落实职工带薪休假制度。各级人民政府要把落实职工带薪休假制度纳入议事日程，制定带薪休假制度实施细则或实施计划，并抓好落实。二是鼓励错峰休假。在稳定全国统一的既有节假日前提下，各单位和企业可根据自身实际情况，将带薪休假与本地传统节日、地方特色活动相结合，安排错峰休假。三是鼓励弹性作息。有条件的地方和单位可根据实际情况，依法优化调整夏季作息安排，为职工周五下午与周末结合外出休闲度假创造有利条件。

2016 年 3 月，李克强总理在第十二届全国人民代表大会四次会议上所作的《政府工作报告》中指出，要落实带薪休假制度，加强旅游交通、景区景点、自驾车营地等设施建设，规范旅游市场秩序，迎接正在兴起的大众旅游时代。

2016 年 12 月，国务院印发的《"十三五"旅游业发展规划》再次提出，要将落实职工带薪休假制度纳入各地政府议事日程，制定带薪休假制度实施细则或实施计划，加强监督检查。鼓励机关、社会团体、企事业单位引导职工灵活安排休假时间。各单位可根据自身实际情况，并考虑职工本人意愿，将带薪休假与本地传统节日、地方特色活动相结合，安排错峰休假。

当前，随着我国全面建成小康社会深入推进，城乡居民收入稳步增长，消费结构加速升级，带薪休假制度的逐步落实将使国人的生活方式发生改变。全域旅游时代下，推行带薪休假制度，人们可以自由地选择出游时间和地点，从而促进旅游及各类资源充分利用，缓解国人假日集中出行对民航、铁路、公路、城建、商业、景区、住宿等各部门带来的巨大供给压力，实现资源的有效配置。

旅 游 创 客

　　"创客"一词来源于英文单词"Maker"，是指出于兴趣与爱好，努力把各种创意转变为现实生产力的人。创客最重要的标志是掌握了自生产工具，坚守创新，持续实践，乐于分享并追求美好生活。

　　在中文里，"创"的含义是开始做，创造、首创、开创，它体现了一种积极向上的生活态度，同时有一种通过行动和实践去发现问题和需求，并努力找到解决方案的含义。"客"则有客观、客人、做客的意思。旅游创客，是指掌握了自生产工具，通过创新实践，将各种创意用于"吃、厕、住、行、游、购、娱"等旅游各要素中，在创新创业的同时也推动所在地旅游经济发展的人。在一定条件下，旅游创客的创意产品、创作过程甚至创客本身都可以成为旅游资源。

　　旅游业作为一个关联度大、涉及面广、带动力强的综合性产业，一直被视为具有蓬勃活力和较大增长潜力的朝阳产业，也是吸引创客的重要领域。

旅 游 援 藏

　　旅游援藏是持续落实中央历次西藏工作座谈会及党中央、国务院关于西藏发展系列重要文件精神，发挥旅游行业特色优势，利用西藏丰富的旅游资源，统筹各方资源，从政策、资金、项目、人才、智力等方面持续对西藏旅游业发展进行援助支持的工作思路。

　　早在 2003 年，国家旅游局就开始牵头组织开展了全国导游援藏工作。到 2017 年，持续推进了 15 年，政策扶持、资金投入、项目落实、人才援藏等措施在西藏全区生根发芽、蓬勃发展。2015 年和 2016 年，国家旅游发展基金共安排资金 7130 万元，支持西藏"厕所革命"等旅游基础设施建设和乡村旅游等特色优势产业培育。2015 年以来，国家旅游局联合国家开发银行等金融机构将阿里神山圣湖项目等三十多个旅游项目纳入《全国优选旅游项目名录》，帮助解决投融资过程中的实际困难。

2017年9月8日,国家旅游局在西藏林芝召开全国旅游援藏工作会议,进一步总结全国旅游系统援藏工作成果,安排部署新时期旅游援藏工作,全面动员和整合全国旅游系统力量,加大对西藏旅游产业发展的支持力度,努力为西藏经济社会发展和长治久安作出积极贡献。会议强调,全国旅游系统要按照国家旅游局制定的《关于加强旅游援藏工作支持西藏旅游业加快发展的指导意见》和《旅游援藏工作行动方案》,以全域旅游理念做好做实援藏工作。要出台一批支持政策,支持西藏旅游业改革发展;推出一批支持项目,集中力量,进一步夯实基础;举办一批市场推广活动,加强客源援藏;培育一批特色旅游精品,提升旅游产品品质和服务水平;实施一批人才支持措施,开展"旅游援藏万千百十培训工程";促成一批企业支援对子,推动内地企业与西藏旅游行业加强合作;突出扶志扶智,以发展乡村旅游为核心务实推进旅游扶贫,为助力西藏打赢脱贫攻坚战、如期实现全面建成小康社会作出应有贡献。会上,国家旅游局为西藏拉鲁湿地旅游区等首批10家国家湿地旅游示范基地颁发标牌,并授予西藏巴松措和扎什伦布寺5A级旅游景区标牌,表彰杨蕴婧、郭大海、朱红林等有突出贡献的援藏导游。西藏自治区旅发委与陕西、甘肃、青海代表签署了"中国唐竺古道旅游推广联盟"合作章程;与东风汽车公司签署新能源汽车旅游开发合作协议;与中国国家地理杂志社签署战略合作协议;与中核(西藏)实业发展有限公司签订地热温泉旅游资源开发战略合作协议。西藏七市(地)旅发委与对口援藏省市签订项目援藏、游客援藏、扶贫援藏等合作协议。

2017年9月,国家旅游局印发的《关于加强旅游援藏工作支持西藏旅游业加快发展的指导意见》提出,到2020年,实现西藏旅游基础、配套设施等支撑体系明显改善,旅游产业体系更加完备,旅游产品体系更加健全,"人间圣地 天上西藏"旅游品牌更加响亮,服务质量、投资环境明显提升,旅游业富民强区功能明显增强,旅游产

业素质全面升级，着力推进西藏重要的世界旅游目的地建设。主要任务有：支持西藏打造重要的世界旅游目的地，支持西藏旅游综合基础设施建设，提升西藏旅游服务整体水平，推进西藏乡村旅游提档升级，支持西藏拓展特色旅游新业态，加大旅游投融资政策支持力度，加强旅游智力援藏，支持西藏旅游形象宣传推广。

旅 游 援 疆

　　旅游援疆是贯彻落实中央关于新疆工作的有关精神和"一带一路"战略的重要举措，充分发挥了旅游的行业优势，体现出促进新疆繁荣稳定的援助工作思路。

　　2015 年 7 月 20 日，国家旅游局在乌鲁木齐召开全国旅游援疆工作会议，并发布了支持新疆旅游发展的首份纲领性文件《关于进一步推进旅游援疆工作的指导意见》（以下简称《意见》）。《意见》确定了"游客送疆、产业援疆、人才扶疆"的工作思路，到 2020 年基本实现将新疆建设成为丝绸之路经济带旅游集散中心，把南疆建设成为丝绸之路文化和民俗风情旅游目的地的总体目标。《意见》明确了全国旅游援疆工作要重点开展的十项任务：一是加强旅游规划援疆，组织本地区有实力的规划编制单位，重点支持受援地区开展旅游资源普查和规划编制工作；二是支持新疆旅游基础设施建设，打通旅游交通微循环，扶持建设一批安全救援设施，配套建设旅游公共服务项目；三是支持打造精品旅游区，大力支持受援地高等级旅游景区建设，加快建设一批环境优美、功能完善、特色鲜明的旅游文化小镇，有序推进生态旅游示范区、民族文化旅游区、乡村旅游示范区、旅游度假区建设；四是打造特色旅游产品，重点支持有条件的地区因地制宜开发特色旅游产品，走特色高端发展道路；五是大力实施"游客送疆"工程，有条件的对口援疆省市应逐步提高"游客送疆"工作的目标和力度；六是实施旅游企业"双百结对"支援计划，2016年，在19个援疆省市中选择100家重点旅游企业，与新疆100家旅游企业结对帮扶，帮助新疆提升发展一批骨干旅游企业；七是支持发展特色旅游购物，有条件的对口援疆省市要设立新疆旅游商品直销中心，实施新疆特色旅游商品品牌推广计划；八是加大旅游人才培养力度，重点加强新疆青年旅游人才培养，支持新疆各类院校旅游专业培养英才师生，加强对新疆各级各类旅游从业人员的培训；九是加强新疆旅游宣传推介，有条件的对口援疆省市要设立新疆旅游办事处，将新疆精品旅游景区纳入"丝绸之路精品景区名录"进行专题宣传；十是支持兵团旅游提升发展，旅游援疆各项政策举措对兵团同样适用，支持兵团旅游龙头企业发展，重点围绕"军垦文化"核心，打造"中国屯垦旅游"主体品牌。

从2010年开始，国家旅游局每年拨专款2000万元，从各个层面支持新疆旅游业。到2015年，国家旅游局和19个援疆省市直接投入的旅游项目200多个，资金累计50多亿元。"十三五"期间，国家旅游局还将抓好十件实事，支持新疆旅游业发展：一是"十三五"期间，在旅游发展基金中增加1亿元，共安排3.5亿元支持新疆旅游发展，其中2亿元支持南疆旅游发展；二是动员一批旅游企业，帮助新疆建设一批旅游厕所，首批将建设 50 个，改善新疆旅游消费环境；三是帮助新疆包装一批旅游项目，并纳入中国旅游优选项目名录，同时帮助新疆加大招商推广力度，争取每年有一批旅游项目落地；四是帮助新疆开展 5A 级景区、旅游度假区、特色旅游目的地和乡村旅游系列品牌创建工作，推动新疆旅游精品品牌建设；五是未来五年，为新疆培养培训千名旅游领军人才；六是协调对口援疆省市，开展内地与新疆 100 家旅游企业结对帮扶活动，提升新疆骨干旅游企业的发展能力；七是组织内地旅游规划资质单位，为新疆 4A 级、5A 级景区景点和特色旅游区等开展旅游规划公益扶助活动；八是支持新疆开发具有民族和地方特色的"新疆礼物"，协调内地省市加大对"新疆礼物"的研发、生产、推广、销售的支持力度，对"新疆礼物"免费在中国国际旅游商品博览会宣传推广；九是加大对新疆旅游业宣传推广，每年组织一批海内外旅游媒体和旅行商入疆采风，中国国际旅游交易会和国家旅游局组织的海外旅游展，对新疆旅游展位给予优惠；十是支持新疆举行丝绸之路国际旅游活动，开辟更多的丝路旅游航线，使新疆尽快成为丝绸之路经济带旅游集散中心，成为丝绸之路旅游的重要标志区和目的地。

导 游 专 座

　　导游专座是指旅游客运车辆在提供旅游服务时为导游人员设置的专用座位。导游专座应设置在旅游客运车辆前乘客门侧第一排乘客座椅靠通道侧位置；旅游客运企业在旅游服务过程中，应配备印有"导游专座"字样的座套；旅行社制定团队旅游计划时，应根据车辆座位数和团队人数，统筹考虑，游客与导游总人数不得超过车辆核定乘员数。设立导游专座，是保障游客安全、导游安全，改善导游执业环境、为游客提供优质服务，尊重导游职业、建立平等的客导关系和推进文明旅游乃至建设文明社会的需要。

　　导游是我国旅游从业人员队伍的重要组成部分。近年来，因旅游大巴导游座位设置不当而造成导游人员伤亡的事件屡屡发生。对此，国家旅游局高度重视，组织人员深入基层一线调研，听取导游、旅行社企业、游客的意见，提出"关心导游要从小事做起"、导游工作要争取在"单项工作上有所突破、积小胜为大胜"。国家旅游局局长李金早于 2016 年 8 月还专门撰写署名文章《我们为何及如何推动设立导游专座》。

2016 年 4 月 11 日，国家旅游局和交通运输部印发《关于进一步规范导游专座等有关事宜的通知》，倡导在全国旅游客运车辆上设置导游专座，使导游得以安全、有尊严地履职，并提高游客的安全保障，改善导游与游客的关系。各地充分认识规范导游专座设置和使用的重要意义，结合实际和行业特点，创新举措，狠抓落实，效果明显，有效保障了导游安全执业。

旅游规划扶贫公益行动

　　旅游规划扶贫公益行动，旨在引导旅游规划机构发挥专业优势，鼓励旅游企业传递公益爱心、承担社会责任，帮助贫困地区加快旅游业发展，尽快实现脱贫致富。

　　2015年7月，国家旅游局印发《关于开展旅游规划扶贫公益行动的通知》，正式启动旅游规划扶贫公益行动。要求各地旅游部门组织动员有条件的旅游规划资质单位对国家旅游局、国务院扶贫办2015年确定的560个有条件通过发展旅游实现脱贫的建档立卡贫困村开展旅游规划扶贫公益活动。鼓励各规划设计单位根据对口帮扶对象的资源条件和市场需求，免费为试点村提供旅游规划指导、旅游项目策划、旅游商品研发、旅游服务提升和旅游营销推广等，为建档立卡贫困村发展旅游业提供全方位的专业指导和招商引资服务。

2015 年 10 月 17 日，在湖南张家界召开全国旅游规划扶贫公益行动动员培训会，标志着国家旅游局推进旅游精准扶贫工作进入了新的阶段，取得了新的进展。自国家旅游局发起旅游规划扶贫公益行动以来，截至 2017 年 12 月，共组织 374 家规划设计单位对 525 个试点开展了旅游规划公益扶贫行动。

乡村旅游与旅游扶贫促进大会

　　为充分发挥乡村旅游在减贫困、惠民生、稳增长中的重要作用，总结推广旅游扶贫经验，2015 年 8 月 18 日，国家旅游局和国务院扶贫办共同主办的全国乡村旅游提升与旅游扶贫推进会议在安徽省黄山市首次召开。会议指出，乡村旅游是推动农村迈向现代化进程的重要力量，是促进农村经济增长和农业结构调整的重要渠道，是消除城乡二元结构、促进城乡一体化发展的有效途径，是推进新一轮农村扶贫开发攻坚的中坚力量。乡村旅游和旅游扶贫工作关系国家战略，关乎国计民生，做好乡村旅游和旅游扶贫工作既是一份沉甸甸的责任，更是全国旅游行业的光荣使命。会上还发布了中国乡村旅游形象标识，公布了首批"中国乡村旅游创客示范基地"名单，表彰了首批中国乡村旅游模范村、模范户、金牌农家乐、致富带头人。

　　2016 年 8 月 18 日，第二届全国乡村旅游与旅游扶贫工作推进大会在河北省张北县召开，大会围绕发挥乡村旅游在减贫困、惠民生、稳增长、调结构中的重要作用，总结交流乡村旅游工作成果，对乡村旅游扶贫工作进行部署。会上还发布了《乡村旅游扶贫工程行动方案》，并向"中国乡村旅游创客示范基地"代表颁发标牌，向"全国旅游规划扶贫示范成果"编制单位代表、全国"景区带村"旅游扶贫示范项目代表、全国"能人带户"旅游扶贫示范项目代表颁发荣誉证书。

国家旅游局连续两年召开乡村旅游与旅游扶贫促进大会，回顾总结了近年来我国乡村旅游和旅游扶贫工作取得的主要成绩和经验，提出要把扶贫与扶志、旅游扶贫与全域旅游、旅游扶贫与其他扶贫充分结合，构建全民共建共享的发展环境，让贫困群众真正参与，不断增强幸福感和自尊自强的意识。

中国金牌旅游小吃

　　旅游小吃是指旅游地区和城市特有的、具有当地特色的宴席间点缀或者早点、夜宵等食品的总称。2016 年 12 月 26 日，国务院印发《"十三五"旅游业发展规划》提出：深入挖掘民间传统小吃，推出金牌小吃，打造特色餐饮品牌，促进民间烹饪技术交流与创新。在国家旅游局大力倡导和积极推动下，中国旅游金牌小吃旨在展示旅游餐饮行业品质与特色，促进旅游业大发展、大繁荣，弘扬中华饮食文化，深入挖掘民间传统名吃，打造特色餐饮品牌，同时加强各地餐饮文化交流，促进民间烹饪技术与艺术的交融与创新，推进餐饮产业的健康发展。金牌小吃能够突出代表中国风味小吃的风格与特点，成品外观造型优美、艺术性强；以常见原料为主，品种易于推广；材料配比符合食品安全要求；成品营养丰富、品质稳定、特色鲜明。

中国旅游金牌小吃评选根据"全面覆盖、各显特色"的原则，通过"多方大力动员、企业自愿申报、属地逐级推荐"的初评推荐程序，在"大众早点、夜宵等特色食品"的基础上补充了"两可、三不宜"的评选条件，即"可提供现场制作，可供堂食"、"休闲食品和糕点类、大众主食类、正菜或主菜类等，不宜作为旅游小吃"。全国31个省（区、市）及新疆生产建设兵团共推荐了300余个名吃名菜参与评选，其中，有荣获了省部级的老字号、著名商标、名牌产品等奖项的；有列为省部级非物质文化遗产传承的；有获得全国性或省级行业协会颁发的餐饮类奖项的；还有原材料或制作工艺为地方特有、具有较强自然或人文特色的"地域标志性名吃"。历经三次综合评审、社会公示、严格的审批程序，200个中国金牌旅游小吃摘得"金牌"，彰显了其地域性、文化性、安全性、稳定性、大众化、效益高、口碑好等特点。

定 制 旅 游

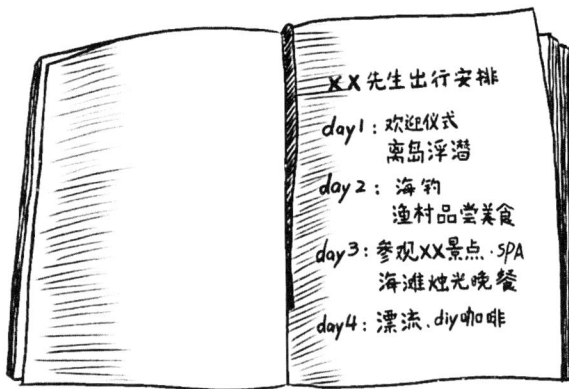

定制旅游，是以满足游客个性化需求为宗旨和目标，适应游客追求品质和个性获得感心理，进行个性化设计、操作的旅游方式。相比线路固定、行程固定、节奏固定且受限制多的团队模式以及具有充分自主性的自助游、自驾游、背包游等旅游方式，定制旅游根据游客的私人需求，精心甄选符合游客期待的旅游线路，行程更加灵活、流畅，兼具高品质、个性化、自主性等特点。

大众旅游时代，随着我国经济社会快速发展和人民群众可支配收入不断提高，许多游客对旅游的需求正在发生变化，个性化、多样化、深度化的需求日益凸显。景点旅游模式已经不能满足当代旅游发展的需要。市场要求旅游行业必须从全域旅游的宏大格局来探索今天发展的新模式、新路径。在新的发展态势下，旅游企业需要新的增长点，同时也提升企业的品牌价值，广大游客呼唤个性化需求。推行定制旅游，正当其时。

我国定制旅游市场正以年均 40% 的速度快速增长，正在全域旅游的大潮中发挥着越来越重要的作用。推行定制旅游是旅游新要素发展的具体体现，是旅游企业创造竞争优势的需要，有利于促进旅游供给侧结构性改革。全域旅游发展也为推行定制旅游提供基础支撑。2016 年，众多 OTA（全称为 Online Travel Agent，译为在线旅行社）企业大规模进军定制旅游市场。

然而，有序推行定制旅游，也需要澄清一些认识问题。

一是要防止定制旅游奢侈化。旅游企业不能一味求贵，而应多层次、个性化设置定制旅游产品，充分结合游客需求，为其"量身定制"最佳旅游产品。

二是要防止定制旅游概念泛化。推进定制旅游时，一定要严防定制旅游变味，不能因为有利可图，就给所有产品都贴上定制旅游的标签。一定要严把质量关，分阶段、分步骤有序开拓定制旅游市场，让真正有实力、有能力、有条件的旅游企业为广大游客提供货真价实的定制旅游服务。

三是要防止定制旅游产品简单化，盲目复制、照抄照搬。推进定制旅游，应该静心思远，秉承工匠精神、创新精神，结合游客个性化需求，实事求是为其设计出具有独特性的旅游线路和产品，切实保障游客独特的旅游体验，打造企业品牌的独家竞争优势。

四是要防止定制旅游独尊化。对于我国庞大的旅游市场及多样化的游客需求而言，推行定制旅游并非否定团队游和自助游，而是适应新需求而产生的新产品。多种旅游方式应当共存共荣、相互补充。至于孰进孰退、孰起孰伏，则由市场调节。

重走长征路

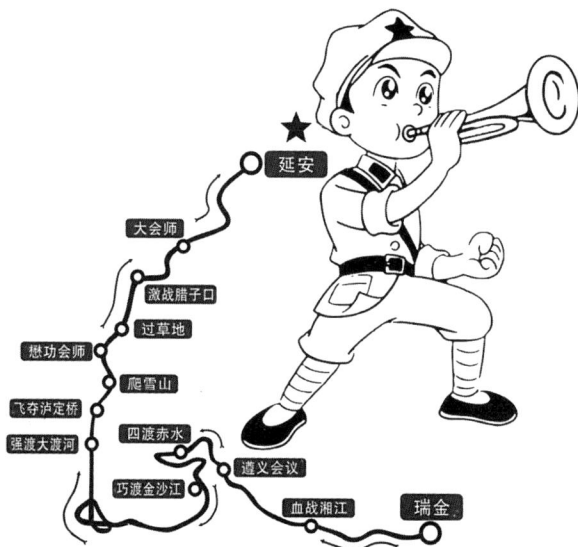

    2016 年，为深入贯彻习近平总书记在纪念红军长征胜利 80 周年大会上的重要讲话精神，充分发挥红色旅游在弘扬长征精神、坚定理想信念，加强和改进新时期爱国主义教育，培育和践行社会主义核心价值观，进一步增强红色旅游特别是长征主题游的时代感和现实感，进一步做好长征主题纪念设施、遗址的有关工作，保护长征沿线地区生态环境，助力脱贫攻坚，国家旅游局编制推出了"重走长征路"国家红色旅游精品线路。2016 年 12 月 1 日，"重走长征路"红色旅游主题活动旅游线路发布暨启动仪式在江西省赣州市于都县中央红军长征出发地纪念广场启动。活动由国家旅游局和江西省委、省人民政府共同主办，得到了中共中央宣传部、中央军委政治工作部、民政部等单位的大力支持。活动中，国家旅游局正式发布了"重走长征路"国家红色旅游精品线路，该线路以中央红军长征线路为基础，分主干线路 1 条和专题线路 8 条，专题线路包括：突围之旅（江西瑞金—广西兴安）、转折之旅（广西兴安—贵州遵义）、出奇之旅（贵州遵义—云南禄劝）、团结之旅（云南禄劝—四川泸定）、挑战之旅（四川泸定—四川小金）、卓绝之旅（四川小金—四川若尔盖）、曙光之旅（四川若尔盖—陕西吴起）、会师之旅（陕西吴起—甘肃会宁、宁夏西吉）。为了配合此次红色旅游线路的发布，中国国际旅行社总社、中国旅行社总社、中国青年旅行社、中信旅游集团、中国康辉旅行社 5 家旅行社联合组成了"重走长征路"主题活动"首发团"，从成都出发，沿着当年中央红军长征的足迹，在 11 省区 52 市开展活动，并先后在广西兴安、云南寻甸、四川宝兴、甘肃兰州 4 地进行了节点交接活动，共历时 30 天，19 家中央主流媒体跟踪报道，上万名游客和群众参与。同时，中央红军长征途经地政府及群众也组织了自驾、骑行、徒步等团队，加入到"首发团"各项活动中。

　　"重走长征路"活动，营造了重温历史、缅怀先烈的浓厚氛围，参与群众了解了长征主题纪念设施、遗址保护和利用情况，并进一步掀起了传承和弘扬长征精神的热潮，在长征精神的引领和鼓舞下，沿线地区纷纷展现出了在旅游业及经济社会发展中取得的巨大成就。

全国旅游价格信得过景区

　　2015年3月，国家旅游局与发展改革委联合开展景区门票价格专项整治工作，推出了1800多家"全国旅游价格信得过景区"承诺单位。全国旅游价格信得过景区活动针对景区一票制、价格无欺诈、特殊人群优惠、预约优惠、公布价格构成、三年不涨价等社会关注的核心问题，对参与创建景区限定了六条承诺条款，中国旅游景区协会发起倡议，呼吁全国各类旅游景区共同抑制门票上涨势头，倡导并组织了两千多家5A级、4A级景区签订"三年不上涨门票价格"承诺书。倡议发起后，全国多数旅游景区正在各地旅游部门的推动下积极响应。

"三年不上涨门票价格"承诺

　　景区门票涨价一直是广大人民群众较为关注的问题。为抑制景区门票价格上涨过快的现象，推动景区形成合理的价格机制，国家旅游局与发展改革委联合开展景区门票价格专项整治工作，推出1800多家"全国旅游价格信得过景区"承诺单位。2015年，本着自愿、透明原则，中国旅游景区协会积极倡导全国各类景区特别是4A级、5A级景区要带头共同抑制门票价格上涨势头。在地方旅游部门和各地旅游景区的积极支持下，全国2000多家4A级、5A级景区签订"三年不上涨门票价格"承诺书，其中，4A级、5A级旅游景区作为行业领军者，率先参与活动、兑付承诺，首批有超过三分之一的4A级以上景区加入了活动行列。旅游部门与价格部门建立了景区摘牌降级与门票价格调整联动机制。

　　景区景点门票的过快涨价，会对旅游业产生直接的不利影响。只

有破除门票涨价怪圈，拓展旅游发展模式，将"门票经济"真正转变成产业经济，才能保障旅游业的持续健康发展。"三年不上涨门票价格"承诺的倡议既符合广大游客的旅游期望，又有利于旅游业的健康发展，赢得了社会各界的一致赞誉。

粤港澳游艇 "自由行"

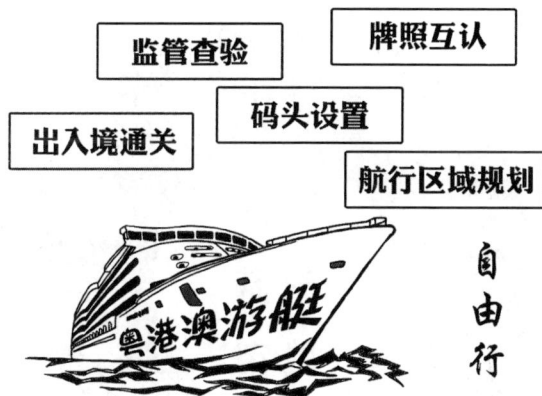

粤港澳游艇 "自由行" 是广东自贸区总体方案的组成之一，主要内容是探索创新香港、澳门特别行政区籍游艇在出入境通关、监管查验、码头设置、牌照互认、航行区域规划等方面的政策，形成便于操作、规范清晰的游艇出入境政策体系、管理机制和操作指引，为在广东乃至全国推进港澳游艇 "自由行"、促进游艇旅游业发展积累可复制、可推广的试点经验。

2015 年，国家旅游局将推动粤澳游艇 "自由行" 列为 "515 战略" 的重点工作，国家旅游局组织人员专赴广东专题调研横琴与澳门协同发展和粤澳游艇 "自由行" 相关情况。2016 年，将推进粤澳游艇 "自由行" 列为促进澳门世界旅游休闲中心建设联合工作委员会年度工作的重要任务。在多方努力推动下，2017 年 6 月 20 日，交通运输部等四部委联合发函，原则同意《中国（广东）自由贸易试验区粤港澳游艇 "自由行" 实施方案》。

智慧旅游城市

2015 年 1 月，国家旅游局印发的《关于促进智慧旅游发展的指导意见》提出，智慧旅游是运用新一代信息网络技术和装备，充分准确及时感知和使用各类旅游信息，从而实现旅游服务、旅游管理、旅游营销、旅游体验的智能化，促进旅游业态向综合性和融合型转型提升，是游客市场需求与现代信息技术驱动旅游业创新发展的新动力和新趋势，是全面提升旅游业发展水平、促进旅游业转型升级、提高旅游满意度的重要抓手，对于把旅游业建设成为人民群众更加满意的现代化服务业，具有十分重要的意义。

《关于促进智慧旅游发展的指导意见》要求，到 2016 年，建设一批智慧旅游景区、智慧旅游企业和智慧旅游城市，支持国家智慧旅游试点城市、智慧景区和智慧企业建设。强调各地要根据实际需要加快制定本地区智慧旅游发展规划、年度计划和工作方案，统筹部署，循序渐进。智慧旅游发展规划要与智慧城市建设规划相结合，利用智慧城市建设发展提供的通信、交通、安全保障、信息交换等基础环境，提高相关工作的协同性。

智慧旅游景区

  智慧旅游景区指景区对游客、景区工作人员实现可视化管理，优化再造景区业务流程和智能化运营管理。景区通过智能网络对景区地理事物、自然资源、旅游者行为、景区工作人员行迹、景区基础设施和服务设施进行全面、透彻、及时的感知。

  2015 年 1 月，国家旅游局印发的《关于促进智慧旅游发展的指导意见》（以下简称《意见》）提出发展目标：到 2016 年，建设一批智慧旅游景区、智慧旅游企业和智慧旅游城市；到 2020 年，我国智慧旅游服务能力明显提升，智慧管理能力持续增强，大数据挖掘和智慧营销能力明显提高，移动电子商务、旅游大数据系统分析、人工智能技术等在旅游业应用更加广泛，培育若干实力雄厚的以智慧旅游为主营业务的企业，形成系统化的智慧旅游价值链网络。

　　《意见》提出了夯实智慧旅游发展信息化基础、建立完善旅游信息基础数据平台、建立游客信息服务体系、建立智慧旅游管理体系、构建智慧旅游营销体系、推动智慧旅游产业发展、加强示范标准建设、加快创新融合发展、建立景区门票预约制度、推进数据开放共享等十个方面的任务。《意见》支持国家智慧旅游试点城市、智慧景区和智慧企业建设，鼓励标准统一、网络互连、数据共享的发展模式；鼓励有条件的地方及企业先行编制相关标准并择优加以推广应用；逐步将智慧旅游景区、饭店等企业建设水平纳入各类评级评星的评定标准。

第十篇　保　障

旅游法治建设

　　2014年，党的十八届四中全会审议通过了《中共中央关于全面推进依法治国若干重大问题的决定》，2015年中共中央、国务院印发了《法治政府建设实施纲要（2015—2020年)》。党的十九大明确提出，坚持全面依法治国是新时代坚持和发展中国特色社会主义基本方略的重要组成部分。旅游法治建设就是高举中国特色社会主义伟大旗帜，全面贯彻党的十八大、十九大系列会议精神，以马克思列宁主义、毛泽东思想、邓小平理论、"三个代表"重要思想、科学发展观、习近平新时代中国特色社会主义思想为指导，深入贯彻习近平总书记系列重要讲话精神，根据"四个全面"的战略布局，围绕我国建设中国特色社会主义法治体系、建设社会主义法治国家、全面推进依法治国的总目标，深入推进依法行政、依法兴旅、依法治旅，培育和践行社会主义核心价值观，弘扬社会主义法治精神，推进旅游治理体系和治理能力现代化，为全域旅游的贯彻落实、旅游业持续健康发展营造良好的法治环境，为旅游业推动落实"十三五"规划提供有力法治保障。总体目标是经过坚持不懈的努力，到2020年基本建成职能科学、权责法定、执法严明、公开公正、廉洁高效、守法诚信的法治机关，引领旅游行业全面步入依法兴旅、依法治旅的发展轨道，努力形成政府依法监管、企业守法经营、游客文明旅游的良性格局。

近年来，国家旅游局印发了《国家旅游局关于贯彻党的十八届四中全会精神　推进依法兴旅、依法治旅的意见》、《〈法治政府建设实施纲要（2015—2020年）〉实施方案》、《国家旅游局关于健全干部职工学法用法制度的意见》、《国家旅游局行政复议和行政应诉办法》、《旅游行政处罚法律适用指引》、《旅游相关违法行为法律适用指引》和《关于旅游部门实行"谁执法谁普法"普法责任制的实施方案》等一系列旅游法治建设文件，对依法履职、立法、执法、决策、纠纷化解、普法等法治政府建设工作作出安排。努力完善以《旅游法》为核心的旅游法律规范体系，对《旅游法》、《旅行社条例》、《中国公民出国旅游管理办法》、《导游人员管理条例》进行了适应性修订，《旅行社条例》、《中国公民出国旅游管理办法》合并修订送审稿报送国务院；制定出台了《导游管理办法》1件规章，修订出台《旅游安全管理办法》、《旅行社条例实施细则》2件规章，废止《旅游景区质量等级评定管理办法》、《导游人员管理实施办法》、《出境旅游领队人员管理办法》3件规章，废止规范性文件24件；制定《关于推动和指导设区的市开展旅游立法的工作方案》，重点支持和指导10个设区市开展地方旅游立法工作；24个省（区、市）修订颁布了地方旅游条例。探索建立旅游综合监管机制，支持推行旅游综合执法和联合执法，加大旅游执法检查力度；对局机关执法人员进行清理，全面实行执法人员持证上岗和资格管理制度。建立国家旅游局法律顾问制度，强化对行政权力的制约和监督，依法有效化解旅游纠纷。厘清行政复

议和行政应诉案件的相关工作职责和程序，依法办理行政复议案件。贯彻落实"七五"普法规划和"谁执法谁普法"普法责任制，举办依法行政专题培训，持续广泛开展旅游法治教育和文明旅游教育活动。下一步，将继续按照法治政府建设要求，完成各项工作任务。

景区流量调控

近年来，持续扩大的游客规模，在繁荣旅游业并带动经济发展的同时，也给景区带来巨大的接待压力，尤其是在节假日，许多景区形成井喷式旅游热潮。某些景区超承载量接待游客，既影响游客的体验、安全，也影响生态环境及旅游业可持续发展。

为解决景区超承载量接待游客带来危及游客安全、破坏生态环境等问题，2015 年 4 月 1 日，国家旅游局制定的《景区最大承载量核定导则》正式实施。景区最大承载量，是指在一定时间条件下，在保障景区内每个景点旅游者人身安全和旅游资源环境安全的前提下，景区能够容纳的最大旅游者数量。《景区最大承载量核定导则》要求各大景区核算出游客最大承载量，并制订游客流量调控预案。当景区内旅游者数量达到最大承载量 80% 时，应向社会公告，同时向当地政府报告，并启动应急预案。同时，景区要立即停止售票，并对外发布安全提示。2015 年 7 月，国家旅游局向社会公布全国所有 5A 级旅游景区的日最大承载量和瞬时最大承载量。随后，各省市区纷纷响应，陆续公布了部分 4A 级旅游景区的最大承载量。《景区最大承载量核定导则》的制定，有利于景区更好地保障旅游者的人身安全和旅游资源的可持续利用，有利于推动景区服务质量和管理水平的提高。

景区流量调控是景区精细化管理的系统工程，除遵守法律法规规定，限定游客数量之外，景区还要从游客时空分流、倡导错峰旅游、游客容量管理设计等方面发力，提高科学管理水平，真正落实流量调控。当然，根本解决景区流量的调控问题，关键还是要从旅游供给侧结构性改革发力，推进旅游业从景点旅游模式向全域旅游模式转变，提升有效供给，实现旅游供求的积极平衡。

国家旅游产业运行监测与
应急指挥平台

　　国家旅游产业运行监测与应急指挥平台是按照党中央、国务院关于国家信息化、"互联网＋"等重大发展战略的要求，结合旅游行业的发展特点，以旅游产业日常运行监测和应急指挥联动为主要功能的信息可视化展示和实时联动指挥平台。国家旅游产业运行监测与应急指挥平台是我国旅游信息化建设的龙头项目，是旅游产业运行监测的核心平台，是旅游应急处置的指挥中心，是假日旅游的对外窗口。2016 年 10 月 1 日，国家旅游产业运行监测与应急指挥平台启动仪式在京举行，现场进行了产业运行监测和应急指挥演示。

　　2017 年 1 月 4 日，国务院副总理汪洋在国家旅游局调研国家旅游产业运行监测与应急指挥平台建设情况，并通过国家旅游产业运行监测与应急指挥平台查看了中卫市沙坡头景区、旅游警察、旅游速裁法庭、旅游律师、市场监督管理等人员实时工作画面。

国家旅游产业运行监测与应急指挥平台是提升旅游业现代化水平、贯彻落实全域旅游发展理念的重要举措，肩负着旅游产业运行监测、旅游应急处置指挥等多项职责，该平台的启动将切实为游客带来更多便利和安全。2017年1月12日，2017年全国旅游工作会议在湖南长沙召开。会议指出，在着力加强旅游数据中心建设、提升旅游信息化水平方面，要加强国家旅游产业运行监测和应急指挥平台建设。

国家旅游产业运行监测与应急指挥平台旨在应用现代计算机、互联网和移动通信技术，结合大数据分析与应用，构建旅游产业日常运行监管与安全应急管理联动指挥体系。截至2017年11月，建立了覆盖全国全部5A级景区及超过80%的4A级景区的实时数据和视频监控采集系统；完成与四川、山东、安徽、广东、甘肃、北京、江苏等21个省（区、市）的视频会议系统对接；整合国家旅游局内部系统包括导游管理系统、旅游厕所管理系统、假日旅游统计系统、12301投诉系统等19个行业管理信息系统；实现与已建立省级旅游产业运行监测平台25个省份的信息共享、协同联动，全面提高了旅游安全监管和应急指挥能力。

国家旅游产业运行监测与应急指挥平台下一步将逐步完善纵向贯穿各级旅游部门及旅游企业，横向与交通、公安、气象、环保等部门数据交换和共享，外围可扩展整合各在线企业平台和搜索引擎等数据，整体可无缝对接到国务院应急办等层次更高的智慧化体系或相关单位。

国家乡村旅游扶贫观测中心

为贯彻落实中共中央、国务院关于打赢扶贫攻坚战的重大决策部署，深入实施乡村旅游扶贫工程，实时跟踪了解全国乡村旅游扶贫工作实施效果，为旅游精准扶贫、精准施策提供第一手数据支撑，国家旅游局建立了旅游扶贫监测指标体系。

2016 年 1 月，国家旅游局委托浙江省湖州市建立国家乡村旅游扶贫工程观测中心，并在全国选择了 102 个有条件发展乡村旅游的建档立卡贫困村作为首批观测点，从 2016 年开始，每季度填报乡村旅游扶贫监测指标，准确反映乡村旅游精准扶贫实际成效。

国家乡村旅游扶贫工程观测中心具体负责研发和管理观测中心数据处理系统，统计和分析全国乡村旅游扶贫情况，组织和开展全国观测点业务培训。各观测点每个季度第一个月 10 日前上报上个季度乡村旅游和旅游扶贫指标数据，数据涉及社会效益情况、经济发展概况、环境保护情况、基础设施建设情况和扶贫成效情况。观测中心以全国 102 个乡村旅游扶贫工程观测点采集的网络数据为主体，开展季度数据分析处理、数据质量监控、数据共享服务与数据信息发布，形成全国乡村旅游发展、旅游扶贫成效的综合分析报告，提出发展战略和对策建议，为各级地方党委政府和旅游主管部门提供指导性信息服务及发展决策依据。同时，做好观测中心数据系统和各项指标的细化解读工作，组织开展全国观测点负责人和统计员培训工作，指导各观测点做好数据采集、填报、审核、录入和上报等工作。

开展乡村旅游扶贫观测，既是实施乡村旅游扶贫工程的一项基础性工作，同时是检验乡村旅游扶贫成效，推动精准扶贫、精准脱贫的关键性工作。国家旅游局将按照以村为主、分级负责，平台运作、动态管理的原则，指导、督促观测点和观测中心做好乡村旅游扶贫数据的填报和汇总分析工作，并将逐步扩大乡村旅游扶贫观测范围，及时向国务院扶贫开发领导小组和各省区市报送乡村旅游扶贫观测数据，为打好扶贫攻坚战、实现精准扶贫、精准脱贫提供决策参考。

旅 游 安 全

　　旅游安全是指旅游活动中各相关主体的一切安全现象的总称，包括旅游活动各环节的相关现象，涉及旅游者、旅游经营管理者、政府旅游主管部门、当地居民、提供相关安全服务的第三方等各相关利益主体；安全对象既包括旅游者人身、财产和信息的安全，也包括旅游目的地的资源、产品、设备、生态系统和社会环境的安全；安全种类既包括自然灾害、产品（服务）安全质量事故、社会治安等传统安全，也包括恐怖袭击等非传统安全；安全内容既包括观念意识、思想理论，也包括防控措施、保障机制与管理机制。

　　我国旅游安全形势较为复杂，陆续发生了一些涉旅重大事故，旅游安全保障工作面临着许多新情况、新挑战。

　　近年来，国家旅游局高度重视旅游安全工作，进一步落实安全监管责任，深入推进旅游安全法制机制化建设，制定出台《旅游安全管理办法》，修订完成《国家旅游局应对涉旅突发事件应急预案》，完

成《高风险旅游项目目录研究》、《完善旅游安全监管体制机制研究》等一批课题研究；全面贯彻执行《旅游法》、《安全生产法》，围绕重点领域、重点节点、重点时段部署开展系列旅游安全大检查活动；针对突出问题部署全行业开展"旅游包车安全整治行动"、"高风险项目安全规范行动"、"景区流量控制治理行动"、"出境游安全保障提升行动"四大专项行动；举办"全国旅游安全工作会议暨旅游安全与应急管理培训班"；开展"旅游安全生产月"、"旅游安全生产万里行"、"旅游安全宣传咨询日"等活动；做好境内外涉旅突发事件的应对处置工作；不断提升游客旅游安全保障能力。

旅　游　保　险

　　旅游保险是游客应对意外风险的主要手段。近年来，国内游与出境旅游服务保障体系不断完善，旅游保险产品的宣传力度不断加大，各类旅游保险产品不断丰富，境外旅游保险合作日益加强，从而给游客分散风险和分摊损失、为旅游企业的正常经营和持续发展提供保障条件。

　　目前，旅游保险的主要产品包括：游客意外伤害保险、旅游人身意外伤害保险、住宿游客人身保险、旅游救助保险和旅游求援保险旅行社责任保险等。旅游业的增长是促进旅游保险市场发展的首要因素。据统计，2017 年春节期间，全国旅游人均支付保费为 270 元，与 2016 年相比上涨 156%，人均花费的增长主要集中在高品质出境游的保险产品上。据有关研究表明，到 2022 年，全球旅游保险市场的消费额将达到 282.64 亿美元，2016 年至 2022 年的复合年增长率将达 8.5%。

旅行社责任保险是指以旅行社因其组织的旅游活动对旅游者和受其委派并为旅游者提供服务的导游或者领队人员依法应当承担的以赔偿责任为保险标的的保险。《旅行社条例》第三十八条规定："旅行社组织旅游，应当投保旅行社责任险。"《旅游法》第九十七条规定："旅游社未按照规定投保旅行社责任保险的，由旅游主管部门或者有关部门责令改正，没收违法所得，并处以相应罚款，甚至停业整顿或者吊销业务经营许可证。"因此，游客一旦参加旅行社组织的旅游活动，就可享有该项保险的权益。按照《国务院关于加快发展旅游业的意见》关于"搞好旅游保险服务，增加保险品种，扩大投保范围，提高理赔效率"的要求，国家旅游局积极推动旅行社统保示范项目运行，通过有责预付、无责垫付、巨灾"超赔"和调解处理等机制，妥善处置了较大的旅游突发事件，进一步提高了旅游保险保障和服务水平。

旅游意外保险是指投保人与保险公司约定人身伤害的范围，在保险期间内，只要发生了意外伤害或者约定的保险事故，被保险人就可以按照保险合同的约定获得保险金的一种保险。旅游意外保险由旅行社代理发售，由旅行社向旅游者推荐购买，并不强制购买，主要包括游客意外伤害保险、旅游人身意外伤害保险、住宿游客人身保险、旅游救助保险和旅游求援保险等。近年来，国家旅游局与中国保监会建立"旅保合作"机制，加大旅游保险宣传力度，引导保险公司推出适合游客的保险产品，提高保险理赔服务水平。

随着旅行社责任保险制度的完善和旅游意外保险购买率的增长，旅游保险在防范和化解旅游安全风险、妥善处置涉旅突发事件中均发挥了重要作用。

全国优秀旅游新闻作品大赛

　　为鼓励、引导广大新闻媒体和新闻工作者大力宣传旅游业发展的生动实践，不断提高涉旅新闻报道质量，国家旅游局决定从 2015 年开始开展全国优秀旅游新闻作品评选活动。

　　2015 年 9 月，国家旅游局正式启动全国优秀旅游新闻作品评选活动。其中，2015 年共评出消息类、专题类、图片类、网络类和组织奖 5 大类 60 个获奖作品以及陕西省旅游局等 5 家组织奖；2016 年评出获奖作品（单位）57 项，其中包括《从"景点旅游"向"全域旅游"转变》（新华社）等 10 件一等奖作品、《他在人们心中是"最美"——记身受重伤仍坚持履职不幸辞世的导游韩滨》（《中国旅游报》）等 17 件二等奖作品、《"景区摘牌"系列稿件》（人民网）等 25 件三等奖作品以及安徽省旅游局等 5 家组织奖。

　　获奖作品均紧密围绕当年全国旅游工作会议精神，聚焦全国旅游

中心工作，传播正能量，唱响旅游发展主旋律。全域旅游、旅游市场秩序综合治理、厕所革命、旅游扶贫、旅游外交、红色旅游等成为获奖作品的主要选题领域。

国家旅游局优秀研究成果奖

为充分调动和发挥全国旅游科学工作者开展基础科学研究的实践性和创造性，国家旅游局将原优秀旅游学术成果奖改革为优秀研究成果奖。具体评选工作委托中国旅游研究院，根据《国家旅游局优秀研究成果评奖办法》规定开展。

评奖范围包括：公开出版和发表的旅游领域的学术著作；政府决策报告；有开创性并有实践效果的工作方案；学术论文；旅游规划成果；省部级政府部门及其教育、旅游行政主管机构，全国性协会主持编写的大学本科以上旅游专业教材（由三位正高级旅游学者书面推荐的可不受以上限制），以及国家旅游局认定的其他成果等，均可申报参评。优秀研究成果奖评选两年来，已有 85 项研究成果荣获此奖项。

《中国旅游报》增刊改版

　　为顺应旅游业和媒体发展的需要，秉持"围绕中心，服务行业"的办报方针，经国家旅游局批准、新闻出版部门核准，《中国旅游报》于 2016 年 7 月 1 日由周三刊增为周五刊。按照"局部调整、提质增效，强化新闻、求专求深"的思路，此次增刊改版不仅增加了出版频次，还对版面设置进行了调整。改版后的报纸兼顾旅游宣传工作的宏观视野与微观视角，更加注重覆盖旅游业全产业链和各个环节，突出新闻性、专业性和服务性。

　　本次增刊改版增设了"全域旅游"专版，对各地发展全域旅游的做法、进展、经验和问题进行集中报道，充分展现了当下我国从景点旅游迈向全域旅游的趋势；将乡村周末专刊改为对开版并入主报，由面向部分省市转为面向全国发行；酒店、旅行社、景区等专业版更加贴近行业、深入行业。同时，报社以本次增刊改版为契机，大力推进融媒体建设，力争搭建国内最权威的旅游新闻内容生产平台、立体交互平台和多层次传播平台。

增刊改版以来，《中国旅游报》紧紧围绕局党组中心工作、局各司室月度重点工作和全行业热点，狠抓选题策划，报道更加深入、专业，较好地发挥了宣传工作主渠道的优势，准确地贯彻了国家旅游局党组的工作意图，充分报道了旅游业中心工作，真正成为了凝心聚力、动员行业、激励奋进、引领舆论的行业宣传主阵地。

《中国旅游报》创刊于1979年，是国家旅游局主管的中国旅游行业唯一的全国发行的专业报刊，是宣传中国旅游业发展方针、政策和法规，反映旅游业发展实践，报道旅游新闻，服务旅游行业管理、企业经营和旅游消费的权威媒体。2015年，《中国旅游报》入选国家新闻出版广电总局年度"百强报刊"。2015年5月15日第4981期起，《中国旅游报》以毛体报头替换原报头，版面更大气，视觉冲击力更强。

旅游数据中心

　　国家旅游局数据中心成立于 2015 年 12 月，是国家层面的旅游统计和数据分析专业机构，主要承担旅游统计数据的收集整理和分析预测工作，组织开展旅游统计的科学研究和国际旅游统计交流合作。国家旅游局数据中心的成立，彻底结束了我国没有专业的旅游数据统计和分析机构的历史，在推动"515 战略"和实施旅游强国战略中发挥着重要作用。

　　2017 年国家旅游局全国旅游工作会上，进一步提出将"着力加强旅游数据中心建设，提升旅游信息化水平"作为 2017 年 15 项重点行动之一，指出要"加快构建国家—省—市—区／县四级旅游统计和旅游数据中心工作体系，支持海南、四川、湖北、广东、江苏、安徽等省加快建设省级旅游数据中心"、"进一步支持各地旅游统计改革和旅游数据中心建设"。截至 2017 年 6 月底，正式成立的省级地方数据中心有 8 个，分别是河南、山东、四川、浙江、重庆、陕西、广西和黑龙江。正式成立的市级旅游数据中心包括济南、淄博、威海、日照、长春等。

根据国家旅游局批准的《数据中心地方和企业合作网络发展规划》，中心将在类型划分上兼顾点面结合和专业性匹配，逐步建设区域分中心、专项基地、专题实验室和观测站（点）。在协作机制上兼顾专业分工和自身需要，不同节点分别承担数据直报、数据清洗与处理、数据存储、主节点控制等不同职能。其中，区域分中心是联结国家旅游局数据中心本部与地方政府、企业的重要网络节点，负责统筹所在区域的旅游及相关数据采集、清洗分析以及本部技术方案的实现，侧重完成本部交办的专题数据（如乡村旅游、都市旅游、旅游就业、旅游扶贫等）采集、处理及相关专项指数和专题报告的形成。计划在全国范围内建成 10 个左右区域分中心。专项基地是依托地方政府、高校和科研机构各自的地域优势、资源优势、学科专业优势设立的不同专项领域（如入境旅游、旅游消费、数据分析和存储等）的基础性支撑点，侧重依托地方政府和高校的资源优势，开展专项数据工作。计划在全国范围内设立 10 个左右专项基地。专题实验室依托高校、旅游及相关企业的人才和资源优势，建设不同专题（如电信、民航、铁路、OTA 企业等）的专业科研和孵化平台，侧重利用高校和企业在不同领域的资源优势，开展统计和数据研究、科学实验和科技转化。计划在全国范围内设立 20 个左右的专题实验室，观测站（点）主要面向县域及以下行政区划，包括但不限于景区、购物场所等全域旅游目的地，设立不同类型的观测站（点），侧重于旅游及相关数据的直采直报。计划在全国范围建设 150 个左右的观测站（点）。截至 2017 年 12 月底，已经挂牌设立了福州和长春 2 个分中心，宁夏中卫云基地、中国电信、中国银联、携程、蚂蜂窝4个旅游大数据专题实验室，阿尔山、巴马、千岛湖3个观测站。

　　随着国家和各地旅游数据中心陆续建成，我国将从根本上结束旅游业统计体系残缺和混乱的历史，从根本上结束旅游统计严重滞后于国家旅游发展战略的状况，从根本上结束我国旅游统计数据无法与国际接轨的尴尬局面。

旅游大数据联合实验室

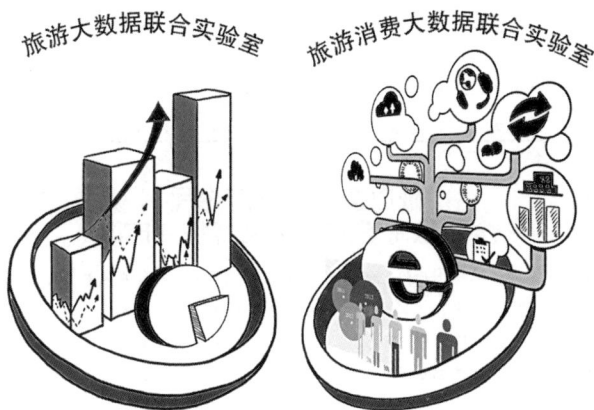

2017 年 8 月 30 日，由国家旅游局数据中心与中国电信集团公司共同组建的旅游大数据联合实验室、与银联商务股份有限公司共同组建的旅游消费大数据联合实验室同时成立，三家单位签署三方战略合作协议，宣布建立全面长期合作关系，将在旅游消费大数据监测、分析与发布等方面进一步深化合作，为旅游行业发展提供数据支撑、决策参考和智力支持。

国家旅游局高度重视旅游统计和数据分析工作，根据国家旅游局党组批准的《数据中心、地方和企业合作网络发展规划（2017—2025）》，国家旅游局数据中心将陆续建设一批区域分中心、专项基地、专题实验室、观测站（点）等，目前各项工作正在稳步推进。

同日，中国旅游研究院还发布了《2017 中国国内旅游发展年度报告》，旅游大数据联合实验室发布了《2017 中国自驾游大数据》，旅游消费大数据联合实验室发布了《2017 中国旅游消费大数据》。

全国旅游美文征集大赛

中华人民共和国国家旅游局

| 机构简介 | 信息发布 | 回应关切 | 重点专项 | 旅游名录 | …… |

×××××××××××

"砥砺奋进·旅游惠民"
全国旅游美文征集大赛征文启事

一、征集内容： ××××××××××××××××××
×××××××××××××××××××××

二、稿件要求： ×××××××××××××××××××××

三、评选与奖励： ×××××××××××××××××××

四、其他事项： ××××××××××××××××××××
×××××××××××××××

×××××××

　　近年来，在以习近平同志为核心的党中央的坚强领导下，我国旅游经济快速增长，全域旅游如火如荼，旅游供给更加丰富，旅游市场规模、品质同步提升，旅游产业格局日趋完善，旅游扶贫富民功能日益凸显，红色旅游蓬勃发展，文明旅游理念渐入人心，国民旅游休闲生活更加精彩。旅游业走向国民经济建设的前沿，在稳增长、调结构、扩内需、促改革、惠民生等方面的作用更加突出。

　　为宣传展示旅游业改革创新亮点和辉煌发展成就，生动呈现旅游发展带给百姓、游客的实实在在的幸福感、获得感，为迎接党的十九大胜利召开营造良好舆论氛围，国家旅游局于 2017 年 7 月中旬至 9 月底在全国范围组织开展"砥砺奋进·旅游惠民"全国旅游美文征集大赛。大赛以"砥砺奋进·旅游惠民"为主题，广泛征集"我与旅游"的点滴故事，真实记录旅游业砥砺奋进的发展变迁，真情讲述旅游发展对民生福祉的改善提升，真诚抒发旅游为民、产业报国的情怀追求。

大赛设四类征文项目，包括：第一，游记类，以景区景点为依托，以小见大，开拓视野，升华情感，反映中国自然美和人文美。第二，人物类，以旅游从业者为依托，讲述感人故事，反映敬业精神，传播正能量和主流价值观。第三，评论类，以近年来旅游业重大发展战略、重要政策措施为依托，围绕旅游亮点、热点发表精彩评论，传播旅游改革发展好声音。第四，诗歌类，通过诗歌的语言、节奏和韵律，颂扬旅游，讴歌生活，展望抒怀，引领中国旅游新风尚。

大赛得到社会各界广泛关注，共收到全国各地来稿1210篇。其中，游记类作品798篇，人物类作品106篇，评论类作品96篇，诗歌类作品210篇。经过专家评审，共评选出特等奖3篇、一等奖5篇、二等奖10篇、三等奖20篇、优秀奖30篇。

"国家旅游局"微信公众平台

为进一步加大旅游新闻宣传力度，国家旅游局于 2015 年 3 月开通"中国旅游"微信公众平台，致力于利用新媒体传播途径加强旅游政务信息和旅游新闻发布，开展与公众的互动交流。

"国家旅游局"微信公众平台是国家旅游局联合各省、市、自治区旅游委（局）共同打造的一个官方旅游咨询发布平台，目的是服务广大游客，宣传中国旅游。

"国家旅游局"微信公众平台每日重点推送国家旅游局重要政务信息、重要旅游新闻以及旅游安全、文明旅游理性消费等公共服务信息，并在重要的时间节点，如全国旅游工作会议、中国旅游日、黄金周、小长假及旅游旺季，加大推送密度，积极开展粉丝互动活动。"国家旅游局"微信公众平台粉丝数已突破 20 万，成为业内外具有广泛影响力的新媒体平台。

全国旅游公共服务监管平台

为贯彻落实国务院简政放权的有关精神，加快形成全国一盘棋的旅游市场监管服务格局，助力全域旅游发展，国家旅游局经过广泛调研，决定建立全国旅游监管服务平台（以下简称"全国监管平台"）。目前，全国监管平台一期工程——全国导游公共服务平台、全国旅游投诉举报管理系统已建成并投入使用。

2017年7月，北京、上海、江苏、浙江、湖北、云南六省市率先启用全国监管平台二期工程功能模块工作。全国监管平台二期工程已实现与工商总局"国家企业信用信息公示系统"、国家发展改革委的"全国信用信息共享平台"的联通。功能模块的主要任务具体包括：一是建立健全线上行业服务监管组织体系，明确系统管理员，按工作职责配置账号和权限；二是督促旅行社在全国监管平台上完善企业信息，摸清全国旅行社、导游情况，协助开展电子导游证换发；三是有序开展旅行社资质管理网上办理工作；四是改革"团队管理"方式，提高数据归集效率，切实减轻地方旅游主管部门和旅行社负担；五是利用信息技术，规范旅游示范合同的使用，提升行业监管效能。

开发建设全国监管平台，是贯彻实施"515 战略"、适应"互联网＋政务服务"发展趋势的必由之路，是提高监管效率、强化服务能力的重要举措，是落实 2017 年全国旅游工作会议要求、实施旅行社体制改革的具体行动。

乡村旅游合作社

　　乡村旅游合作社是以农民为主体，由农民依法自愿联合组成，不以营利为目的，实行"民有、民管、民享"原则，为其成员提供生产经营服务的旅游经济合作组织。发展乡村旅游合作社要坚持市场导向，在乡村开发休闲农业、生态旅游、民俗旅游、文化旅游、生态旅游、休闲度假、民宿旅游等多种业态乡村旅游产品和特色旅游商品。组建各种类型的乡村旅游合作社成为各地发展乡村旅游的新举措。北京、浙江、山东、四川、云南等乡村旅游较为发达的地区设立的较多。

　　当地政府通过对乡村旅游专业合作社给予资金、税收、启动资金和市场宣传等方面的优惠政策和支持，大力改善乡村厕所、停车场、旅游交通、旅游驿站等基础服务设施，积极指导和支持乡村旅游合作社开展技术培训、经营管理、宣传推广等方面系统培训，将分散经营的农民组织起来，整合开发乡村旅游资源，实行"统一标准、统一价格、统一接待、统一分配、统一宣传、统一培训"，推动解决了乡村旅游发展水平低、规模小、实力弱、带动能力不强等问题，较好地促进了乡村旅游的持续、健康发展。

发展乡村旅游合作社有利于提高农民经营收入，增强其抵御市场风险的能力，为建设生态文明、推动科学发展、构建和谐社会作出新的贡献。不少地方已把发展乡村旅游合作社作为加快构建新型农业经营体系、推进农业现代化的重要举措，作为提升乡村旅游发展水平、促进农民增收的重要途径，作为农民合作社建设的一项重要内容。

《当代旅游学》

《当代旅游学》是我国旅游领域的一项重要的集体研究工程，将于 2018 年出版。国家旅游局、中国旅游研究院、中国科学院、中国社会科学院、北京大学、南开大学、中山大学、东南大学、中南财经大学、山东大学、陕西师范大学、贵州师范大学、云南大学、暨南大学、华东师范大学、吉首大学、长春师范大学、首都经济贸易大学、北京联合大学等研究机构和院校专家学者，黑龙江、吉林、湖北、湖南、贵州、广东、福建、海南等地方旅游委（局）负责人及中青旅集团相关负责人共同参与完成，是集体智慧的结晶。

2016 年 2 月，李金早同志在编撰工作会议上就为何、如何编撰《当代旅游学》发表意见：

一、为何要编撰《当代旅游学》

长期以来，无论是旅游理论界的专家学者们还是行业实际操作层的同志们，都深感我国旅游基础理论及应用研究与旅游高速发展的实践很不适应，特别是对新阶段旅游发展规律、旅游创新发展理论和实践等，缺乏系统、科学的研究、论述。现有的旅游学教材很难让学生和社会了解我们旅游业发展的实践探索和理论进展。直到今天，有些教材还在教学生许多过时或经不起推敲的说法，误导学生。不少教材根本不涉及蓬勃发展的乡村旅游和正成燎原之势的互联网旅游，讲旅游产品也仅局限于旅游景区景点及宾馆饭店，旅游外交的概念更是难以寻觅。学校课堂与社会课堂之间本就有距离，而教材滞后更扩大了这一距离，使学生们所学的东西与社会严重脱节。旅游专业的广大青年学生是国家旅游业的未来，是旅游发展的希望所在。我们有义务、更有责任让广大青年学生接触和了解到最新的理论和实践成果。

不必回避，社会上还有许多对旅游的认识存在一定程度的偏差和误解，对旅游一知半解或者望文生义，总还认为旅游不过就是简单的吃喝玩乐。如果任由这些错误观点泛化，长此以往势必给旅游业发展带来负面影响，成为制约行业发展水平提高和综合价值体现的"瓶颈"。编撰此书旨在正本清源，在全社会普及当代旅游知识，传播当代旅游发展的新信息和正能量。

　　一个产业、一个行业的发展需要相应的理论支撑。产业、行业发展需要理论指导、支撑，产业、行业发展的实践又丰富升华理论。最老的产业莫过于农业，有人类活动就有农业，漫长的产业发展使农业理论日臻成熟，理论体系完整，概念逻辑严密，外延内涵清晰。而就此来看旅游，则是另一番景象了。与农业等相比，旅游是很晚的事了，西方现代旅游的起步也不过150多年，在中国则更短，三十来年的历程，使得我们来不及对快速发展的实践进行总结、提炼、升华。因而，社会对旅游的认识不可避免地停留在旅游发展的初级阶段。

　　快速发展的旅游实践需求与旅游理论供给短缺、滞后的矛盾，日益突出、尖锐，以致制约旅游产业、行业健康发展，影响经济社会协调。作为当代旅游人，应该主动作为，勇于担当，积极承担起解决这一矛盾的重任。

　　产业立，理论亦立；理论不立，产业难立。要让社会更多的人理解、认识、支持旅游产业、旅游行业，就必须向他们提供健康、丰富的理论产品。因此，编撰《当代旅游学》绝不是一个纯学术行为，不是一个不务正业的行为，而是旅游产业发展、行业发展组合拳里的应有之拳，必有之拳。蛹壮茧破，水到渠成。旅游实践之蛹，快速成长，张力尽显，已成冲破理论蚕茧之势。旅游实践之水，早已汹涌澎湃，巨浪滔天，而理论之渠却未见端倪，亟待开凿。

总之，现在的突出问题是旅游基础教育缺乏与时俱进的科学理论、旅游行业培训缺乏系统教材、社会对旅游的全面了解缺乏规范读本。由此，我们一直在考虑编撰一本教材，即《当代旅游学》，尽可能反映新时期我们对旅游业发展规律、特征、功能和发展战略的认识。编撰《当代旅游学》，是旅游业发展的客观需求，是我们实施"三步走"战略建设世界旅游强国的必备要素，其作用和影响又将远远超出旅游行业，对全社会来说也有着积极意义。现在编撰《当代旅游学》，可谓学生有需要，社会有期待，实践有基础，研究有积累，队伍有实力。当然，这后三个"有"是相对的。我们现在编撰的是第一版，仅是反映现阶段的一些认识，体现现阶段的研究水平，以后随着旅游业的发展，必然出现新的实践探索、新的思想、新的理论，相应地还会有第二版，第三版……为实施"三步走"战略，将我国建设成为世界旅游强国，我们要甘当铺路石，当好铺路石！

二、要把《当代旅游学》编撰成一本什么样的书

1《当代旅游学》要成为全国旅游行业干部职工的培训教材。要让干部职工通过学习，对旅游规律有比较系统的了解，充实与旅游相关的理论知识；提高对旅游发展实践进行理论总结、提炼的能力；增强理论

武装，开阔视野，解放思想，开拓务实，提高旅游实际工作水平。

2《当代旅游学》要成为高校涉旅专业的教材或参考书。要让学生通过学习此书，掌握与旅游相关的理论、知识，了解当代旅游发展进程。尽可能缩小学校课堂与社会课堂的距离，为学生毕业后的发展打下良好基础。

3《当代旅游学》要成为社会普及旅游知识的通用读本。要让社会各界人士通过阅读本书，尽可能地全面、深入了解旅游，丰富旅游及相关知识，激发他们支持旅游、参与旅游的热情，不断提升旅游文明水平，起到社会教化作用。

4《当代旅游学》要成为集多学科理论于一体的教材。《当代旅游学》的重要内容之一是经济学，但不是纯经济学，它还要包括政治学、管理学、市场学、社会学、生态学等，还要涉及文化、历史、地理等，因此，它是多学科理论在旅游上的综合体现。

5《当代旅游学》要成为一本立足国内、放眼世界的当代旅游学教材。总结国内旅游实践，提炼国内旅游发展规律，当然是重点。无论中国读者，还是外国读者，通过阅读此书，可以了解中国旅游。但是，旅游是跨国界的，不能关起门来旅游。因此，必须研究国外旅游。从世界旅游发展轨迹看，中国旅游是后起者，追赶者，更应研究、学习、借鉴先进国家的经验，同时，也要避免重走一些国家的弯路。

6.《当代旅游学》要成为理论与实践有机结合的教材。《当代旅游学》强调理论与实践相结合，对我国三十多年来旅游发展实践进行理论总结，特别是对近年多来丰富的旅游创新实践进行研究提炼。因此，它既非纯学术专著，也非工作报告，而是理论与实践的有机结合体。

三、编撰《当代旅游学》需要把握的几个要点

编撰《当代旅游学》，是我国旅游领域的一项全国性的集体研究工程，是一次思想大解放，理论大梳理、发展大讨论、经验再总结。编撰过程中应注意把握以下几点：

1.深入学习习近平总书记系列重要讲话精神，以习近平总书记关于旅游发展的重要思想指导编撰工作。

2.本书编撰团队的组成与一般教科书编撰有所不同，其成员既有高校教师，也有科研单位专家学者，还有旅游行政主管部门负责同志；既有国家旅游局的同志，也有地方同志。迄今，旅游学尚无完整、完善的理论体系，像全域旅游、"旅游+"等很多是我们这几年开展的新实践，处在探索阶段，请旅游行政部门同志参加，就是考虑到他们在第一线了解旅游实践，工作中也作了很多思考和创新。专家学者具有深厚的理论功底和教学经验，优势明显，与具有一定研究积

累并善于勤于思考的一线工作负责同志合作，就形成优势互补、强强联合的格局。

3.在编撰组织方式上，采取集团式团队研究加"包产到户、责任到人"的方式。每一篇、每一章都经充分研究讨论后才进行编写，然后相互修改，经过几个回合。

4.编撰过程中要坚持国内与国外相结合，不能局限于国内的认识和案例，既要着眼于中国，也要面向国际、面向世界。坚持近期和远期结合，结合建设旅游强国"三步走"战略进行展望，对于目前办不到的或暂时无法实现的目标，可以作些开放式的讨论。

5.这不是一本旅游资料汇编。编撰此书重在研究，反映研究成果，而非工作报告，或新闻报道，或简单的文字堆砌。尽量不用行政文体语言，不说虚话、套话、言不及意之话。应将政策文件转化为学术性表达，科学严谨，符合教材语言范式，强化学术分量。可参照《"十三五"旅游业发展规划》，多用专栏，努力增加信息量。引文应慎重，确有价值者引之，确有必要者引之。反对为引文而引文，为增加引文量而引文等不正之风。

6.应有必要的分析模型。多用表格、曲线、图形，适当补上数学、计量模型。但要让学生经过努力能看懂，能掌握分析方法，而不是故弄玄虚，弄得越来越复杂，最后连自己都看不明白。

　　"东方欲晓，莫道君行早。踏遍青山人未老，风景这边独好"。世界从未像今天这样在意、关注、审视中国旅游业，中国旅游业也从未像今天这样规模之大、程度之深地融入世界。蓬勃发展的中国旅游实践呼唤当代旅游学问世，同时也为之诞生加快准备着生动实践的产房。《当代旅游学》的编撰、出版可谓恰逢其时！时不我待！

《中外旅游大百科全书》

《中外旅游大百科全书》是一部大型旅游专业性百科全书，也是一部全面记述人类关于旅游知识门类的工具书。编撰《中外旅游大百科全书》是当前国家旅游业处于黄金发展时期开展的重大旅游理论基础工程，是推动我国从粗放型旅游大国向比较集约型旅游大国转变、落实"515战略"的重要举措。

2017年1月，国家旅游局正式启动《中外旅游大百科全书》的编撰工作，委托中国社会科学院财经战略研究院实施，中国大百科全书出版社负责编辑出版发行。在《中外旅游大百科全书》编撰过程中，动员了全国旅游行政管理部门、学术界和产业界的力量，由中国社会科学院财经战略研究院牵头，联合多所全国旅游高等院校、研究机构以及部分海外高校权威旅游专家，共同来完成这部专业工具书。

《中外旅游大百科全书》集多学科理论为一体，将理论与实践完美结合，将是全国旅游行业干部职工、旅游研究者、旅游企业管理人员、大学生、社会人士的重要参考工具书，同时也是一本立足国内、放眼世界的旅游工具书。

《中外旅游大百科全书》不仅是一项学术课题，也是一项专题任务，更是一部有当代旅游理论特色的重大研究成果，它的编撰和出版将填补旅游综合性大型工具书的空白。

《中国旅游之声》

《中国旅游之声》由国家旅游局主办。2015 年 4 月 18 日，《中国旅游之声》创刊号出版。2015 年 3 月 31 日，国家旅游局局长李金早撰写创刊词：

三十五年前，对于中国人来说，旅游还是一个十分陌生的词。当初，大多数国内出行者只有旅行，而无游览。后来，一些人把"旅行"与"游览"合二为一，这才有了现代意义的"旅游"。直到 1982 年 8 月 23 日，全国人大常委会才将"旅行游览事业"管理机构改为"旅游"管理机构。即便那时，旅游也只是少数人的奢侈品。然而，随着改革开放不断深化，生产力日益得到解放，中国经济高速增长，人民生活水平显著提升，随之而来的是旅游逐步活跃，继而出现井喷式发展。2014 年，中国国内旅游达 36 亿人次，人均出游达 2.6 次，分别比 1984 年增长了 17 倍和 12 倍；入境游达 1.28 亿人次，比 1978 年增长了 69.7 倍；出境游达 1.07 亿人次，比 1998 年增产了近 12 倍。

世界旅游业理事会（WTTC）统计，2014 年旅游对全球 GDP 贡献为 9.8%。联合国世界旅游组织（UN-WTO）秘书长塔勒布·瑞法依（Taleb Rifai）当面跟我说："中国旅游对世界旅游的贡献巨大，而且继续提升。"

今天的中国旅游，正作为一个战略性的综合产业在崛起。旅游不仅拉动消费，而且拉动投资，拉动进出口，在促进国民经济的"投资、消费、出口"三驾马车上均有其功，均有其愈来愈不可轻视的力量。旅游业在增加就业、扶贫致富乃至在稳增长、调结构、惠民生方面的作用亦愈来愈不可轻视。那种把旅游仅仅作为接待事业的情况早已成为过去，那种把旅游仅仅看作是软实力的观念早已不合时宜，那种把旅游仅仅看作是消费需求的观念显然也落伍了。

旅游业是物质文明建设和精神文明建设的综合载体，是一个国家、一个地区硬实力和软实力的重要的综合体现。我们旅游业界没有理由不增强事业自信、行业自信、产业自信。"自陋者不足与有言也，自小者不足与有为也。"我们有理由相信，全社会对旅游的认识正在不断深化，对旅游业正在不断提出新要求，寄予新期盼。"精卫填海，其诚可嘉，其志亦可嘉"。我们应正视自己的工作差距和薄弱环节，但要勇于担当、急起直追，按照党中央、国务院的部署，真抓实干，以我们中国旅游人的智慧、汗水及业绩回报社会。

"等闲识得东风面，万紫千红总是春。"迎着温煦拂面的春风，和着实现伟大中国梦的时代节拍，《中国旅游之声》呼之欲出。

《中国旅游之声》是一台磅礴浩荡的大合唱，其演出阵容强大。党中央、国务院关于旅游发展的重要指示是其主旋律。国家和地方旅游行业主管部门由此发声，以引领旅游事业，规范旅游行业，促进旅游产业；旅游企业由此发声，以交流经验，反映情况，表达建议；广大游客和群众由此发声，以弘扬正气，疾恶扬善，表达诉求；专家学者及社会各界由此发声，以集思广益，建言献策，针砭时弊。

《中国旅游之声》也是一部气势恢宏的交响乐。它由一系列各具特色的乐章组成：文明旅游、厕所革命、行业监管、市场开发、港澳台之旅、国际合作、旅游基础设施建设、旅游产业促进、旅游创业、旅游扶贫、旅游致富、智慧旅游、互联网旅游、"旅游+"，等等，均为其丝丝入扣且独具魅力的组歌。

《中国旅游之声》与其孪生姐妹《旅游外交参考》一同诞生于中国旅游蓬勃发展的春天。她们相得益彰，彼此呼应。与其他婴儿不同，她们发出的不是啼哭的第一声，而是中国旅游的交流之声、和美之声、希望之声，进而也是我们实现伟大中国梦的时代之强音！

《中国旅游之声》的宗旨是：贯彻执行党中央、国务院关于旅游发展的重要指示精神，及时发布国家和地方旅游行业主管部门关于旅游业发展的重大决策及信息，追踪行业、企业动态，倾听广大游客、专家学者诉求和建议，传播全行业健康发展的主流声音，为各级领导掌握情况、科学决策提供参考。

《中国旅游之声》根据重点工作和重要会议活动及时推出专刊，包括"厕所革命"、"旅游产业"、"全域旅游"、"旅游扶贫"、"市场监管"、"旅游百科"、"负面舆情"等。

《中国旅游之声》发送范围覆盖中央政治局常委、委员，国务委员，中央办公厅，中央外办，全国人大办公厅，国务院办公厅，全国政协办公厅，中央有关部门领导，各省、自治区、直辖市、新疆生产建设兵团、副省级城市、重点旅游城市党委、政府主要负责同志，分管旅游工作的党委或政府领导，旅游委（局）主要负责同志和相关业务部门，重点旅游企业负责人及部分专家学者等。

截至 2017 年 11 月 30 日，《中国旅游之声》已出版 72 期，共刊发稿件 1693 篇，计 281 万字，发表省级领导干部（省委书记、省长、主管旅游工作的副省长）署名文章 52 篇，总发行册数超过 96 万，发送范围覆盖全国 31 个省（区、市）。

《旅游外交参考》

《旅游外交参考》与《中国旅游之声》属姊妹刊物，均由国家旅游局主办。每月 15 日和 30 日发行。

2015 年 3 月 31 日，《旅游外交参考》创刊号出炉。国家旅游局局长李金早撰写发刊词：

> 人类发展史也是一部旅游史。斗转星移，全球化、信息化犹如两只巨翼，正极大地拓展着人类旅游的空间与层次。旅游，既是世界改变的产物，也以前所未有的广度和深度改变着世界，成为助推人类社会发展的重要力量。

随着中国游客的脚步走向地球的每一个角落，中国与世界各国的旅游交流交往日趋活跃，中国旅游国际化大潮扑面而来。世界，从来没有像今天这样，以如此关切之目光、复杂之心态审视和解读中国旅游带来的种种影响。

在世界经济复苏乏力的大背景下，各国都在探索复兴之道，尽管方略各异，但将旅游作为重要的支柱产业，以促进就业，加快发展，则是共同的。他山之石，可以攻玉。为及时了解"外国人眼中的中国旅游"、"外国人眼中的国际旅游"及"外国人眼中的旅游发展之策"，为全面实施我国旅游"515战略"提供更多有参考价值的国际资讯，《旅游外交参考》应运而生。

《旅游外交参考》将原汁原味，既不偷工减料，亦不添油加醋，让读者自己品味，独立判断。

《旅游外交参考》内容栏目设置主要分为八个版块：包括"宏观视角"、"政策评论"、"热点解析"、"智库观点"、"经验借鉴"、"权威发布"、"学术前沿"、"新闻时讯"。主要内容包括海外主流媒体发布的最新涉旅及相关问题的分析评论、知名专栏作家和评论员文章，以及海外学术界相关研究、最新成果等有参考价值的信息。编发的目的是紧跟国际旅游发展动态，用全新角度审视中国旅游发展，拓展中国旅游的国际视野，为中国旅游业改革发展提供国际经验借鉴。

截至2017年12月18日，《旅游外交参考》已出版65期，共刊发稿件700余篇（含旅游小百科）篇，稿件来源均是国际知名主流媒体。

《中国旅游大数据》

　　《中国旅游大数据》创刊于 2016 年 1 月，由中国旅游研究院、国家旅游局数据中心主办，主要是发布权威旅游数据、展示最新理论前沿，反映国家和地方旅游统计改革与数据体系建设最新进展。

　　《中国旅游大数据》是在大众旅游背景下，为适应新时期旅游统计改革和数据体系建设需要，配合全域旅游发展战略实施而创刊的，是国家旅游局数据中心重要的数据发布平台、理论研究平台和合作交流平台。2015 年 12 月，国家旅游局局长李金早为《中国旅游大数据》撰写了《旅游要发展　统计要革命　数据要掌握》的发刊词：

　　　　毛主席说"没有调查就没有发言权"。这是颠扑不
　　破的真理。有人认为，当今世界就是一系列的大数据

问题。在大数据时代，没有充分的数据和数据分析，就没有发言权。只有拥有充分的数据和深入调研，我们才能做好包括旅游在内的经济社会发展工作，才能把握现在，预测未来，避免或减少决策失误。

长期以来，我国旅游统计体系的缺失使得我们不能准确评估旅游业规模及其对经济发展的综合贡献；不能掌握旅游就业规模及其在国家就业总量中的比重；不能解决"横向不可加，纵向不可比"的混乱状态，影响了各级政府和社会对中国旅游业的准确判断和科学评估，旅游管理部门自身关于旅游业影响相关行业的程度及其对经济社会发展的关联带动作用心中无数；不能使我国旅游统计数据与国际接轨，不能与国际组织和其他国家进行数据比较，不能取得在国际旅游数据领域的话语权。比如，世界旅游业理事会（WTTC）测算，2015年中国旅游业对经济和就业的贡献均已超过10%，与全球旅游业对全球经济和就业的贡献相近。但我们自己的统计测算却与此相距甚远。中国已成为全球第二大经济体，成为出境、入境、国内旅游全面发展的旅游大国，旅游成为新时期投资和创业创新最为活跃的领域之一，然而我们在旅游数据的占有及分析判断上却长期无法与世界对话，更无法融入世界。因此，旅游要发展，统计要革命，数据要掌握。无论是在旅游数据的观念、理论、指标体系构建及测算方式上，还是在旅游统计工作的组织方面，都必须来一场全方位的、深刻的革命。

现行旅游统计是计划经济体制的产物，它以社会分工不发达、产业融合度低、旅游规模小、运作简单粗放为基本背景。从历史上看，这套统计对我们了解旅游发展初级阶段的状况是有作用的。但是，国民旅游持续高速发展的今天，社会分工和产业融合正在以几何级数加深。既有的旅游统计理念、方式、方法都早已跟不上时代发展的步伐。在旅游统计体系缺失，旅游数据残缺混乱的情况下，旅游行政管理决策和学术研究往往会得出似是而非、背离实际的结论。如长期流行的所谓"中国旅游赤字"、"旅游富民不富财政"、"旅游对经济的贡献仅是消费拉动"等说法就是这种数据残缺混乱之奇葩。

我们今天为什么要下如此大决心、下如此大力气创建国家旅游数据中心？就是因为我们决心不能让这种旅游数据缺失混乱的局面再继续下去了！这是一份沉甸甸的历史责任！是我们要向当代和后代交出的一篇具有历史意义、现实意义、长远意义的答卷！

随着国家旅游数据中心的成立和各地旅游数据中心的陆续组建，我们将从根本上结束中国旅游业统计体系残缺和混乱的历史，从根本上结束旅游统计严重滞后于国家旅游发展战略的状况，从根本上结束我国旅游统计数据无法与国际接轨的尴尬局面。国家和地方的旅游数据中心从成立之日起就要实施对内对外的有效合作。对内，一要加强与统计、公安、工商、外汇、交通、民航、铁路等相关部门合作，二要与互联网、通讯和大数据等相关企业合作；对外，一要与联合国世界旅游组织、世界旅游业理事会、世界经济合作与发展组织等国际组织合作，二要与所有国家的旅游主管机构合作。通过若干年的奋斗，我们要逐步建立起覆盖全国、内外联动、功能完备、科学可靠的中国旅游数据体系。进而言之，以此为基础，我们还要对世界和区域的旅游发展进行研究，对世界主要地区的旅游统计数据进行分析测算，从而发出中国的声音，深度融入世界旅游发展的大格局。

"大数据时代的预言家"维克托·迈尔-舍恩伯格（Viktor Mayer-Schonberger）和肯尼思·库克耶（Kenneth Cukier）说："大数据给社会带来的益处是多方面的，因为大数据已经成为解决紧迫世界性问题，如控制全球变暖、消除疾病、提高执政能力和发展经济的一个有力武器。但是大数据时代也向我们提出了挑战，我们需要做好充足的准备迎接大数据技术给我们的机构和自身带来的改变。""我们进入了一个用数据进行预测的时代，虽然我们可能无法解释其背后的原因。"旅游是大数据时代大数据技术和手段可以大显身手的大领域。

实事求是地说，我国旅游界对这突如其来的大数据时代准备不足，甚至可以说毫无准备、束手无策，我们对它是那么陌生、茫然、焦虑。人家在进行海量数据收集处理和云计算的时候，我们还在为解决数据的有无问题而苦苦奋争，还在为挣脱传统计划经济体制形成的统计体系的束缚而绞尽脑汁，还在为使中国旅游数据与国际接轨而费尽移山心力！然而，我们没有功夫怨天尤人，牢骚满腹，也没有时间犹豫彷徨，患得患失。为建立现代中国旅游数据体系尽绵薄之力，是我们当代旅游人的光荣。尽快建立现代中国旅游数据体系是时代赋予我们的重大责任，让我们为此奋力开拓、实实在在地做点事吧！

《中国旅游大数据》先后刊出了《"旅游服务贸易逆差"观点的由来及其校正》、《旅游就业与双创就业报告》、《中国旅游服务贸易不存在逆差》、《如何建设和发展我国旅游数据体系》、《2016 年我国继续保持最大旅游消费国地位和旅游服务贸易顺差》等热点问题的研究成果，发布了我国旅游业统计数据及经济运行情况、季度城乡居民出游意愿调查报告等权威数据，介绍了四川、山东、河南、海南、浙江等省以及张家界、杭州、惠州、长兴县等市县在旅游统计改革和数据体系建设的实践经验，翻译并介绍了加拿大、澳大利亚、韩国等国家旅游统计实践和国际上旅游统计及大数据应用理论研究最新成果。中国旅游研究院、国家旅游局数据中心还将根据《"十三五"旅游业发展规划》，在健全旅游业统计体系和数据建设方面取得新突破，重点加强旅游统计指标体系建设、统计方法和手段优化、统计组织体系和成果发布、旅游大数据研究及应用等基础理论研究，力求在全球旅游统计的话语权方面有新突破，这些工作的最新进展都会在《中国旅游大数据》中体现。

　　《中国旅游大数据》一经发行，就受到中央领导、相关部委的高度重视，得到地方政府、旅游部门及企事业单位的欢迎与认同，研究成果受到中央领导批示，为我国旅游统计改革、旅游数据研究与发展提供理论参考，为地方数据中心建设提供经验借鉴。

《世界著名游记丛书》

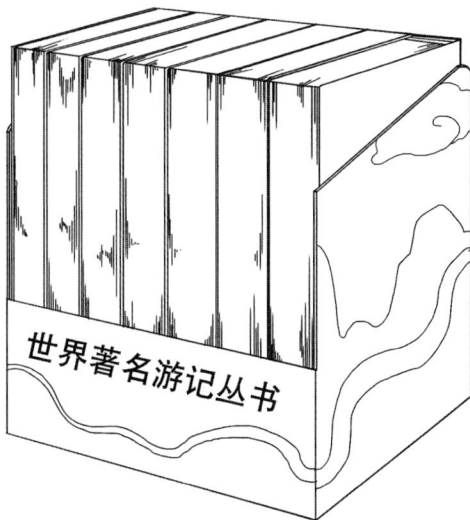

《世界著名游记丛书》由国家旅游局局长李金早创意编辑出版，商务印书馆与中国旅游出版社联袂推出。目前已出版 3 辑，共 32 本游记。

2015 年 11 月 25 日，李金早为《世界著名游记丛书》撰写前言：

出版一套《世界著名游记丛书》的想法，是我们在推进文明旅游的实际工作中产生的。

世界现代旅游业的兴起、发展迄今不过一百五十年。在中国，旅行虽古已有之，但现代意义上的旅游业，则是在改革开放后才发展起来的。相对于英国、法国、美国等世界旅游发达国家，中国旅游业起步晚，但短短三十五年，就已呈现井喷式、排浪般发展态势。中国旅游业的迅猛发展令许多方面始料不及。无论旅游基础设施建设、旅游产品和公共服务供给，还是国人在理性消费和出游习惯上，都明显准备不足。未富先骄、小富大骄、无知无畏、火爆焦躁等带来的旅游不文明现象时有发生。旅游原本是休闲放松、怡情悦性的悠然雅尚活动，但是现在一些人仿佛患上了焦虑症，无以自控，既不利于自我，也妨碍他人，给旅游环境蒙上阴影，带来不和谐音，使得人们对旅游既爱之，又恐之。

我们对当下屡屡发生的旅游不文明现象既不能视而不见，听之任之，也不要丧失信心，破罐破摔。纵观一些国家公民的出游历程，也大都有一个从不太文明逐渐走向比较文明的过程。重要的是，我们需要静思，如何让人们焦虑的心态静下来？如何让人们在旅游过程中真正优雅地享受美、传播美？为提升大众文明旅游水平，大家能做些什么？改变旅游不文明状况，一方面要增加和改善旅游景区、旅游产品供给，提升旅游服务水平，加强基础设施建设，解决人满为患和管理不善的问题；一方面也要重视教化，安静心灵，提升品位，普及文明。读游记、品游记，乃至写游记，显然有益于实现此宗旨。

人们在旅行、旅游中撰写游记，既是国际文化特色，也是中华文化传统。中华民族自古就倡导"读万卷书、行万里路"，历朝历代留下许多游记佳作。这些多种体裁、多种风格的作品脍炙人口，传世不绝。春秋孔子周游列国，感叹"智者乐水，仁者乐山"。汉代著名史学家司马迁经历过常人无法承受的磨难，游访过许多历史遗迹、名山大川，殚精竭虑写出了千古巨作《史记》。唐诗、宋词、元曲中的许多作品产生于旅行、旅游之中，将它们作为游记诵读亦未尝不可。如初唐四杰之首王勃的《滕王阁序》"落霞与孤鹜齐飞，秋水共长天一色。渔舟唱晚，响穷彭蠡之滨，雁阵惊寒，声断衡阳之浦。……滕王高阁临江渚，佩玉鸣鸾罢歌舞。画栋朝飞南浦云，珠帘暮卷西山雨。闲云潭影日悠悠，物换星移几度秋。阁中帝子今何在？槛外长江空自流。"王维的《使至塞上》"单车欲问边，属国过居延。征蓬出汉塞，归雁入胡天。大漠孤烟直，长河落日圆。萧关逢候骑，都护在燕然。"诗仙李白的《早发白帝城》"朝辞白帝彩云间，千里江陵一日还。两岸猿声啼不住，轻舟已过万重山。"诗圣杜甫的《望岳》"岱宗夫如何？齐鲁青未了。造化钟神秀，阴阳割昏晓。荡胸生层云，决眦入归鸟。会当凌绝顶，一览众山小。"白居易的《钱塘湖春行》"孤山寺北贾亭西，水面初平云脚低。几处早莺争暖树，谁家新燕啄春泥。乱花渐欲迷人眼，浅草才能没马蹄。最爱湖东行不足，绿杨阴里白沙堤。"

宋代著名词人李清照的《如梦令·常记溪亭日暮》"常记溪亭日暮，沉醉不知归路，兴尽晚回舟，误入藕花深处。争渡，争渡，惊起一滩鸥鹭。"元曲四大家之首关汉卿的《碧玉箫》"秋景堪题，红叶满山溪。松径偏宜，黄菊绕东篱。"白朴的《天净沙·秋》"孤村落日残霞，轻烟老树寒鸦，一点飞鸿影下。青山绿水，白草红叶黄花。"马致远的《天净沙·秋思》"枯藤老树昏鸦，小桥流水人家。古道西风瘦马，夕阳西下，断肠人在天涯。"……这些杰作虽体裁不一，风格各异，但无一不可称为历代相传的游记华章，无一不是人与人和人与自然相融相洽的和谐美乐。

伴随着人类旅行、旅游活动的足迹，古今中外产生过许多游记佳作，其作者队伍和阅读群体非常庞大。很多著名游记无论对当时，还是对后世均产生过而且仍在产生深远影响，传播甚广。如《马可·波罗游记》，产生于欧洲印刷术发达之前许多年，根据原稿传抄传译多达一百四十多个版本。该游记的影响早已超越作者的祖国，成为世界名著，尤其对中国读者更具特殊意义。

唐柳宗元在任永州司马时，写下了著名的《永州八记》(《始得西山宴游记》、《钴鉧潭记》、《钴鉧潭西小丘记》、《小石潭记》、《袁家渴记》、《石渠记》、《石涧记》及《小石城山记》)。北宋苏轼考察石钟山后写下著名《石钟山记》，感叹"事不目见耳闻，而臆断其有无，可乎？"、"余是以记之，盖叹郦元之简，而笑李渤之陋也"。

明代著名旅行家徐霞客放弃仕宦，游历四方，不避风雨虎狼，与长风云雾为伴，自二十二岁起到去世前一年为止，前后三十多年中，游迹遍及大半个中国，留下60余万字传世佳作《徐霞客游记》，记录了他对祖国许多名川大山深入细致的考察，如对广西山峦的特点作了非常精辟的描述：自桂林至阳朔，是"石峰离立"的峰林谷地；柳州府西北则"两岸山土石间出，土山逶迤间，忽石峰数十，挺立成对，此异阳朔、桂林者，彼则四顾皆石峰，无一土山相杂，此则如锥处囊中，犹觉有脱颖之异耳。"至贵县郁江两岸，更是"石山点点，青若缀螺"，石灰岩山峰已被夷为平原，地表上的石峰变成螺狮形小丘；至今大新、天等等县，则又是"攒峰突崿，纠丛甚固"，"千峰万岫，攒簇无余隙"的山体相连的峰林地貌。这些描述现在读来仍感十分清新，尤其置身于当地，更多了几分情感和共鸣。他的《游七星岩日记》对桂林七星岩的考察更是深入、细腻："其左即为佛庐，当岩之口，入其内不知其为岩也。询寺僧岩所何在，僧推后扉导余入。历级而上约三丈，洞口为庐掩，黑暗，忽转而西北，豁然中开，上穹下平，中多列笋悬柱，爽朗通漏，此上洞也，是为七星岩。"我去过七星岩许多次，对他如此深入、如此专业的观察，深为服膺。我曾经在桂林以至广西工作过十八个年头，现在读起《徐霞客游记》有关篇章，感到格外亲切，欲与徐公对话，虽不能言传一二，但似可意会几分。

习近平主席在"一带一路"战略构想中提出，要发展丝绸之路特色旅游，让旅游合作和互联互通建设相互促进。互联互通，旅游先通，旅游业作为开放性、综合性产业，在"一带一路"战略中具有先联先通的天然优势。考察丝绸之路沿线地方，人们会惊叹梦幻与现实竟如此接近。身处茫茫大漠，一幅辽阔的历史画卷自然呈现，绵延7000多公里的漫漫长路上，一支支驼队满载着丝绸、茶叶、瓷器、香料、皮货、珠宝，悠悠驼铃声中更承载着造纸、印刷等先进技术的传播和文化的交融。张骞出使西域、班超经营西域、玄奘西行取经、郑和下西洋、马可·波罗游历中国的千古佳话经久传唱。北朝民歌《敕勒歌》"敕勒川，阴山下。天似穹庐，笼盖四野。天苍苍，野茫茫，风吹草低见牛羊"。盛唐诗人王之涣的《凉州词》"黄河远上白云间，一片孤城万仞山。羌笛何须怨杨柳，春风不度玉门关。"各类不同笔墨的遗著、石刻、古迹陈述着灿烂的历史文化、浓郁的民族风情，雄浑的自然风光，可谓百感交集的史诗。古代丝绸之路是连接欧洲、亚洲和非洲之间的商贸之路。今天的丝绸之路正焕发崭新活力，早已超越丝绸交易的范畴，成为沿线各国日益活跃的经济往来、人文交流大通道，成为游客心驰神往的黄金旅游线路，在这条线路上产生了许多优秀游记。

游记中有一类作品也值得一提。这类作品，名曰游记，实为小说，或为神魔小说，最著名者为吴承恩的《西游记》；或为科幻小说，如法国科幻作家儒勒·凡尔纳的《地心游记》、《八十天环游地球》、《海底两万里》；或为荒诞小说，如英国作家卡罗尔的《爱丽丝漫游奇境记》；或为讽喻之作，以讽刺社会、针砭时弊，如英国作家斯威夫特的《格列佛游记》和我国清代刘鹗的《老残游记》。

好书比良友，开卷有益。今天，我们重温经典，推出《世界著名游记丛书》，正是为积极倡导寓学于游，寓思于游，寓教于游，学习先贤雅士，传承旅游文化，倡导文明旅游。首套《世界著名游记丛书》收纳了东晋法显所著的《佛国记》，唐代玄奘叙述、辩机撰文的《大唐西域记》，日本僧人真人元开所著的《鉴真和尚东征传》，元代耶律楚材所著的《西游录》，元代周达观所著的《真腊风土记》，明代马欢所著的《瀛涯胜览》，明末徐霞客所著的《徐霞客游记》和元代时期意大利人马可·波罗口述，鲁思梯谦记录的《马可·波罗行纪》、元代时期摩洛哥人伊本·白图泰所著的《伊本·白图泰游记》、民国时期瑞典人斯文·赫定所著的《亚洲腹地旅行记》等 10 本游记。未来还将继续推出系列著名游记，也乐见广大读者、游客以诗词歌赋、散文随笔等各种形式，不拘一格地将所游、所思、所获记录下来，净化心灵，陶冶情操，提升旅游品位，促进社会文明，为中华民族乃至世界文化传播传承增光添彩。

出版这套丛书，是商务印书馆与中国旅游出版社首度合作的结晶。我们期待并相信这合作之花在广大读者的呵护下结出丰硕之果！

《世界著名游记丛书》第一辑收纳了东晋法显所著的《佛国记》，唐代玄奘叙述、辩机撰文的《大唐西域记》，日本僧人真人元开所著的《鉴真和尚东征传》，元代耶律楚材所著的《西游录》，元代周达观所著的《真腊风土记》，明代马欢所著的《瀛涯胜览》，明末徐霞客所著的《徐霞客游记》。元代时期意大利人马可·波罗口述、鲁思梯谦记录的《马可·波罗行纪》。元代时期摩洛哥人伊本·白图泰所著的《伊本·白图泰游记》，民国时期瑞典人斯文·赫定所著的《亚洲腹地旅行记》等 10 册游记。2016 年 1 月出版。

《世界著名游记丛书》第二辑为 19 世纪末 20 世纪初中国人放眼看世界系列，共包含 10 种 11 册游记：《海路校释》、《新大陆游记》、《欧游杂录》、《傅云龙游历各国图经余记》、《环游地球新录》、《出使英法义比四国日记》、《使东述略扶桑游记》、《使西纪程西洋杂志》、《乘槎笔记航海述奇》、《康有为列国游记》（上下册）。2016 年 12 月出版。

《世界著名游记丛书》第三辑为明末至民国初年，外国人在游历中国时的所见与所闻。共包括 9 种 11 册游记：《利玛窦中国札记》（上下册）、《大中国志 沙哈鲁遣使中国记》、《马戛尔尼使团使华观感》、《中国旅行记（1816—1817 年)》、《李希霍芬中国旅行日记》（上下册）、《观光纪游 观光续纪 观光游草》、《1894，中国纪行》、《一位美国工程师的中国行纪》、《西域考古记》。2017 年 12 月出版。

　　下一步，商务印书馆与中国旅游出版社还将继续推出系列著名游记，提升旅游品位，促进社会文明，为中华民族乃至世界文化传播传承增光添彩。

《旅游天下》

　　为全面宣传展示中国旅游业发展现状和发展战略，在国家旅游局指导下，2017 年凤凰卫视启动大型纪录片《旅游天下》创作、拍摄工作。根据节目方案，《旅游天下》将在凤凰卫视中文台、美洲台、香港台、欧洲台上播出。

　　拍摄纪录片《旅游天下》对于拓展境外旅游市场，促进旅游业发展具有积极作用，也有利于向国际社会系统展示"美丽中国"内涵，加深相互了解。拍摄过程中，国家旅游局积极协调当地有关单位为该纪录片提供景区景观、人文古迹、人文民俗等旅游文化有关的史料和文献；整理提供关于本地的介绍、历史文献、典故、与旅游地有关的故事与人、最具特色的优势介绍、旅游景点、旅游文化、旅游习俗材料。

《旅游天下》通过高站位引领、高标准策划和高水平打造，面向社会推出一部立意高远、气势磅礴，集风景名胜、历史文化、实践探索及现实政论于一体的电视巨片。纪录片以国际视角，具思想性、故事化和亲和力，以景点引观点，设置外景主持人，邀请最有代表性的公众知名文化人物如地缘文化学者、港澳台文化名人、海外知名汉学家等，彰显独特人文情怀，做到雅俗共赏，以"旅游"见证时代进步。

《旅游中华》

旅游业的健康发展离不开宣传工作的有力支撑。为全面展示中国旅游发展历程，在全社会更好地宣传旅游业，凝聚促进旅游业发展的战略共识，在国家旅游局指导下，中央电视台创意策划拍摄了集风景名胜、历史文化、实践探索及现实政论于一体的大型电视纪录片——《旅游中华》。

《旅游中华》共七集，通过景点与观点的有机融合、历史与现实的相互照应、国内与国外的精心对比，反映旅游与人民生活、旅游与国民经济、旅游与社会变革、旅游与中国外交的关系，展示我国旅游给人民生活带来的巨大变化、给国民经济发展带来的巨大作用、给社会变革带来的显著影响、给中国外交乃至世界带来的积极效果，从而达到启蒙思想、增长知识、扩大视野、澄清认识、转变观念的目的。

《旅游中华》纪录片旨在普及中国旅游知识，让观众了解中国旅游发展历程；在模式上追求多样统一；在内容上有风景、有历史、有现实、有政论，兼而有之，体现中华旅游的精粹；在表现形式上通过故事反映鲜活的现实，突显旅游作为综合产业的张力，反映旅游领域改革创新的亮点。

《旅游中华》是中国国内第一部真正以"旅游"为主题的大型纪录片。为了拍摄好这部作品，同时收到最佳传播效果，中央电视台在此片的策划、拍摄和播出上，发挥主导作用，并充分借助其覆盖海内外的传播网络，向国内外观众讲好中国旅游故事，树立中国国家形象。

《中华旅游诗词曲赋丛书》

　　为全面贯彻习近平总书记关于中华优秀传统文化传承发展重要讲话精神，积极落实中共中央办公厅、国务院办公厅《关于实施中华优秀传统文化传承发展工程的意见》相关工作要求，通过挖掘中国古诗词中的旅游价值，加强旅游文化基础建设工作，创新旅游资源宣传推广方式，进一步深化社会公众对旅游的理解认知，引导广大游客在旅游中感知中华文化，更好推动旅游与传统文化融合发展，助力全域旅游战略实施和旅游文化品牌塑造，国家旅游局李金早局长提议并主编，中国旅游出版社组织出版了《中华旅游诗词曲赋丛书》。丛书第一辑分为三册，《唐诗中的旅游》、《宋词中的旅游》已于2017年出版，《元曲中的旅游》计划于2018年推出。《中华旅游诗词曲赋丛书》内容以国民大众耳熟能详的《唐诗三百首》、《宋词三百首》等经典作品为蓝本，选取其中反映不同地域旅游景观、旅游文化的诗词曲目，并按照国家旅游局公布的"中国十大精品旅游线路"分为十章进行编排。《中华旅游诗词曲赋丛书》的出版,旨在挖掘和阐发中华优秀传统文化,把跨越时空、超越国度、富有永恒美丽的旅游文化精神和审美情趣弘扬起来,在继承传统的同时弘扬时代精神,立足本国又面向世界,达到"以诗引景,以景论游,以游授业",展示和传播中国文化,提升旅游文明水平的目的。

2017年12月,李金早撰写了《品读中华经典　促进旅游文明——写在〈中华旅游诗词曲赋丛书〉出版之际》:

> 我们为什么要组织出版这套《中华旅游诗词曲赋丛书》?这是适应我国旅游现实需要之举。习近平总书记指出:"我国经济已由高速增长阶段转向高质量发展阶段,正处在转变发展方式、优化经济结构、转换增长动力的攻关期,建设现代化经济体系是跨越关口的迫切要求和我国发展的战略目标。"新时代我国旅游同样由高速增长阶段转向高质量发展阶段。从规模旅游、速度旅游转向品质旅游、美好旅游是新时代中国旅游发展的方向。这是巨大的转变!实现这一转变,既要着力于旅游产品提质增效,也要着力于不断提升旅游文明水平。因此,实施旅游文明工程成为当代中国旅游人的必要之务,编辑出版《中华旅游诗词曲赋丛书》是其具体举措之一。

> 旅游旅行自古有之,但作为现代旅游产业,在我国起步很晚,至今不过40年。我国现代旅游业尽管比西方国家晚了100多年,但是随着改革开放不断深化,其发展不断加快,呈现井喷式、排浪般发展势头。2017年,我国国内出游将接近50亿人次,出境、

入境旅游均将超过 1.3 亿人次。我国旅游规模稳居世界第一。可以说，现在在这个星球上凡是有人的地方都可以看到中国游客的足迹。这是有史以来无法想象的，我们有理由自豪、自信。然而，与此同时，我们许多人对快速发展的旅游并未做好充分的准备，尤其在文明旅游方面准备不足。种种不文明旅游行为屡见报端，被人诟病，的确影响文明古国的形象。要改变这种状况，一要靠法规，一要靠教化。由此，我们想到，要下大力气加强旅游文化建设，推出一系列人们喜闻乐见的旅游文化作品，以满足旅游者们对旅游精神文明日益增长的追求，提升旅游的文明水平，使我们在为我国旅游快速发展自豪、自信、自励的同时，增加自尊、自爱、自律。

中国的诗词曲赋源远流长，是中华文明的集中体现，也积淀了丰富的旅游元素。大凡有成就的诗人骚客，多是杰出的旅行家、优秀的旅游者。作为人类增长见识的两大途径，读书和旅行历来为人们推崇并重。正如古人所言，读万卷书，行万里路。

旅游旅行与诗词曲赋相伴而生、相向而行、彼此促进、彼此融合。诗词曲赋提升旅游旅行的品位、愉悦、惬意，而旅游旅行则激发人们创作诗词曲赋的冲动、激情、灵感。没有优秀的诗词曲赋，就没有具有品位的旅游旅行；没有旅游旅行，就没有许多杰出的诗词曲赋。许多诗词曲赋杰作本身就是优秀的旅游作品。崔颢云游到武昌蛇山，写出了有"唐人七律第一"之誉的《黄鹤楼》，不仅吸引了诗仙李白的脚步，据传还引出其"眼前有景道不得，崔颢题诗在上头"的千古佳话（一说出于后人附会，未必真有其事）。唐代诗人杜牧曾长期云游南方，留下大量游历之作，其《江南春》"千里莺啼绿映红，水村山郭酒旗风。南朝四百八十寺，多少楼台烟雨中"写出了江南春景的特色，也展示了其历史源流、深邃、迷离。湖北黄冈城外的一段赭红色崖壁，本与历史上的赤壁古战场毫无关系，但是自从苏轼到黄州写了《念奴娇·赤壁怀古》以及前、后《赤壁赋》后，此处名声大噪，东坡赤壁成为黄冈的标志。柳永的《望海潮（东南形胜）》，以"有三秋桂子，十里荷花"，绘杭州西湖胜景，显北宋承平气象，令人深感"上有天堂，下有苏杭"所言不虚！马致远的《秋思》"枯藤老树昏鸦，小桥流水人家，古道西风瘦马，夕阳西下，断肠人在天涯"生动地描绘了主人公八方游历、天涯漂泊的情景，成为著名的游历之作和秋思之作，被誉为"秋思之祖"。如此等等，不一而足。许多优秀诗词曲赋由山水景物而生，而许多山水景物则因优秀诗词曲赋而胜。

古往今来，历代文人无不钟情于诗意的行走，寄景于情，融情于景；悲欢离愁，婉转跌宕，浓缩在诗句词章之中；而那些千古绝唱，被一代又一代吟诵至今，经久不息。

当我们在旅游中深情吟诵千古名篇的时候，在领悟蕴含其间意境之美的时候，既会感知到中国人特有的精神追求，也会慨叹千古兴亡繁华过眼，而那些经典的旅游目的地随着这些诗词曲赋穿越时间隧道，深深地影响一代一代的游人。

今天，我们以旅游的视角编辑这套丛书，不仅为的是重温经典，而且是寄望通过对中华优秀传统文化的挖掘和阐发，把跨越时空、超越国度、富有永恒魅力的旅游文化精神和审美情趣弘扬起来，在继承传统的同时弘扬时代精神，立足本国又面向世界，达到展示传播中国文化，提升旅游文明水平的目的。

在旅游旅行途中翻开这套丛书，读者可以跟随孟浩然、王昌龄、王维、李白、崔颢、杜甫、白居易、杜牧、李商隐的脚步，走进泱泱大唐的壮阔山水；可以追寻柳永、苏轼、秦观、岳飞、陆游、张孝祥、辛弃疾、姜夔、文天祥的文思，饱览两宋情景交融的彩墨画卷；可以借助元好问、王实甫、关汉卿、马致远、罗贯中的笔端，感受大元帝国的金戈铁马，市井俚俗；可以在吟诵和欣赏中，体味旅游与古诗词曲之间那种千丝万缕的缠绵。这种境界的旅游，少了浮躁、粗俗、小气、偏狭、拘谨，多了从容、优雅、大气、豁达、豪放！

这就是中国古典诗词曲赋的优美所在，也是中国旅游的魅力所在！融旅游旅行于文明教化，寓文明教化于旅游旅行，正是我们实施旅游文化工程的初衷！

　　我们希望以此套丛书的出版为契机，陆续推出相关旅游文化类图书，不断挖掘传统经典作品中的旅游价值，提升旅游目的地的文化内涵和旅游者的旅游品位，为中华旅游文化的传承和传播开拓更为广阔的视野，为中华民族伟大复兴的中国梦之早日实现筑牢精神基础，加重文化底色，在惬意的旅游中推动中华文化走向世界，为旅游文明发展，进而为人类文明进步与世界和平发展做出贡献！

第十一篇　新业态新产品

"旅游 + 互联网"

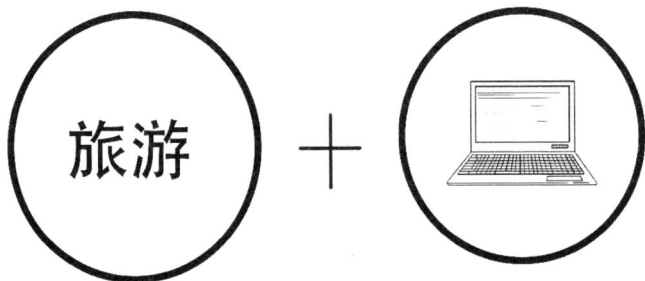

当前，以互联网为代表的全球新一轮科技革命正在深刻改变着世界经济发展和人们的生产生活，为全球旅游业发展带来了全新变革，旅游与互联网的深度融合发展已经成为不可阻挡的时代潮流，"旅游+互联网"发展正如火如荼。

近年来，国家旅游局深入推进"旅游+互联网"发展。召开"旅游+互联网"大会；运用 PPP 模式，建设"12301"国家智慧旅游公共服务平台；完成了国家旅游产业运行监测与应急指挥平台建设，实现了重点景区、旅游团队、旅游大巴、导游领队等即时监管。

此外，为认真贯彻落实《国务院办公厅关于进一步促进旅游投资和消费的若干意见》和《国务院关于积极推进"互联网+"行动的指导意见》，充分发挥旅游业的综合优势和带动作用，积极运用互联网推动旅游业产品业态创新、发展模式变革、服务效能提高，国家旅游局于 2015 年 9 月 16 日印发了《关于实施"旅游+互联网"行动计划的通知》。

《关于实施"旅游+互联网"行动计划的通知》提出了实施"旅

游+互联网"的行动计划和行动要求。行动要求，到 2018 年，我国旅游业各个领域与互联网深度融合发展；互联网成为我国旅游产品创新和业态创新的重要动力，成为我国旅游公共服务和行业监管的重要平台；在线旅游投资占全国旅游直接投资的 10%，在线旅游消费支出占国民旅游消费支出的 15%。到 2020 年，旅游业各领域与互联网达到全面融合，互联网成为我国旅游业创新发展的主要动力和重要支撑，网络化、智能化、协同化国家智慧旅游公众服务平台基本形成；在线旅游投资占全国旅游直接投资的 15%，在线旅游消费支出占国民旅游消费支出的 20%。

文 化 旅 游

　　文化旅游是指以体验异乡社会、了解他乡文化为主要出游目的的旅游消费活动集合。由于文化所涉及的范畴很广，这类旅游者开展活动的具体内容不尽相同，一般包括了解和体验当地社会的民族历史、生活方式、风俗习惯、民族艺术、社会组织以及文化教育等。知识性和参与性是这类旅游活动的突出特点。

　　旅游与文化的融合发展不断深化，活力尽显。各地正积极培育以文物保护单位、博物馆、非物质文化遗产保护利用设施和实践活动为支撑的体验旅游、研学旅行和传统村落休闲旅游。扶持旅游与文化创意产品开发、数字文化产业相融合。发展文化演艺旅游，推动旅游实景演出发展，打造传统节庆旅游品牌。推动"多彩民族"文化旅游示范区建设，集中打造一批民族特色村镇。

　　总之，文化旅游可以宽泛地定义为人们渴望了解别人如何生活的商业化表现。这是基于满足旅游者好奇心的需要，即在"原真"环境观看他人以及通过工艺品、音乐、文学、舞蹈、饮食、戏剧、手工制品、语言和仪式所表达的生活。

乡 村 旅 游

  习近平总书记强调：我们的第一个百年目标是到 2020 年全面建成小康，没有农民的小康就不是全面小康。2012 年以来，围绕乡村旅游个性化、特色化、市场化的发展方向，各地纷纷加大乡村旅游规划指导、市场推广和人才培训力度，促进乡村旅游健康发展。

  乡村旅游，是主要发生在乡村地区的，以乡村空间环境为依托，以独特的乡村文化景观（农村田园风光、农业生产方式与农民生活形态）为旅游吸引物，集乡村观光、休闲、度假和体验于一体的一种旅游活动。乡村旅游既包括旅游者对国家公园、地方公园、乡村遗址和景观公路的游览，也包括旅游者对乡村景观和农场旅游的畅享。绝大多数乡村旅游者是城镇居民，通过乡村旅游，城镇居民不仅能接触自然，而且可以获取短暂宁静和户外休闲空间。

  近年来，国家旅游局狠抓乡村旅游，在旅游扶贫和旅游富民方面取得突破。

一是政策扶持，汇聚扶贫合力。会同发改委、国土部、农业部等11个部门联合发布《全国乡村旅游扶贫工程行动方案》，实施乡村旅游扶贫八大专项行动。

二是开展资源普查，精确扶贫对象。对全国12.8万个建档立卡贫困村进行旅游资源普查，梳理出具备发展乡村旅游条件的贫困村2.26万个，涉及建档立卡贫困户230万户，贫困人口747万人。设立国家乡村旅游扶贫观测中心，推动乡村旅游精准扶贫、精准脱贫。

三是总结推广旅游扶贫模式。召开两届乡村旅游与旅游扶贫促进大会，推出乡村旅游"千千万万"品牌，总结推广景区带村、能人带户、企业＋农户、合作社＋农户等旅游精准扶贫模式，推出500个旅游精准扶贫示范项目。

四是开展旅游扶贫带头人培训。两年共举办8期乡村旅游扶贫培训班，完成对2200多名旅游扶贫村村官的培训。

五是创新帮扶模式。开展旅游行业"万企万村"结对帮扶活动。组织全国300家旅游规划机构对560个试点村开展旅游规划公益扶贫行动。推动农业发展银行、中信银行等金融机构加大对乡村旅游和旅游扶贫项目的支持。

六是深入开展乡村旅游创新创业行动。建立60家"中国乡村旅游创客示范基地"，大力发展乡村旅游电商，推出乡村旅游"后备箱"工程，推动农副土特产品通过旅游渠道销售，增加农民收入。

此外，国家旅游局还通过建立乡村旅游重点村名录，开展乡村旅游环境整治，推进"厕所革命"向乡村旅游延伸。实施乡村旅游创客行动计划，支持旅游志愿者、艺术和科技工作者驻村帮扶、创业就业，推出一批乡村旅游创客基地和以乡情教育为特色的研学旅行示范基地。创新乡村旅游组织方式，推广乡村旅游合作社模式，使亿万农

民通过乡村旅游受益。

当前，乡村旅游已经成为旅游扶贫的主阵地，旅游扶贫成为全国扶贫的生力军。各地涌现出一大批感人肺腑的旅游扶贫生动典型。

生 态 旅 游

习总书记强调：我们过去讲，既要绿水青山，又要金山银山。其实，绿水青山就是金山银山。国际自然与自然资源保护联盟认为：生态旅游是在自然区域享受欣赏自然和与自然伴生的古今文化遗产，对环境影响很小，有利于促进环境保护，使当地居民积极参与社会经济活动并获益的、对环境负责的旅游活动。

具体来说，生态旅游应该兼具以下六个方面的特点：游客有环保意识，游客活动对环境影响低；旅游的目的是感受并欣赏当地文化与生物多样性；为当地环境保护工作提供支持；可以使当地居民持续受益；参与当地决策；兼具对游客与当地居民的教育功能。随着国家加大对生态建设和环境保护的投入力度，国人对体验自然的需求越来越旺盛、越来越多样，各地纷纷依托森林、草原、湿地、海洋等资源优势，大力发展生态旅游，旅游收入和旅游接待人数增长迅速。

为贯彻落实党中央提出的建设美丽中国，大力推进生态文明建设的要求，国家旅游局与环境保护部联合组织开展国家生态旅游示范区

评定工作。国家生态旅游示范区评定依据是《国家生态旅游示范区建设与运营规范（GB/T25362-2010)》国家标准。

2013 年至 2015 年，国家旅游局和环保部联合开展了三批国家生态旅游示范区标准认定工作，推出 110 家国家生态旅游示范区。2017年 5 月，国家旅游局与环境保护部联合印发《关于组织开展 2017 年国家生态旅游示范区申报工作的通知》，正式启动了 2017 年国家生态旅游示范区的申报工作。国家生态旅游示范区申报工作开展以来，得到了各省（区、市）旅游和环保部门的积极响应，对树立生态文明理念、促进资源开发与环境保护、推动旅游业转型升级发挥了重要作用。

民 俗 旅 游

习近平总书记强调：中华优秀传统文化是我们最深厚的文化软实力。我们要善于把弘扬优秀传统文化和发展现实文化有机统一起来，紧密结合起来，在继承中发展，在发展中继承。民俗旅游是民俗文化作为旅游开发的立足点，主要由旅游目的地民众的生活方式、宗教信仰、饮食文化、民族特色等组成，具有明显的民族性或地方特色，是一种游客喜闻乐见的文化旅游。近年来，贵州黔东南、湖南湘西、新疆喀什、重庆黔江、四川阿坝、吉林延边等民俗风情旅游目的地积极发展民俗旅游，满足大众化、多样化、特色化的旅游市场需求。

工 业 旅 游

　　工业旅游是将工业与现代旅游业有机结合，以工业生产过程、生产工艺、工厂风貌、工人工作生活场景以及工业遗址等为主要吸引物的旅游活动，主要包括工业遗产旅游和现代工业观光旅游。

　　2016 年 11 月，国家旅游局在青岛召开首届全国工业旅游创新大会。2017 年 11 月 28 日，国家旅游局又在湖北黄石举办第二届全国工业旅游创新大会，并为十家国家工业旅游示范基地授牌。

　　过去，我国的工业旅游主要集中在食品加工、服装纺织、工艺品制造等轻工业，高技术工业所占比重极少。如今，工业旅游已经开始在工业领域中全面铺开，涉及我国所有 41 个工业大类，广泛涵盖了航空航天设备制造、电子器件制造、新能源器具制造、专用仪器仪表制造、智能设备制造等100余个工业种类和新型工业化成果，类型丰富、特色鲜明。在全国各地，从高技术产业到小五金制造，都纳入了工业旅游的发展空间，我国工业旅游已开启深层次发展。一是产业链延长，由单纯的工厂参观延伸到工业购物游、工业科普游、企业文化游、工业遗产游等综合性产业链建设；二是活动层次升级，游客活动内容由观光转向体验；三是服务对象拓展，由商务接待转向研学游、亲子游和专题游，未来将进一步延伸进常规旅游线路，由小众游拓展到大众游；四是视野扩张，开发方式由景点到景区，由景区到目的地，已经有地方开始引入全域旅游的思维方式来关注整个地区工业旅游发展。

近三年，我国工业旅游游客接待量年均增长31%，旅游收入年均增长24.5%。到2016年年末，全国共有1157个工业旅游景点，接待游客1.4亿人次，旅游收入213亿元，吸纳就业42.8万人，工业旅游发展呈现一片欣欣向荣之势。未来五年，我国工业旅游将进入黄金发展期，接待游客总量将超过2亿人次，旅游直接收入总量超过300亿元，实现综合收入总量可能超过直接收入的10倍以上。到2020年，我国将推出100家工业旅游示范基地和工业遗产旅游基地等品牌单位。

研 学 旅 行

　　研学旅行是由旅游部门、教育部门和学校有计划地组织安排，通过集体旅行、集中食宿方式开展的研究性学习和旅行体验相结合的校外教育活动。开展研学旅行，有利于促进学生培育和践行社会主义核心价值观，激发学生对党、对国家、对人民的热爱之情；有利于推动全面实施素质教育，创新人才培养模式，引导学生主动适应社会，促进书本知识和生活经验的深度融合；有利于加快提高人民生活质量，满足学生日益增长的旅游需求，从小培养学生的文明旅游意识，养成文明旅游行为习惯。

　　近年来，各地积极探索开展研学旅行，部分试点地区取得显著成效，在促进学生健康成长和全面发展等方面发挥了重要作用，积累了有益经验。2016年1月国家旅游局已推出10家中国研学旅游目的地和20家全国研学旅游示范基地。

为深入学习贯彻习近平总书记系列重要讲话精神，秉承"创新、协调、绿色、开放、共享"的发展理念，落实立德树人根本任务，帮助中小学生了解国情、热爱祖国、开阔眼界、增长知识，着力提高他们的社会责任感、创新精神和实践能力，2016年12月2日，国家旅游局会同教育部等11个部委联合印发《关于推进中小学生研学旅行的意见》指出，要以立德树人、培养人才为根本目的，以预防为重、确保安全为基本前提，以深化改革、完善政策为着力点，以统筹协调、整合资源为突破口，因地制宜开展研学旅行。让广大中小学生在研学旅行中感受祖国大好河山，感受中华传统美德，感受革命光荣历史，感受改革开放伟大成就，增强对坚定"四个自信"的理解与认同；同时学会动手动脑，学会生存生活，学会做人做事，促进身心健康、体魄强健、意志坚强，促进形成正确的世界观、人生观、价值观，培养他们成为德智体美全面发展的社会主义建设者和接班人。要开发一批育人效果突出的研学旅行活动课程，建设一批具有良好示范带动作用的研学旅行基地，打造一批具有影响力的研学旅行精品线路，建立一套规范管理、责任清晰、多元筹资、保障安全的研学旅行工作机制，探索形成中小学生广泛参与、活动品质持续提升、组织管理规范有序、基础条件保障有力、安全责任落实到位、文化氛围健康向上的研学旅行发展体系。

随着我国旅游业的发展，研学旅行已经成为教育旅游市场的热点。为了规范研学旅行服务流程，提升服务质量，引导和推动研学旅行健康发展。2017年1月，国家旅游局发布了《研学旅行服务规范》行业标准，进一步规范研学旅行服务流程，提升服务质量，引导和推动研学旅行健康发展。该标准规定了研学旅行服务的术语和定义、总则、服务提供方基本要求、人员配置、研学旅行产品、研学旅行服务项目、安全管理、服务改进和投诉处理。适用于中华人民共和国境内组织开展研学旅行活动的旅行社和教育机构。

习近平总书记在十九大报告中指出：中国特色社会主义进入新时代，我国社会主要矛盾已经转化为人民日益增长的美好生活需要和不平衡不充分的发展之间的矛盾。在新时代，人民对旅游、科学普及、科学素质提升需求的激增已成为"不平衡不充分发展之间矛盾"的主要矛盾，而发展以研学旅游为代表的各类游学活动，正是解决这一矛盾的最佳途径。如大力开展林学旅游、地学旅游、矿学旅游、农学旅游、工学旅游、气象学旅游、商学旅游、医学旅游、军事学旅游、民族学旅游、美学旅游等。未来，国家旅游局将在满足人民对旅游、科学普及、科学素质提升需求方面持续发力、有所作为。

体 育 旅 游

体育是发展旅游产业的重要资源，旅游是推进体育产业的重要动力。体育旅游是旅游产业和体育产业深度融合的新兴产业形态，是以体育运动为核心，以现场观赛、参与体验及参观游览为主要形式，以满足健康娱乐、旅游休闲为目的，向大众提供相关产品和服务的一系列经济活动，涉及健身休闲、竞赛表演、装备制造、设施建设等业态。

当前我国进入全面建成小康社会的决胜阶段，人民群众多样化体育运动和旅游休闲需求日益增长，体育旅游已经成为重要的生活方式，产业发展已经形成了一定的市场规模，取得了一定的经济效益和社会效益。大力发展体育旅游是丰富旅游产品体系、拓展旅游消费空间、促进旅游业转型升级的必然要求，是盘活体育资源、实现全民健身和全民健康深度融合、推动体育产业提质增效的必然选择，对于培育经济发展新动能、拓展经济发展新空间具有十分重要的意义。

为深入贯彻落实《国务院办公厅关于加快发展健身休闲产业的指导意见》和《国务院办公厅关于进一步扩大旅游文化体育健康养老教育培训等领域消费的意见》，大力发展体育旅游，2016 年 12 月 22 日，国家旅游局与国家体育总局联合印发《关于大力发展体育旅游的指导意见》（以下简称《意见》）。《意见》提出要坚持四项原则：

一是坚持市场主导，政府扶持。充分发挥市场在资源配置中的决定性作用，加大政府扶持力度，激发社会活力和企业动力，建立和完善体育旅游产业体系。

二是坚持消费引领，培育主体。以满足人民群众日益增长的体育旅游休闲需求为宗旨，培育壮大体育旅游企业主体，加快体育旅游的供给侧结构性改革，不断完善体育旅游配套设施，提高体育旅游服务水平。

三是坚持强化特色，打造品牌。开发具有地域特色和产业特点的体育旅游产品和项目，加大体育旅游宣传推广和市场开拓，打造体育旅游品牌，扩大我国体育旅游在国际上的影响力和知名度。

四是坚持加强监管，规范发展。加强体育旅游市场管理和监督，推进体育旅游服务标准化和专业化。加强国际合作和交流，学习国际先进体育旅游理念和方法，提升我国体育旅游服务的现代化、专业化和国际化水平。

《意见》还提出，要使体育旅游基础设施和配套服务设施不断完善，发展环境进一步优化，基本形成结构合理、门类齐全、功能完善的体育旅游产业体系和产品体系。到 2020 年，在全国建成 100 个具有重要影响力的体育旅游目的地，建成 100 家国家级体育旅游示范基地，推出 100 项体育旅游精品赛事，打造 100 条体育旅游精品线路，培育 100 家具有较高知名度和市场竞争力的体育旅游企业与知名品牌，体育旅游总人数达到 10 亿人次，占旅游总人数的 15%，体育旅游总消费规模突破 1 万亿元。

2017 年 7 月 6 日，由国家旅游局、国家体育总局联合主办的全国体育旅游产业发展大会在江苏无锡召开。会上，国家旅游局、国家体育总局联合发布了首批 30 个国家体育旅游示范基地创建单位、33 个国家体育旅游精品赛事。同时还发布了《"一带一路"体育旅游发展行动方案》，并联合多部门共同推出《汽车自驾运动营地发展规划》，要求共同做好汽车自驾运动营地建设管理工作，推动汽车运动发展。此外，国家旅游局、国家体育总局还分别与国家开发银行、中国农业发展银行签署了发展体育旅游战略合作协议。

冰 雪 旅 游

习近平总书记强调：冰天雪地也是金山银山。冰雪既是重要的自然资源，也是宝贵的旅游资源。以往，冰天雪地往往被人们认为是制约一个地区经济发展的主要因素之一，然而冰天雪地恰恰是冰雪运动、冰雪旅游的天然资源优势。我们应当重新审视冰雪资源的可开发性、可利用性，充分认识冰雪旅游资源的独特经济价值，特别是要把握发展冰雪旅游对促进经济社会发展的重要意义。

国务院发布的《"十三五"旅游业发展规划》明确将冰雪旅游作为重点项目。2022 年，我国将举办第 24 届冬奥会，正在激发我国民众参与冰雪运动的热情，进而加快我国冰雪旅游发展步伐。在国家旅游局指导下，北京、河北、黑龙江、吉林、辽宁、内蒙古、新疆等地大力推进冰雪旅游发展，充分发挥市场作用，整合现有资源，鼓励冰雪运动场地开发大众化冰雪旅游项目，实施冰雪旅游产业精品工程，建设了一批融滑雪、登山、徒步、露营等多种旅游活动为一体的冰雪旅游度假区或度假地，从看冰灯冰雕、观雾凇冰瀑，到体验滑冰滑雪、雪橇冰壶、驾驶雪地摩托车等，大众化冰雪旅游项目品种丰富，受到了越来越多国内外游客的青睐，成为旅游行业及区域经济发展的新型驱动力。国家旅游局还推动成立中国冰雪旅游推广联盟，支持北京、河北、黑龙江、吉林、辽宁、内蒙古等省区市塑造"北国冰雪"旅游品牌，推动中国冰雪旅游走出去。

2017年7月13日，国家旅游局在河北省张家口市崇礼区举办冰雪旅游研讨会，贯彻落实习近平总书记重要指示精神，大力发展全域旅游，实施"旅游+"，主动加强与体育等部门的合作，做大做强冰雪旅游产业，并超前谋划、主动服务冬奥会，共同做好冬奥会旅游文章，实现冬奥会设施的可持续利用以及冬奥会效益的可持续、高水平发挥。

科 技 旅 游

科技旅游是指以科学技术要素和成分作为旅游资源，将科技和旅游有机地结合为一体的一种旅游产品。科技旅游主要以游览科技景观、获取科技知识为目的，以科技资源、科技过程或科技含量作为旅游吸引点，通过游客喜闻乐见的方式进行科学教育，宣传科学精神、

科学知识，普及、传播科学思想。

经中科院院士和国内知名旅游专家在全国范围考察遴选，国家旅游局和中国科学院于 2017 年 3 月 28 日对外发布"首批中国十大科技旅游基地"，主要有贵州黔南 500 米口径球面射电望远镜、中国科学院西双版纳热带植物园、湖北宜昌长江三峡水利枢纽工程、中国科学院南京紫金山天文台、中国科学院青岛海洋科考船、中国科技馆、甘肃酒泉卫星发射基地、中国科学院安徽合肥董铺科学岛、中国科学院西安国家授时中心、中国科学院遥感卫星接收站三亚站。十大科技旅游基地的推出，有利于推动科技支撑旅游发展、旅游促进科技传播，营造科技旅游发展新氛围。

温 泉 旅 游

　　温泉旅游是指以温泉沐浴文化为主体，将观光赏景、养生保健、怡情放松、娱乐餐饮、休闲度假和商贸会展融为一体的时尚多功能旅游形式。

　　我国是多温泉国家，北京、辽宁、山东、福建、广东、云南、四川、重庆、西藏、海南、内蒙古等省（区、市）依托丰富的温泉资源，将养生、健身、医疗、康复、美容、护理、健康管理等一系列休闲手段深度结合，进行综合性旅游开发。《"十三五"旅游业发展规划》指出，要大力开发温泉、冰雪、滨海、海岛、山地、森林、养生等休闲度假旅游产品；发展温泉旅游，建设综合性康养旅游基地。

湿 地 旅 游

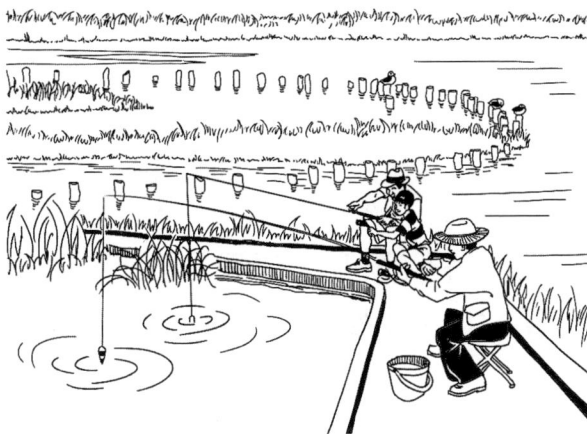

　　湿地旅游是指以湿地为资源基础所开展的各种旅游活动，目前较为典型的湿地旅游项目有观鸟、垂钓、摄影、水面活动、科考等。湿地已经成为重要的旅游资源和全球旅游美妙体验的热点。

　　据1971年多国签署的《拉姆萨尔公约》秘书处的数据显示，国际重要湿地中至少有35%存在一定程度的旅游观光活动，与湿地相关的旅游业消费每年大约为925亿美元，湿地旅游产生了巨大的经济价值。

　　湿地素有"地球之肾"的美誉，它与人类的生存、繁衍、发展息息相关，是自然界最富生物多样性的生态景观和人类最重要的生存环境之一，具有巨大的环境功能和效益，在抵御洪水、调节径流、蓄洪防旱、控制污染、调节气候、控制土壤侵蚀、促淤造陆、美化环境等方面有其他系统不可替代的作用，与森林、海洋一起并称为全球三大生态系统。

　　湿地旅游是生态旅游的一种旅游模式，具有自然保护、环境教育和社区经济效益等一系列的功能，湿地旅游开发的宗旨是让旅游者在认识湿地、享受湿地的同时提高湿地生态环保意识。

　　湿地旅游的基本原则表明，人类与湿地是一种伙伴关系，应该共存共荣，协调发展。通过湿地旅游的开发，将湿地作为生态科普与生态旅游的重要载体，建立起湿地保护与旅游开发之间的最佳平衡关系，应成为当前湿地旅游开发的总体指导思想。

　　《"十三五"旅游业发展规划》中指出，要重点建设云南普达措、山东东营黄河口湿地、黑龙江齐齐哈尔扎龙湿地、江苏盐城湿地、西藏拉鲁湿地、辽宁盘锦红海滩湿地、内蒙古额尔古纳湿地、吉林通榆向海湿地等湿地旅游目的地。

　　2017 年 9 月 8 日，国家旅游局推出首批 10 家"国家湿地旅游示范基地"。

滨海旅游

　　滨海旅游是指旅游者以享受滨海旅游资源为目的而进行的旅游活动。《国务院关于进一步促进旅游投资和消费的若干意见》中提出："鼓励社会资本大力开发温泉、滑雪、滨海、海岛、山地、养生等休闲度假旅游产品"；《国务院关于加快发展旅游业的意见》中强调："积极支持利用边远海岛等开发旅游项目"。得益于国家出台的一系列促进滨海旅游业发展的政策，我国滨海旅游业虽然起步较晚，但近年来发展迅速。

　　《中国海洋经济发展报告2016》显示，2015年，海洋旅游业全年实现增加值10874亿元，比上年增长11.4%，成为带动海洋经济发展的重要增长点。在我国海洋经济总产值中，滨海旅游业位居第一，已超过捕捞渔业、船舶油气等产业，成为海洋服务业的主体。

《2016—2020 年中国滨海旅游业投资分析及前景预测报告》认为，走向大海、亲近大海的"滨海旅游热"还将不断升温。从全球来看，地中海地区、加勒比海地区、大洋洲海域和东南亚海域一直是人们出游的热点；在国内，大连、秦皇岛、威海、青岛、厦门、珠海、三亚等滨海旅游城市更是游人如织。

山 地 旅 游

　　山地资源是人类共有的宝贵财富，山地旅游契合人们崇尚自然、追求健康的愿望，已成为引领全球旅游业潮流的重要力量。

　　1988 年世界旅游组织提出，可持续山地旅游是指开发出既能够满足游客需求，又能兼顾山地原住民利益的产品，同时还要考虑到山地未来保护与开发的机会，最终给山地的生态、环境和当地社区带来益处。

　　山地旅游开发应遵循以下基本原则：一是以保护为前提，遵循开发与保护相结合的原则，重点保护森林生态环境；二是建设规模必须与游客规模相适应，应充分利用原有设施，进行适度建设，切实注重实效；三是突出自然野趣和保健等多种功能，因地制宜，形成独特风格和地方特色；四是统一布局，统筹安排建设项目，做好宏观控制；五是应符合国家有关专业技术标准和规范规定。

　　我国是一个多山之国，山区面积占全国陆地面积的三分之二，山地旅游资源十分丰富，山地型自然文化遗产地、山地型国家风景名胜区、山地型 5A 级景区均超过总数的 50%。近年来，我国山地旅游取得了长足发展，一大批山地旅游目的地享誉世界。2016 年 9 月 22 日，国际山地旅游暨户外运动大会在贵州兴义举行。贵州、广西、云南、江西、湖南、山西、安徽、吉林、新疆等省区涌现出一大批广受游客欢迎的山地旅游目的地。

中医药健康旅游

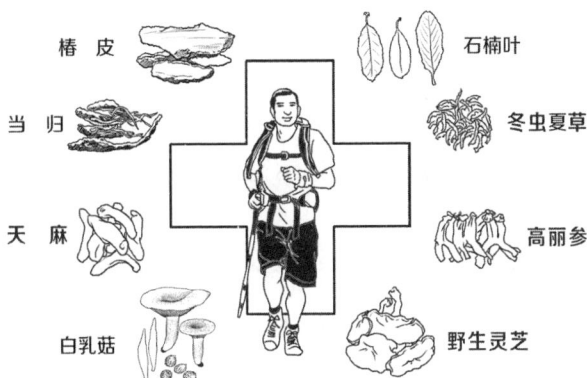

中医药健康旅游是集中医药、康养、养老产业和旅游业融合发展的旅游新业态，目的是为保持或改善旅游者的身心健康。发展中医药健康旅游，对提升全民健康素质、弘扬中华传统文化有重要意义。为推动旅游与中医药的融合，更好地促进中医药健康旅游的发展，2015年11月17日，国家旅游局和国家中医药管理局联合下发了《关于促进中医药健康旅游发展的指导意见》。

《关于促进中医药健康旅游发展的指导意见》提出，到2020年，中医药健康旅游人数将达到旅游总人数的3%，中医药健康旅游收入将达到3000亿元；到2025年，中医药健康旅游人数将达到旅游总人数的5%，中医药健康旅游收入将达到5000亿元；要培育打造一批具有国际知名度和市场竞争力的中医药健康旅游服务企业和知名品牌；要完成开发中医药健康旅游产品、打造中医药健康旅游品牌、壮大中医药健康旅游产业、开拓中医药健康旅游市场、创新中医药健康旅游发展模式、培养中医药健康旅游人才队伍、完善中医药健康旅游公共服务、促进中医药健康旅游可持续发展八个重点任务。

为深入贯彻落实国务院《关于促进旅游业改革发展的若干意见》、《中医药发展战略规划纲要（2016—2030年)》、《中医药健康服务发展规划（2015—2020年)》文件精神，加快促进《国务院办公厅关于进一步促进旅游投资和消费的若干意见》和《国家旅游局　国家中医药管理局关于促进中医药健康旅游发展的指导意见》部署的重点任务，国家旅游局、国家中医药管理局决定于2016年7月联合开展"国家中医药健康旅游示范区（基地、项目)"创建工作，计划用3年时间建成10个国家中医药健康旅游示范区、100个示范基地、1000个示范项目。

2017年12月，由国家中医药管理局、国家旅游局和广西壮族自治区人民政府共同主办的"2017中国—东盟传统医药健康旅游国际论坛"在广西巴马瑶族自治县成功举行，论坛以建设"健康中国"为宗旨，以"大健康　大旅游"为主题，围绕医疗保健机构与旅游服务企业的合作、中医药健康旅游示范区建设、"一带一路"建设推动传统医药健康旅游产业发展合作、国际大健康产业发展趋势及启示等相关议题展开国际性交流探讨，进一步探索中医药健康旅游新模式、新路径、新方法，共谋医药健康旅游可持续发展。

养 老 旅 游

养老旅游的本质是将旅游资源和养老服务相结合的旅游方式，主体将异地旅游作为一种生活状态。养老旅游主要包括以下三种形式：（1）康体旅游。是老年人异地参与健身休闲和疗养等活动，以体育强身、疾病治疗等增进身体健康为目的的一种旅游活动形式。（2）候鸟式旅游。指老年人由于身体等原因，根据季节选择不同的旅游目的地，寻求适宜的气候，并在目的地停留较长时间的一种旅游方式。(3)养老置换旅游。是老年人利用各地养老机构统一的交换网络，在享受异地养老机构服务的同时感受异地旅游体验的一种旅游养老模式。

据国家统计局数据显示，截至 2014 年年底，我国 60 周岁及以上的老年人口共 21242 万人，占总人口的 15.5%，65 岁及以上人口 13755 万人，占总人口的 10.1%。专家预测，我国从 2020 年起，将会迎来超老龄化社会（年龄超过 65 岁的人口比率超过总人口的 7%

就被称为老龄化社会；比率超过总人口的 14% 被称为老龄社会；比率超过总人口的 21% 被称为超老龄化社会）。随着我国人口老龄化速度加快，老年人口数量不断增大，养老需求也将层次多样，全社会"健康老龄化"产生的刚性需求亟待满足。

2016 年 11 月 28 日，国务院办公厅发布《关于进一步扩大旅游文化体育健康养老教育培训等领域消费的意见》提到，为推进幸福产业服务消费提质扩容，应围绕旅游、文化、体育、健康、养老、教育培训等重点领域，引导社会资本加大投入力度，通过提升服务品质、增加服务供给，不断释放潜在消费需求。

"旅游 + 养老"已经成为一种新型养老方式，不仅为老年人提供了一种高品质的休闲养老方式，也为经济发展创造了新的需求。"旅游 + 养老"将推动优势旅游企业和养老机构实施跨地区、跨行业、跨所有制兼并重组，打造旅游业和养老业跨界融合的产业优势，产生 "1+1>2" 的效果，带来产品创新、技术创新、市场创新、管理创新等，并形成对其他企业或价值链环节的示范效应、"挤出效应"和"乘数效应"。

探 险 旅 游

　　探险旅游是指旅游者在具有一定风险因素的自然环境中进行旅行考察活动的统称。是具有风险因素的自然环境与户外活动的结合体。由于自然环境的陌生性和真实风险因素的存在，探险旅游的进行能为旅游者带来刺激性体验和感官挑战。其潜在的风险特征要求此类活动的开展应在足够的安全保障下才能正常进行。主要包括登山探险、攀岩、峡谷穿越、沙漠穿越、森林穿越等旅游活动。

　　探险旅游可以在国内进行，也可以跨境进行，像其他旅行活动一样，它通常包括夜宿，但行程持续时间不会超过一年。探险旅游还具有适应性强、能吸引高价值客户、支持当地经济发展、鼓励可持续发展的特点。

　　2017 年 4 月 2 日，亚太旅游协会探险旅游大会及交易会暨河南洛阳探险旅游与装备博览会在洛阳举行。大会指出，近年来探险旅

游正成为普通大众外出旅行、追求健康的一种生活方式，是旅游业最具活力和成长性的力量之一。随着大众旅游、全域旅游时代的到来，探险旅游必将能够搭乘中国旅游业蓬勃发展的快车，得到更多的关注，吸引更多的游客。

高 铁 旅 游

　　高铁的发展提高了旅游的速度与效率，迅速改变了我国旅游交通格局。目前我国高速铁路"四纵四横"主骨架基本形成，覆盖省会及 50 万以上人口的城市，以北京、上海、广州为中心，向周边区域5 小时的旅行圈已经形成。各地积极开展高铁旅游，与沿线城市共同建设高铁旅游带，推介精品高铁游线路，极大促进了旅游市场发展。2016 年全国动车组发送旅客 14.43 亿人，游客占比显著。以 2015 年建成的合福高铁为例，仅在开通一个多月时，沿线的福建境内 40 多个景区游客量平均增长超过 20%，明显高于其他景区。

　　8 月 16 日，丝绸之路高铁沿线城市在陕西宝鸡联合开启"丝路高铁城市合作之旅"，共同探讨"高铁 + 旅游 + 城市"合作模式，发表了《丝绸之路高铁城市合作宣言》和《合作共识》，通过合作领域的不断拓宽和合作模式的进一步深化，为旅游市场打造更加丰富的线路产品，让广大民众和游客都能分享到"高铁＋旅游＋城市"融合发展带来的惊喜。

自驾车旅游

　　自驾车旅游是指人们以驾车的方式从常住地出发至目的地并在途中可以随意停留的旅游活动，主要包括自驾普通汽车、自驾房车、自驾摩托车等。自驾车旅游兴起于 20 世纪中期的美国，流行于西方发达国家。自驾车旅游属于自助旅游的一种类型，是有别于传统的集体参团旅游的一种新的旅游业态。

　　2016 年 9 月 22 日，国家旅游局联合公安部、交通运输部、国土资源部、住房城乡建设部、国家工商总局共同印发《关于加快推进 2016 年自驾车房车露营地建设的通知》，推动自驾车房车旅游发展。目前已启动首批 514 个自驾车、房车营地建设，2020 年将建成 2000 个。

　　当前，我国机动车保有量保持较快增长，据有关数据显示，截至 2017 年 6 月底，全国机动车保有量达 3.04 亿辆，其中小型载客汽车保有量达 1.68 亿辆，以个人名义登记的小型载客汽车（私家车）达

1.56 亿辆，占汽车总量的 76.32%。2013 年国家发展改革委员会同交通运输部编制发布的《国家公路网规划（2013 年—2030 年)》提出，未来我国公路网总规模约 580 万公里，其中国家公路约 40 万公里。在 40 万公里的国家公路中，普通公路网 26.5 万公里，国家高速公路网 11.8 万公里，还有 1.8 万公里的展望线。未来，随着我国经济社会持续快速发展，在人民群众人均消费水平不断提高，私家车保有量不断增加，全国公路路网不断完善，旅游公共服务水平不断提升的发展基础上，自驾车旅游规模将持续扩大。

房 车 旅 游

　　房车又称旅居车，指具有居家必备的卧具、炉具、冰箱、橱柜、沙发、餐桌椅、盥洗设施等家具和电器等基本设施的车种。房车旅游即是一种以房车为载体的新型旅游方式，是自驾游的一种类型。特点是旅游和生活完全结合起来，行在路上，乐在其中。

　　2016 年 9 月 22 日，国家旅游局联合公安部、交通运输部、国土资源部、住房城乡建设部、国家工商总局共同印发《关于加快推进 2016 年自驾车房车露营地建设的通知》，推动自驾车房车旅游发展。目前已启动首批 514 个自驾车房车营地建设，2020 年将建成 2000 个。

　　2016 年 11 月 7 日，国家旅游局会同国家发展改革委员会等 11 个部委联合印发《关于促进自驾车旅居车旅游发展的若干意见》，明确要重点解决我国自驾车旅居车上牌上路、营地用地、规范管理、扶持政策等方面的问题，力争到 2020 年，重点建成一批公共服务完善的自驾车旅居车旅游目的地，推出一批精品自驾车旅居车旅游线路，培育一批自驾游和营地连锁品牌企业，增强旅居车产品与使用管理技术保障能力，形成网络化的营地服务体系和完整的自驾车旅居车旅游产业链条，建成各类自驾车旅居车营地2000个，相关政策环境明显优化，产业规模快速壮大，发展质量和综合效益大幅提升，初步构建起自驾车旅居车旅游产业体系。

邮 轮 旅 游

邮轮产业被视为"漂浮在黄金水道上的黄金产业"。国际邮轮协会将邮轮旅游定义为一种以大型豪华游船为载体，以海上巡游为主要形式，以船上活动和岸上游览为主要内容的高端旅游活动。

根据欧美发达国家的邮轮旅游发展经验，邮轮旅客选择所在洲区母港出发。因此，选择所在洲区旅游目的地航线的比重相当高。邮轮母港需要相应的国内、国际旅游集散条件，在进行母港布局时，宜以沿海中心城市为重点对象，国际空港是其必备的支撑性设施条件。

邮轮旅游发展正在我国有序推进，天津、上海、广州、深圳、厦门、青岛等地积极开展邮轮旅游。邮轮旅游基础设施建设加快完善，港口、船舶及配套设施的技术水平得到改善和提升，国际邮轮入境外国旅游团 15 天免签政策适用区域日益扩大，海上丝绸之路邮轮旅游合作项目得到推动。目前，上海吴淞口、天津滨海新区、深圳蛇口太子湾区域、青岛市、大连市、福州市6家被授予"中国邮轮旅游发展实验区"称号。2016年，中国邮轮市场出游人次达369.9万人次，总收入达67.3亿元，收入规模同比增长47.6%。

低 空 旅 游

　　低空旅游是指人们在低空空域依托通用航空运输、通用航空器和低空飞行器，所从事的旅游、娱乐和运动，直升机、热气球、滑翔伞、飞机跳伞、轻小型无人驾驶航空器、航空模型等都属于这一范畴。随着近年来国内旅行者旅游需求的愈发多元化，传统的景区游览已经无法满足游客的旅行体验，"低空旅游"作为一种新型旅游产品形态正在逐渐受到关注。

　　2016年11月，国家旅游局会同国家发展改革委、民航局、体育总局印发《关于做好通用航空示范推广有关工作的通知》，通知提出鼓励和扩大社会资本投资通用航空业，发挥各类投资主体的作用，强化交通服务，促进通用航空与旅游、体育等融合发展，拓展通用航空服务领域。在通用航空旅游方面，通知提出，要与重点旅游区深度融

合，发展多类型、多功能的低空旅游产品和线路，因地制宜，形成低空旅游环线或网络。

2017 年 7 月，国家旅游局、国家体育总局在江苏无锡联合主办了全国体育旅游产业发展大会，为 15 家"国家航空飞行营地示范单位"授牌。2017 年 8 月，在西安召开的第三届全国全域旅游推进大会上，国家旅游局正式公布了包括新疆自治区阿勒泰地区喀纳斯景区、黑龙江省黑河市五大连池景区、浙江省杭州市千岛湖旅游区、重庆市武隆县喀斯特旅游区在内的 16 家通用航空旅游示范单位。未来，低空旅游管理办法将制定出台，低空旅游通用航空装备自主研制与低空旅游产业园建设迎来了黄金发展机遇期。

水 利 旅 游

　　水利旅游是指利用江、河、湖、库水域（水体）及相关联的岸地、岛屿、林草、建筑等风景资源，组织开展观光、娱乐、休闲、度假的旅游产业形态。我国水利风景区分为国家级和省级，目前，国家级水利风景区共有 778 家。如黄河系统的河南花园口、山东济南泺口和河口水利风景区等。《"十三五"旅游业发展规划》明确提出，要以水利风景区为重点，推出一批生态环境优美、文化品位较高的水利生态景区和旅游产品。我国多年来的水利旅游实践已经证明发展水利旅游所带来的综合效应。积极开发兴建各具特色的水利旅游风景区，发展水利旅游事业，是求得公益性目标和经营性目标有机统一，实现水利经济可持续发展，促进人与自然和谐相处的一条有效途径。

智 慧 旅 游

　　智慧旅游是指利用云计算、物联网等新技术，通过互联网及移动互联网，借助便携的终端上网设备，主动感知旅游资源、旅游经济、旅游活动等方面信息，实现即时发布、共享的旅游信息化系统。

　　2015 年 1 月 10 日，国家旅游局发布的《关于促进智慧旅游发展的指导意见》提出，运用新一代信息网络技术和装备，充分、准确、及时感知和使用各类旅游信息，实现旅游服务、旅游管理、旅游营销、旅游体验的智能化，促进旅游业态向综合性和融合型转型提升。2015 年 9 月 18 日，国家旅游局发布的《旅游＋互联网行动计划》明确提出，到 2020 年，旅游业各领域与互联网达到全面融合，互联网成为我国旅游业创新发展的主要动力和重要支撑，网络化、智能化、协同化国家智慧旅游公共服务平台基本形成。

宜 游 城 市

　　现代城市发展出现了两个方向性趋势：一是从城市人口发展的角度看，城市人口的融合度越来越高，人口的住、游比例正在发生变化，流动人口在城市总人口中占的比例越来越高；二是从城市经营的角度看，城市旅游经济越来越发达，"城市即旅游"的理念越来越深入人心，过去城市靠"卖土地"发展的土地经济正在逐步向靠"卖文化"、"卖风景"、"卖体验"的旅游经济转变。这两个趋势也吻合和呼应了"和谐"与"共享"的现代城市发展和经营理念。

　　2017 年 8 月，国家旅游局发布《2017 全域旅游发展报告》中提出，在"旅游＋城镇化、工业化和商贸"的推动下，形成美丽乡村、旅游小镇、森林小镇、风情县城、文化街区、宜游名城以及城市绿道、骑行公园、慢行系统，支持旅游综合体、主题功能区、中央游憩区等新型城乡旅游产品。

旅游风情小镇

　　习近平总书记强调：抓特色小镇、小城镇建设大有可为，对经济转型升级、新型城镇化建设，都具有重要意义。旅游风情小镇是魅力小镇的典型代表，是旅游与城镇化融合发展的产物，一般具有明确的产业定位、文化内涵、旅游特色和一定的社区功能。近年来，各地积极推动旅游风情小镇和特色旅游名镇建设，充分发展旅游业作为旅游风情小镇的主要产业支撑和文化特点。如江苏、浙江等省出台创建实施方案，均明确规划，到 2020 年培育建设 100 个旅游风情小镇。

文 化 街 区

　　文化街区是指相应时间内能够代表所在城市的某一文化类型、能够体现独特的区域特色、对城市内部或者外部人群产生强烈吸引力，同时，依托街道（区）原有的历史文化特色和在城市功能分区中的作用，赋予一定的文化主题而形成的街区。文化街区主要分为历史文化街区、城市中心商业文化街区、主题文化街区、特色文化街区四种主要类型。

　　国家旅游局发布《2017 全域旅游发展报告》指出，推动"旅游 + 城镇化、工业化和商贸"，形成美丽乡村、旅游小镇、森林小镇、风情县城、文化街区、宜游名城以及城市绿道、骑行公园、慢行系统，支持旅游综合体、主题功能区、中央游憩区等新型城乡旅游产品。

国家旅游风景道

2016 年 8 月，国家发展改革委与国家旅游局联合印发的《全国生态旅游发展规划（2016—2025 年)》中，首次提出"国家风景道"的概念，要求：依托国家交通总体布局，按照景观优美、体验性强、距离适度、带动性大等要求，以国道、省道为基础，加强各类生态旅游资源的有机衔接，打造 25 条国家生态风景道。按照主题化、精品化原则，加强生态风景道沿线资源环境保护，营造景观空间，建设游憩服务设施，完善安全救援体系，优化交通管理，实现道路从单一的交通功能向交通、美学、游憩和保护等复合功能的转变。

随后，国务院发布的《"十三五"旅游业发展规划》明确提出，要以国家等级交通线网为基础，加强沿线生态资源环境保护和风情小镇、特色村寨、汽车营地、绿道系统等规划建设，完善游憩与交通服务设施，实施国家旅游风景道示范工程，形成品牌化旅游廊道，计划打造川藏公路、大巴山、大别山、大兴安岭、大运河、滇川、滇桂粤边海、东北边境、东北林海雪原、东南沿海、海南环岛、贺兰山六盘山、华东世界遗产、黄土高原、罗霄山南岭、内蒙古东部、祁连山、青海三江源、太行山、天山世界遗产、乌江、西江、香格里拉、武陵山、长江三峡 25 条国家风景道。25 条国家风景道穿越四川、西藏、陕西、重庆、湖北、内蒙古、黑龙江、浙江、江苏、云南、广西、辽宁、吉林、福建、广东、海南、宁夏、安徽、湖南、江西、青海、河北、河南、新疆、贵州 25 个省市。这是我国从国家层面提出的旅游道路建设与风景打造融合为一体的宏伟战略，也是为了迎接日益增多的大众自驾旅游时代到来的最接地气、惠及千家万户的民心工程。

从某种意义上讲，旅游风景道是随着汽车工业的发展而逐步兴起的，更是工业化、城镇化加快推进的产物。未来，旅游风景道建设将在道路规划、景观设计、保护历史遗迹和优美的自然风景、带动地方经济发展等方面发挥非常重要的作用。

城 市 绿 道

LOHAS绿道

绿道是一种线性绿色开敞空间，一般是林荫小路，供行人和骑单车者（排斥电动车）进入的游憩线路，通常沿着河滨、溪谷、山脊、风景带等自然道路和人工廊道建立。城市绿道主要是连接城市里的公园、广场、游憩空间和风景名胜等的线性开敞空间。

《"十三五"旅游业发展规划》提出：发展城市绿道、骑行公园、慢行系统，拓展城市运动休闲空间。完善旅游绿道体系，建设完成20条跨省（区、市）旅游绿道，总里程达5000公里以上，全国重点旅游城市至少建成一条自行车休闲绿道。

旅 游 农 庄

　　旅游农庄，又称休闲农庄，是一种特殊的农业生态旅游载体。旅游农庄一般处于城市近郊的乡村，是利用农村中现有的高山、湖泊、菜地、果园等资源开发兴建的集游人参观农业景观、参与农事劳作、体验农村情趣等为一体的一种新兴旅游产业，是推进"旅游+"和全域旅游的重要内容。到 2020 年，我国将建成 100 个国家现代农业庄园，基本形成布局科学、结构合理、特色鲜明、效益显著的庄园经济带。

旅 游 民 宿

　　旅游民宿是指利用当地闲置资源，民宿主人参与接待，为游客提供体验当地自然、文化与生产生活方式的小型住宿设施。旅游民宿作为满足人民日益增长的美好生活需要的供给侧结构性改革的创新产物，不仅成为引领中高端旅游消费、创造旅游市场的新动能，而且成为全域旅游发展的新模式、乡村旅游扶贫的新产业，更成为乡村振兴的新路径。

　　2005 年，习总书记在浙江工作时，首次提出"绿水青山就是金山银山"的科学论断。2015 年《国务院办公厅关于加快发展生活性服务业促进消费结构升级的指导意见》提出"积极发展客栈民宿、短租公寓、长租公寓等细分业态"。《"十三五"旅游业发展规划》中提出"鼓励发展自驾车旅居车营地、帐篷酒店、民宿等新型住宿业态"。

2017 年 8 月 15 日，国家旅游局发布了《旅游民宿基本要求与评价》行业标准。标准得到中央电视台、《人民日报》、《中国质量报》、《中国消费者报》、《中国旅游报》、新华网、人民网、凤凰新闻、网易新闻、新浪新闻等各大媒体的广泛报道，受到业界和社会的广泛好评。9 月 9 日的《人民日报》"文创视域"更是做了题为《旅游民宿，要规范，更要有特色》的整版报道。

旅游专列

　　旅游专列是指开行在旅游客源地与旅游目的地之间，以运送旅游者为主的列车，其通常会连接具有代表性的景点，是采取火车出行的一种团体旅游方式。据报道，2015 年，共有 4 万多人享受到旅游专列出行带来的便利。2016 年，在华南、东北、西北等著名旅游线路的基础上，北京铁路局联合中国铁道旅行社，开行上百趟旅游专列，让乘客实现错峰出行，来一趟说走就走的火车"慢游"。2017 年，各地旅游援疆再度发力，纷纷采用旅游专列形式，开展旅游活动，增进与新疆的交流与沟通，如安徽省的"皖和号"、湖北省的"鄂博号"、天津市的"津和号"等旅游专列。

旅 游 综 合 体

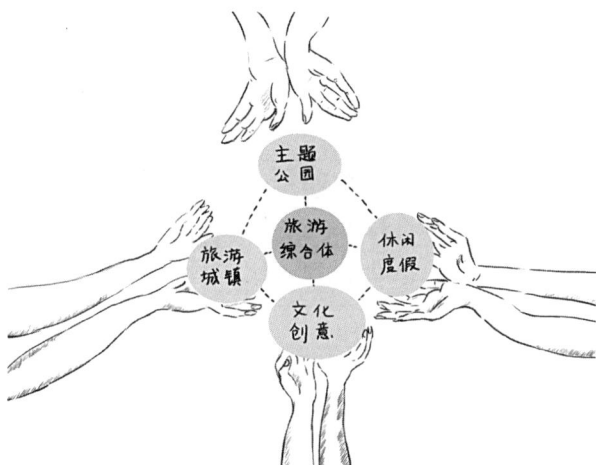

　　旅游综合体，有时也称为"休闲综合体"或"度假综合体"，是指基于一定的旅游资源与土地基础，以旅游休闲为导向进行土地综合开发而形成的，以互动发展的度假酒店集群、综合休闲项目、休闲地产社区为核心功能构架，整体服务品质较高的旅游休闲聚集区。通过近年来的发展，形成了四种模式：一是以主题公园为核心的旅游综合体，如华侨城、长隆旅游度假区等；二是以休闲度假为核心的旅游综合体，如珠海的港中旅海泉湾度假城、万达长白山国际度假区等；三是以文化创意为核心的旅游综合体，如西安曲江新城等；四是以旅游城镇为核心的旅游综合体，如中青旅古北水镇、横店影视城等。《"十三五"旅游业发展规划》明确提出，要推进业态创新，拓展新领域，支持大型旅游综合体、主题功能区、中央游憩区建设等。

旅 游 驿 站

　　全域旅游时代，作为加强旅游公共服务体系建设的重要一环，各地围绕旅游路网建设，因地制宜地建设一批集观景栈道、餐饮服务、特产销售、旅游厕所、停车场等服务功能为一体的旅游驿站，改善了旅游接待设施，提升了旅游接待能力。全国各地在城市、乡村、景区、交通沿线建成一大批旅游驿站，年接待游客近十亿人次。

旅 游 总 入 口

　　旅游总入口是指在游客旅游行为开端或准备阶段，利用互联网等科技手段，实现信息采集、咨询服务、宣传介绍等功能的旅游公共服务系统。这一概念在江苏省苏州市建设全域旅游示范区时提出。通过与互联网平台运营商、在线旅行商、移动通信运营商、金融机构合作，苏州将大力实施旅游二维码遍及工程，建设集信息查询、线上导览、在线预订、信息推送和公共服务于一体的线上"总入口"。同时，在火车站、长途汽车站等交通入口，重点景区、各级旅游咨询点、宾馆住宿前台等有人值守的入口以及"苏州好行"旅游巴士等优质运营商的线下站点等，统一服务标识，完善服务标准，建设旅游服务线下"总入口"。"总入口"的建立，将为外地游客提供极大便利。

农家乐升级版

习近平总书记多次考察农家乐。农家乐提档升级，成为各地提升乡村旅游的重头戏。2015 年，国家旅游局开展创建"金牌农家乐"、打造农家乐升级版活动。经各省（区、市）旅游部门遴选、审核、推荐，共评选出 10000 家"中国乡村旅游金牌农家乐"。各地纷纷响应，以深入推进美丽乡村建设为抓手，加快乡村基础设施建设和环境治理。制定星级农家乐标准，引导传统农家乐升级改造，改善居住环境，提升服务质量，利用自身优势开展渔家乐、牧家乐、林家乐等多种形式的乡村旅游，鼓励利用各类农（渔、牧）业资源，依托良好的生态景观和乡土文化，为游客提供以农（渔、牧）业体验为特色的观光、住宿、餐饮、娱乐、运动、购物等服务，开发休闲采摘、捕鱼垂钓、骑马放牧、农事体验、农耕文化展示等特色项目，更好地满足了消费新需求。

与此同时，各地还更加注重农家乐的"文化质量"。一是深入拓展和挖掘农家饭、农歌等背后的文化内涵。二是拓展农家乐的民俗文化内涵，整理和挖掘其历史民俗价值，使之转变成农家乐的文化优势。三是实施差异化经营，保留自然简朴的"农家"特色，保留"山野味"，要让游客不仅愿意来，而且留得住。

洋　家　乐

　　在杭州梅家坞、苏州三山岛、浙江德清莫干山等地，许多外国人走进乡村，开发民宿，诞生了一种由国际文化与中国乡村文化紧密融合的乡村旅游新业态——洋家乐。洋家乐的出现，不仅有效带动了入境旅游市场发展，而且促进当地农民增收致富，成功地走出了一条富有特色的乡村旅游发展之路。

主 题 乐 园

　　2016 年 6 月 16 日，上海迪士尼乐园开业，国际品牌旅游主题乐园正式进入中国大陆，开业一周年就接待游客超过 1100 万人次，并实现了财务收支平衡，开始着手筹备园区扩建项目。环球主题公园、东方好莱坞等一批大型主题游乐园也将陆续开门迎客。我国一大批具有自主品牌的旅游主题乐园正快速发展，成为旅游新亮点。2016 年，全球 TOP10 主题公园集团中，亚太地区占据的三席均为中国主题公园集团，分别是华侨城集团、华强方特和长隆集团。

实 景 演 出

　　实景演出是指一个以真山真水为演出舞台、以当地文化为主要内容的独特旅游演出模式。中国第一部旅游实景演出是桂林于2002年推出的《印象·刘三姐》。随后，《宋城千古情》、《长恨歌》、《印象·西湖》、《印象·大红袍》、《印象·平遥》等旅游实景演出陆续在各地大获成功。这些充分汲取地域文化，利用声光电营造的旅游实景演出日益成为吸引游客的重要文化旅游元素。《"十三五"旅游业发展规划》提出，要发展文化演艺旅游，推动旅游实景演出发展，打造传统节庆旅游品牌，这为实景演出的进一步发展提供了重要机会。2016年G20峰会期间推出的《最忆是杭州》，将旅游实景演出推向了一个新的高度。

科　技　馆

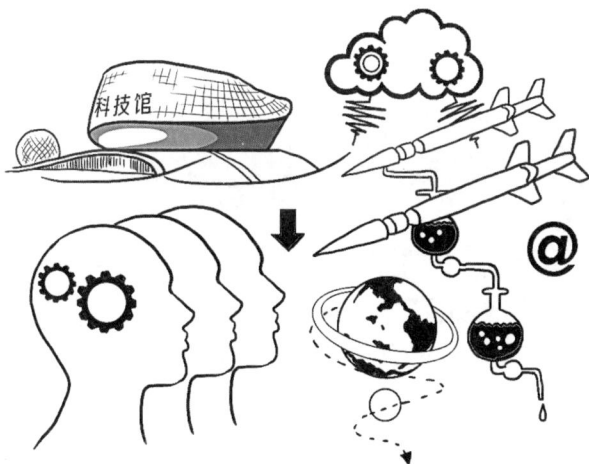

　　科技馆是以展览教育为主要功能的公益性科普教育机构。主要通过常设和短期展览，以参与、体验、互动性的展品及辅助性展示手段，以激发科学兴趣、启迪科学观念为目的，对公众进行科普教育；也可举办其他科普教育、科技传播和科学文化交流活动。

　　近年来，随着"旅游＋科技"的融合发展，科技旅游成为一种旅游新业态，科技馆成为了新兴的旅游资源和旅游目的地。2017年3月28日，中国科技馆成为国家旅游局和中国科学院联合推出的"首批中国十大科技旅游基地"之一。此举有利于推动科技支撑旅游发展、旅游促进科技传播，营造科技旅游发展的新氛围。

规 划 馆

规划馆

　　规划馆一般作为宣传和教育的重要阵地，能够全方位、多角度地展现城市建设的沧桑巨变以及城市发展成果与总体趋向。

　　从发展现状与趋势而言，规划馆已不仅限于一般意义上的展览建筑。在不断深入开展全域旅游的推动下，规划展览馆也成为了重要的旅游资源，是研学旅游、城市旅游的重要目的地。它不仅仅是承载城市演变历史的物质容器，也不再局限于成为支撑城市精神的纪念碑，它以更为公共与开放的积极姿态融于人们的日常生活，成为旅游的重要载体。

茶 马 古 道

　　茶马古道是指存在于中国西南地区，以马帮为主要交通工具的民间国际商贸通道，是中国西南民族经济文化交流的走廊。茶马古道源于古代西南边疆的茶马互市，兴于唐宋，盛于明清，第二次世界大战中后期最为兴盛。茶马古道分陕甘、陕康藏、滇藏和川藏，连接川滇藏，延伸入不丹、锡金、尼泊尔、印度境内，直抵西亚、西非红海海岸。2013 年 3 月 5 日，茶马古道被国务院列为第七批全国重点文物保护单位。

森 林 旅 游

森林旅游是指在林区内依托森林风景资源，以旅游为主要目的的多种形式的活动，这些活动不管是直接利用森林，还是间接以森林为背景，都可称之为森林旅游（游憩）或森林生态旅游。

《"十三五"旅游业发展规划》指出，要拓展森林旅游发展空间，以森林公园、湿地公园、沙漠公园、国有林场等为重点，完善森林旅游产品和设施，推出一批具备森林游憩、疗养、教育等功能的森林体验基地和森林养生基地。鼓励发展"森林人家"、"森林小镇"，助推精准扶贫。加强森林旅游公益宣传，鼓励举办具有特色的森林旅游宣传推介活动。

沙 漠 旅 游

《"十三五"旅游业发展规划》指出，"十三五"期间要重点建设甘肃敦煌，宁夏沙坡头，内蒙古响沙湾、巴丹吉林、阿拉善腾格里、库不齐，新疆喀什达瓦昆、塔里木，陕西毛乌素等沙漠旅游目的地。

2017 年 7 月 25 日，"中国沙漠旅游联盟创立大会"在宁夏中卫隆重召开，目的就是，促进联盟及成员单位旅游产业的发展，共同树立中国沙漠旅游精品景区和优秀旅游城市品牌。本着"资源共享、优势互补、互惠互利、共赢发展"的原则，努力开创中国沙漠旅游产业发展新局面，"携手联动，让沙漠旅游走向世界"。

湖 泊 旅 游

　　湖泊旅游是指依托湖泊资源开展的观光游览、休闲度假等多种形式的旅游活动。湖泊一般具有优美的自然景观、丰富的生态系统，非常适合旅游休闲活动，一直是我国重要的旅游资源。

　　《"十三五"旅游业发展规划》指出，"十三五"期间要重点建设浙江千岛湖、青海青海湖、云南泸沽湖、黑龙江五大连池、江苏太湖、湖南洞庭湖、江西鄱阳湖、山东微山湖、云南抚仙湖、西藏纳木措等湖泊旅游目的地。

海 岛 旅 游

　　海岛旅游，是指以海岛作为核心资源开展的一系列观光、游览、娱乐、休闲和度假等旅游活动。海岛旅游资源丰富，发展潜力巨大。

　　2015 年 10 月 13 日，在浙江舟山举行的国际海岛旅游大会上发布了《世界海岛旅游发展报告（2015）》。报告研究了世界海岛目的地旅游业发展模式，主要概括为五个驱动模式和十个产业模式。其中，五个驱动模式包括：高端度假驱动模式，如马尔代夫、圣托里尼；邮轮港口驱动模式，如牙买加、开曼群岛；商务娱乐驱动模式，如新加坡、济州岛；绿色生态驱动模式，如帕劳、大堡礁；民俗风情驱动模式，如巴厘岛。十个产业模式则分别是：海岛观光、海岛休闲、水上运动、婚礼蜜月、民俗节庆、家庭亲子、会展会议、主题景区、海岛民宿、休闲船艇。2016 年 9 月 22 日，国际海岛旅游大会再次在浙江舟山举行。

　　《“十三五”旅游业发展规划》指出，要加大海岛旅游投资开发力度，建设一批海岛旅游目的地。加快海南国际旅游岛、平潭国际旅游岛建设，推进横琴岛等旅游开发。“十三五”期间要重点建设广西涠洲岛、山东长岛、浙江舟山群岛、福建湄洲岛、鼓浪屿岛、平潭岛、广东海陵岛、海南西沙群岛、辽宁大小长山岛等海岛旅游目的地。

草 原 旅 游

　　草原旅游是指以草原辽阔的空间、独特的游牧文化、差异化的草原气候、良好的生态环境、可亲近的动植物资源等为依托，满足人们别样的观光、度假、文化、娱乐、探险等旅游需求的体验式旅游。

　　《"十三五"旅游业发展规划》指出，"十三五"期间要重点建设新疆那拉提、喀拉峻、巴音布鲁克，内蒙古呼伦贝尔、乌兰布统、鄂尔多斯苏泊罕，甘肃甘南玛曲，河北张北等草原旅游目的地。

度 假 区

　　旅游度假区是具有良好的资源与环境条件，能够满足游客休憩、康体、运动、益智、娱乐等休闲需求的，相对完整的度假设施聚集区。

　　2012 年，国家旅游局制定了《旅游度假区等级划分》国家标准，并于 2015 年发布了《旅游度假区等级划分细则》，出台了《旅游度假区等级管理办法》，明确了旅游度假区划分为国家级旅游度假区和省级旅游度假区两个等级。2015 年 10 月，国家旅游局公布了首批 17 家国家级旅游度假区，包括：吉林省长白山旅游度假区、江苏省汤山温泉旅游度假区、江苏省天目湖旅游度假区、江苏省阳澄湖半岛旅游度假区、浙江省东钱湖旅游度假区、浙江省太湖旅游度假区、浙江省湘湖旅游度假区、山东省凤凰岛旅游度假区、山东省海阳旅游度假区、河南省尧山温泉旅游度假区、湖北省武当太极湖旅游度假区、湖南省灰汤温泉旅游度假区、广东省东部华侨城旅游度假区、重庆市仙女山旅游度假区、四川省邛海旅游度假区、云南省阳宗海旅游度假区、云南省西双版纳旅游度假区。

《"十三五"旅游业发展规划》指出，要大力开发温泉、冰雪、滨海、海岛、山地、森林、养生等休闲度假旅游产品，建设一批旅游度假区和国民度假地。

文化主题旅游饭店

　　文化主题旅游饭店是指以某一文化主题为中心思想，在设计、建造、经营管理与服务环节中能够提供独特消费体验的旅游饭店。文化主题则是指依托某种地域、历史、民族文化的基本要素，通过创意加工所形成的能够展示某种文化独特魅力的思想内核。

　　文化主题旅游饭店将丰富灿烂的文化资源以产品化的方式引入饭店服务之中，在潜移默化中传播中华文化，感染消费者，从而在提升饭店品质、丰富饭店服务产品内涵的基础上，在饭店服务领域起到弘扬中华文化、发出中国声音、讲好中国故事、展现中国魅力、塑造中国品牌的功能，为人民群众创造出更为美好的体验感受和饭店消费经历。

　　2017 年《政府工作报告》提出："推动服务业模式创新和跨界融

合，发展文化创意等新兴消费。"《国务院关于印发"十三五"旅游业
发展规划的通知》提出："推进结构优化、品牌打造和服务提升，培
育一批有竞争力的住宿品牌。鼓励发展新型住宿业态。"

2017 年 8 月 15 日，国家旅游局发布了《文化主题旅游饭店基本
要求与评价》作为行业标准。

精品旅游饭店

  精品旅游饭店指地理位置优越、设计风格独特、文化内涵丰富、品质精良、运营专业的小型精致旅游饭店，也称为精品酒店。精品旅游饭店应具有"精致、独特、高端、专业、绿色"的五大特征，其中，"精致"指饭店建筑规模较小，硬件设施精良，运营管理精细，服务专业精心；"独特"指饭店建筑外观独特，服务内容新颖，文化创意鲜明，住宿体验别致；"高端"指饭店地理位置优越，环境氛围高雅，消费体验尊贵，市场美誉度高；"专业"指饭店员工培训到位，管理手段科学，管理体系完善，运营能力高效；"绿色"则强调了饭店有高度的社会责任意识，倡导绿色消费，合理利用资源，有可持续发展的理念、节能减排的措施。

  精品旅游饭店致力为中外宾客提供独一无二的旅居体验，具有小型精致、设计风格独特、市场定位高端、文化内涵丰富、管理和服务特色鲜明的特点，充分体现了我国旅游住宿业从业者精益求精的工匠精神，近年来越来越受到旅游市场和投资者的关注，已经成为旅游住宿业发展热点。

2017年8月15日，国家旅游局发布了《精品旅游饭店》行业标准。

第十二篇　厕所革命

全国厕所革命工作现场会

　　近年来，厕所革命成为广受欢迎的旅游"一号工程"。国家旅游局每年春节后一上班就召开全国厕所革命工作会，已成为国家旅游局和全行业的惯例。2015年至今，国家旅游局已经召开四次厕所革命工作会议，分别为当年的厕所革命工作定目标、指方向、明路径，确定时间表和路线图。

　　2015年2月26日，全国旅游厕所工作现场会在广西桂林召开。会议指出，从2015年起，国家旅游局计划用3年左右的时间，协调各地新建、改扩建旅游厕所5.7万座，其中新建旅游厕所3.3万座、改扩建2.4万座，切实提升旅游厕所建设管理水平，在景区评A、饭店评星等工作中，实行旅游厕所建设"一票否决"制，到2017年年底，务求实现旅游厕所"数量充足、干净无味、实用免费、管理有效"的目标，吹响了"旅游要发展，厕所要革命"的号角。

　　2016年2月15日，全国旅游厕所工作现场会在湖北武汉召开。

会议提出，要进一步深化对推进厕所革命必要性、紧迫性的认识；要按照推进全域旅游的总体要求，把厕所革命推向全区域、全社会，让厕所革命深入到全国城乡，普及景区内外；要认真做好厕所建设、管理体制创新、工作机制创新、厕所技术创新、加强考核和舆论监督、普及厕所革命知识和文明如厕理念，不断推进厕所革命。会议确定当年全国将新建、改扩建旅游厕所 2.5 万座，其中新建 1.7 万座，改扩建 0.8 万座；全国旅游景区、旅游线路沿线、交通集散点、乡村旅游点、旅游餐馆、旅游娱乐场所、休闲步行区的旅游厕所达到 A 级旅游厕所质量等级标准。会上还发布了 2015 年"厕所革命创新城市"、"厕所革命创新企业"、"厕所革命突出贡献企业"名单，中国厕所革命推进联盟发布了全国厕所革命倡议书等。

2017 年 2 月 4 日，全国厕所革命工作现场会在广州市召开。会议的主要任务是，深入贯彻落实习近平总书记关于厕所革命的重要指示精神，持续加力，创新机制，不断深化厕所革命。会议指出，2017 年是推进建设旅游强国"三步走"战略的重要之年，也是推进厕所革命和旅游公共服务体系建设的关键之年。要深入推进厕所科技攻关及推广示范，全面提升厕所科技应用水平；全面探索推广"以商建厕、以商养厕"模式；深入开展公民如厕教育，进一步提高广大游客和公民的文明水平；推广运用厕所革命经验，加速旅游公共服务体系建设，攻坚克难，不断深化全国厕所革命，着力提升旅游公共服务水平，努力促进我国旅游业健康快速发展，以优异成绩迎接党的十九大胜利召开。会上，国家旅游局公布了 2016 年度厕所革命先进市名单，31 个省（区、市）认领了 2017 年厕所建设任务书。

"厕所革命"三年行动计划

　　2015 年 4 月 1 日，习近平总书记对"厕所革命"作出重要指示。为贯彻落实习近平总书记的指示精神，加快推进"515 战略"关于旅游厕所建设与改造的工作部署，加强旅游厕所的管理与维护，全面提升旅游业品质，不断满足广大游客的需求，2015 年 4 月 6 日，国家旅游局印发《全国旅游厕所建设管理三年行动计划》，也称"厕所革命三年行动计划"。

　　《全国旅游厕所建设管理三年行动计划》以实现"数量充足、干净无味、实用免费、管理有效"为目标，提出从 2015 年到 2017 年，通过政策引导、资金补助、标准规范等方式持续推动，三年内全国共新建、改扩建旅游厕所 5.7 万座，其中新建 3.3 万座，改扩建 2.4 万座的任务要求。《全国旅游厕所建设管理三年行动计划》还针对建设管理任务提出了三项工作重点：

一是切实做好旅游厕所的规划和设计。制定旅游厕所规划和实施计划，着力推动地方政府将旅游厕所纳入当地政府基础设施建设规划，统筹安排、分步实施，并与当地财政实现有效衔接，推动旅游厕所规划的落地。各地要坚持科学规划、合理布局，新建和改扩建数量要与游客规模成比例，要根据旅游厕所标准和当地实际，宜改则改、宜建则建，力求数量与质量、实用与美观的协调。旅游厕所的设计要体现出旅游视野，符合现代时尚、方便实用、节能节水、保护环境等要求，体现人性化，方便游客。要尽量做到与周围环境和谐，体现地方特色、文化品位和旅游吸引力。各地要组织旅游厕所设计大赛，推进旅游厕所设计水平的提高。

二是加快旅游厕所的建设与改造。旅游厕所是旅游公共服务设施，也是地方重要的基础设施，应当明确地方政府为主体。要推动业主单位、主管部门和地方政府在旅游厕所建设中承担主体责任。旅游景区、宾馆饭店、旅游餐饮点、旅游购物场所由相关旅游企业负责建设，旅游集散点、休闲步行区由政府主导，乡村旅游点由经营户为主体建设。旅游交通线路由交通运输部门规划建设，要加强与交通运输部门合作，改善高速公路服务区、旅游公路沿线加油站厕所的卫生状况，提升服务质量。旅游厕所的建设要符合相关建设标准，注重设施完备，功能实用、通风良好、清洁卫生，杜绝豪华建设，不得过度装饰，建筑主体材料及装饰鼓励选用环保建筑材料，可根据地区特点就地取材。主体建筑要与供电、供水、排污、环保等公用设施相衔接，强化指示牌等附属设施建设。要重视薄弱环节的建设，探索使用新技术建设旅游厕所。鼓励采用"生态厕所"、"沼气化粪"等能使污物自然化解的生物技术。探索解决高原寒冷地区厕所的防冻问题、缺水地区厕所的免水冲技术等。各地要组织对新建和改扩建旅游厕所开展等级评定工作，达到等级标准的，授予全国统一的旅游厕所标识。

三是强化旅游厕所的管理和维护。旅游厕所"三分建设、七分管理"。各地要建立健全旅游厕所管理工作机制，探索旅游厕所管理的模式，加强对旅游厕所的管理，保证厕所外观整洁，内部干燥、干净，无异味。要完善"以商管厕、以商养厕"机制，加大招商引资力度，壮大市场主体，鼓励企业和社会团体积极参与厕所建设、管理。摸索把其他商业资源与厕所管理经营捆绑，让经营者有合理利润。鼓励承包经营、大中型企业冠名赞助、商业广告特许经营权、公私合营等方式进行旅游厕所管理。景区景点内的厕所，要与景区内的经营服务项目结合，休闲步行区的厕所与商铺、摊位挂钩。加快引进专业化、集团化、连锁经营的厕所管理公司，进行品牌化、规模化、专业化管理，各地可以在省内试点，也可探索引进跨区域的厕所管理公司，强化旅游厕所管理和维护，不断提高服务水平。

自 2015 年行动启动以来，全国旅游系统将"厕所革命"作为基础工程、文明工程、民生工程来抓，精心部署、强力推进，"厕所革命"取得明显成效。截至 2017 年年底，全国共新改建旅游厕所 7 万座，超过目标任务的 19.3%。调查显示，受访者对厕所的满意度从 2015 年的 70% 已经上升为超过 80%。

2017 年 11 月 21 日，习近平总书记再次对"厕所革命"作出重要批示，高度肯定了我国"厕所革命"工作取得的成绩。"厕所革命"是一件惠民生、得人心的大实事，目前正逐步从景区扩展到全域、从城市扩展到农村、从数量增加扩展到量质齐升，受到了广大群众和游客的普遍欢迎、国际社会的广泛肯定，也为广大发展中国家解决此类民生问题提供了中国样本。

厕所革命新三年行动计划

为进一步补齐短板、提升品质、优化机制，全面提升我国旅游厕所服务水平，2017 年 11 月 19 日，国家旅游局发布《全国旅游厕所建设管理新三年行动计划（2018—2020)》。

《全国旅游厕所建设管理新三年行动计划（2018—2020)》提出，未来三年全国共新建、改扩建旅游厕所 6.4 万座，其中新建 4.7 万座以上，改扩建 1.7 万座以上，努力实现"数量充足、分布合理，管理有效、服务到位，卫生环保、如厕文明"的目标。

国家旅游局将重点开展四大提升行动。一是厕所革命建设提升行动。推进厕所分布由景区内向景区内外、由城市向城乡、由东部发达地区向东中西全面均衡发展。支持有旅游资源的建档立卡贫困村建设厕所 2.26 万座。二是厕所革命管理服务提升行动。大力推广厕所社会化、市场化管理模式，建立健全科学有效的管养机制。推进厕所标准化建设。应用"互联网+"等信息技术创新管理服务手段。加快第三卫生间建设。进一步推动建立"厕所开放联盟"。三是厕所革命科技提升行动。落实《厕所革命技术与设备指南》，推动运用"循环水冲、微水冲、真空气冲、源分离免水冲"等技术，推广使用生态木、竹钢、彩色混凝土等绿色环保材料。四是厕所革命文明提升行动。推动文明如厕进景区、进社区、进农村、进校园，充分发挥厕所革命志愿者作用，广泛开展厕所革命公益宣传活动。

此外，国家旅游局还将采取强化组织保障、强化资金支持、强化考核督导、强化宣传引导四大保障措施，深入推进厕所革命向纵深发展。

第 三 卫 生 间

　　第三卫生间（家庭卫生间）就是指为行动障碍者或协助行动不能自理的亲人（尤其是异性）使用的厕所。如女儿协助老父亲、儿子协助老母亲，母亲协助小男孩，父亲协助小女孩，配偶互助等。《旅游厕所质量等级的划分和评定》（GB/T1873-2016）对第三卫生间建设标准专门作了规定。

　　为解决特殊游客群体的如厕需求，进一步完善旅游公共服务设施，体现"厕所革命"的人文关怀，国家旅游局积极推动第三卫生间建设。2016年12月，国家旅游局印发《关于加快推进第三卫生间（家庭卫生间）建设的通知》（以下简称《通知》）。《通知》指出，建设第三卫生间有助于解决特殊游客群体的如厕需求，有助于完善旅游公共服务设施，有助于体现"厕所革命"的人文关怀。《通知》对各省、区、市旅游委（局）提出三点工作要求：一是要求各地开展第三卫生间现状摸底调研，掌握第三卫生间建设需求和数量，制定工作实施计划，落实建设责任单位和责任人，尽快启动第三卫生间的全面建设；二是要求各地参照第三卫生间建设标准和标识，指导督促有关业主单位建设第三卫生间，要求所有 5A 级旅游景区必须具备第三卫生间，提倡其他旅游景区及旅游场所建设第三卫生间，鼓励有条件的地方全面推进第三卫生间建设；三是要求各地做好推进第三卫生间建设工作保障，强化指导和督促，制定政策措施，安排建设资金，确保旅游厕所第三卫生间建设、验收工作顺利开展，取得实效。国家旅游局将对各地推进第三卫生间建设工作情况进行督促检查。

国家旅游局局长李金早高度重视第三卫生间建设，多次强调建设的重要意义。2017 年 2 月 4 日，李金早在全国厕所革命工作现场会上指出："第三卫生间的设置，我们要求首先从景区开始，这对于 5A 级景区是一个硬指标。"2017 年 5 月 26 日，李金早在第四次全国厕所革命推进大会上再次提出："要创新服务管理机制，加快第三卫生间建设。厕所革命的管理与养护不仅要加强硬件服务设施的管养结合，更要着力推动厕所科学规划、合理设置和人性化服务。要继续倡导第三卫生间建设，合理调整女性厕位比例，适当设置安全扶手设施等，践行'家庭关怀、女性关怀、残障关怀、环境关怀、员工关怀'五大人文关怀理念。"下一步，国家旅游局将积极推动主要旅游景区、旅游场所建设第三卫生间。

厕所开放联盟

　　厕所革命开展以来，为了弥补公厕不足的现状，各地党政机关、企事业单位主动开放内部厕所，为市民和游客打开"方便"之门。如山东济南发起成立了城市厕所开放联盟，倡导政府机关、企事业单位开放内部厕所。目前已有600多家酒店、宾馆、商户、商场等社会单位签订公厕开放承诺书，制定"厕所开放联盟"文明公约，有效降低了政府投入成本，极大地满足了游客和市民的如厕需求，提升了城市文明旅游水平，树立了泉城济南良好的旅游形象。2015年8月，济南城市厕所开放联盟被国家旅游局评为中国旅游业改革发展创新奖，并在全国范围内加强对厕所开放联盟经验的宣传。

　　"厕所开放联盟"由济南市城管局、市城管执法局创意发起，联合新闻媒体于2012年11月正式启动。成立"厕所开放联盟"主要是为了弥补城市厕所不足，更好地方便市民和游客。目前，全市"厕所开放联盟"单位共有600多家。厕所开放联盟从构成上讲，主要包括沿街的加油站、药房、宾馆、饭店和机关学校等企事业单位。从组织上讲，以城管部门宣传发动为主，围绕广泛深入开展好这项工作，市、区和街办城管部门结合日常工作，把动员社会开放厕所作为一项长期的城管工作来抓，主动上门动员沿街单位、店铺向社会开放厕所，取得了明显进展。从管理上讲，厕所开放联盟建立了"一书两牌和五件套"管理办法，即由城管部门与加盟单位统一签订"文明公约承诺书"，统一张贴"导示牌和卫生管理制度牌"，并向联盟单位定期发放厕所开放备用品"五件套"（一瓶清厕剂、一把刷子、一个塑料垃圾篓、一块肥皂和垃圾袋），用于鼓励开放单位。同时，城管部门加强日常监督和指导，并向社会公布监督电话。

为规范厕所开放联盟单位行为，济南市制定了"厕所开放联盟"文明公约，共三个方面的内容：一是自愿加入济南市"厕所开放联盟"，在醒目位置统一张贴开放标识，免费对外开放本单位内部厕所；二是按时在工作（营业）期间对外开放单位内部厕所，方便过往行人和市民使用，并保持整洁卫生的如厕环境；三是希望市民群众坚持文明如厕，爱护厕所公共设施，如厕时不大声喧哗，如厕后即刻离去，自觉遵守各单位的管理规定，共同维护好单位秩序。厕所开放联盟的建立，开放厕所，方便市民游客，体现出一个城市文明程度，是一件好事善事。好事做好，重在宣传引导和广泛发动，更要创新完善激励政策，调动社会积极性，形成共建、共管、共享的好局面。

厕所技术创新

　　2015年，国家旅游局局长李金早在全国旅游厕所建设和管理工作会上提出：开展厕所革命要加强技术革新。

　　为引入国内外厕所建设管理先进技术，有针对性地解决目前旅游厕所建设和管理中存在的缺水、高寒、人流密度不均等技术难点，进一步提升全国旅游厕所技术创新水平，国家旅游局和比尔及梅琳达·盖茨基金会于2016年联合举办了全国厕所技术创新大赛。面向海内外征集针对无水、无电力供应、高寒、生态脆弱等特殊条件的旅游厕所解决方案。自2016年1月至3月，大赛组委会征集到来自中国、韩国、美国等多个国家的52件参赛作品，评出优秀案例奖10名、优秀理念奖8名和海外优秀奖3名。同时，为推广应用国内外厕所先进设备和技术，国家旅游局从2015年开始，连续三年在义乌举办全国厕所革命技术与设备展，在中国国际旅游商品博览会上，专门设立厕所馆。国家旅游局还联合比尔和梅琳达·盖茨基金会积极推动最新的生态环保厕所技术在中国西部地区开展试点，探索解决广大西部高寒缺水地区的厕所技术难题，并帮助西部地区解决厕所建设管理实际困难。国内也涌现出一批像北京蓝洁士、光大置业、江苏华虹等新技术旅游厕所企业，成为厕所技术创新的主体。

厕所革命先进市

为加快推进全国旅游厕所革命进程，国家旅游局从 2015 年开始，组织开展创建厕所革命先进城市活动，计划用三年左右时间，分三批共表彰 300 个左右先进城市。表彰对象包括副省级市、计划单列市；省、自治区地级市（包括市、州、盟、地区等）和直辖市的区。厕所革命先进城市要具备五个条件：一是各级党委、政府对厕所革命工作高度重视，有重要批示指示；二是积极投身厕所革命建设，旅游厕所新建、改扩建数量多、进度快、质量高；三是为推进厕所革命工作，出台规划、资金、土地、用水、用电、扶持政策等相关政策措施；四是在厕所革命推进过程中，创新投资建设、体制机制、管理模式等，取得较好的示范效果；五是认真、按时完成全国旅游厕所管理系统填报。2015 年和 2016 年，国家旅游局共表彰两批 201 个全国推进厕所革命先进城市。下一步，国家旅游局将以表彰厕所革命先进城市为抓手，积极动员全国各地城市积极学习先进市（区）的典型经验，主动作为、改革创新，从旅游基础工程、文明工程、民生工程的高度，提高认识、统一思想、转变观念，切实采取有效措施，继续有力有序地推进"厕所革命"各项工作，让"厕所革命"深入全国城乡每一个角落，形成健康文明的厕所文化，提升全社会的文明旅游水平。

大型企业投身厕所革命座谈会

　　厕所革命引起社会广泛而积极反响。特别是习近平总书记于2015年4月1日就厕所革命作出重要批示以来，厕所革命得到全社会关注，得到方方面面的支持和参与，许多企业主动作为，勇于担当，切实履行社会责任，积极投身于厕所革命，主动支持西部省区进行厕所建设。为积极鼓励大型企业投身厕所革命，国家旅游局于2015年7月17日召开大型企业投身厕所革命座谈会。会议表彰了主动捐助建设厕所，为厕所革命作出突出贡献的大型企业。全联旅游业商会获得"厕所革命突出贡献商会奖"，鄂旅投、北京首旅集团、中青旅、江泰保险四家企业获得"厕所革命突出贡献企业奖"。中国国旅集团、中信旅游集团等十家大型企业的负责人围绕如何发挥自身作用、引领全社会积极投身厕所革命，如何做好规划建设、实现有效管理，如何设计旅游产品、加强文明如厕宣传引导，如何引导游客在如厕过程中避免风险、分担风险等话题进行了座谈交流。下一步，国家旅游局将积极支持和鼓励大型企业参与厕所革命建设和管理，探索 PPP 和以商养厕新模式。

全国旅游厕所革命万里行

全国旅游厕所革命万里行

　　为加大厕所革命宣传力度，营造厕所革命的良好氛围，2015年4月20—24日国家旅游局首次启动"厕所革命万里行"主题采访活动。组织了来自新华社、《光明日报》、中央人民广播电台、《中国青年报》、《中国日报》、《中国旅游报》、旅游卫视、人民网、新华网、凤凰网、央视网、中国旅游网等十余家中央主流媒体记者和北京联合大学、中科院地理所的专家分赴山东、河南、浙江、江苏、广西和宁夏等地，围绕旅游厕所管理模式和机制创新，厕所建设中新技术、新材料的应用等进行采访调研。活动按照倾听呼声、反映问题、弘扬先进、鞭策落后的总目标，分"热点行"、"难点行"、"亮点行"、"冰点行"四个主题开展，聚焦厕所建设管理中的热点难点问题，宣传起步快、力度大、措施硬、效果好的先进地区，曝光游客反映较大、建设管理滞后的地方，引导全社会关注"如厕难、难如厕"、如厕不文明等现象，鼓励各界人士为厕所建设管理出谋献策、建言献力。

2017 年 7 月，国家旅游局组织《中国旅游报》、新华网、央广网等媒体，赴福建和广东开展新一轮厕所革命万里行活动，主要宣传报道内容：一是厕所革命建设模式创新、技术创新、管理创新；二是全域抓厕所革命典型；三是狠抓文明如厕宣传典型。"万里行"活动进展顺利，取得良好成效。

厕所革命明察暗访

　　为加强对各地厕所革命工作考核，督促厕所革命进展不快、问题较多的地区及时整改，宣传表彰各地厕所革命体制机制创新、技术革新、管理创新等方面的优秀事迹和典型案例，2015 年 7—9 月，国家旅游局组织新闻媒体和专家分别赴山东、江苏、广西、黑龙江、河北、青海、福建、广东等地对厕所革命进行暗访抽查。2016 年 6—7 月，国家旅游局组织中央新闻媒体对吉林、云南、安徽等地开展了两轮旅游厕所建设管理暗访督查和督促整改工作。2017 年 4 月，国家旅游局再次组织相关力量对各地厕所革命进展情况开展大规模明察暗访，重点督查各地厕所建设进度，特别是厕所革命"三年行动计划"的执行情况。此次督查以交叉检查、明察和暗访等多种方式展开。国家旅游局在部署各地开展自查自纠工作的基础上，将组织若干检查组，对部分省区市"三年行动计划"完成进度、5A级景区"第三卫生间"建设等厕所革命涉及的问题，进行全面摸查和记录，检查结果将以适当方式向社会公布。

厕所文明提升行动

文明如厕，从我做起

　　厕所建设、管理和文明是相辅相成的，提升厕所文明是厕所革命的应有之义。经过近年来厕所革命的努力，我国如厕文明水平不断提升，也向前迈出了坚实的一步。但是，由于多年传统陋习影响，当前广大游客和群众在如厕过程中仍然存在着一些不文明行为，如大小便不入池、手纸不入纸篓、便后不冲厕、污染如厕设施、乱涂乱画乱贴、浪费卫生纸、如厕排队加塞等。这些不文明行为，严重影响我国旅游业形象，也影响着精神文明建设和社会文明进步，提升厕所文明是当前乃至今后相当长一段时期厕所革命的一项重要任务。

　　从 2015 年年初以来，国家旅游局积极开展厕所文明提升行动：一是抓宣传教育。把旅行社、景点景区、宾馆饭店等旅游相关企业作为公民如厕教育的主战场，通过行前教育、环境营造等方式，引导游客和公众养成良好的卫生习惯，构建健康文明的旅游方式和生活方式。二是抓监督约束。探索采取多种方式监督约束各种不文明行为，提升游客的公德心和文明意识。三是抓公民示范。通过网络评选、地方推荐等方式，表彰一批自觉践行文明如厕的先进典型，示范引领文明如厕行为。

为动员社会各界进一步参与厕所革命、参与厕所文明宣传，引导广大游客和群众养成良好卫生习惯，形成积极、健康、向上的旅游厕所文化，国家旅游局于 2016 年组织开展了"百城万众厕所文明宣传大行动"。该项活动将以"文明如厕，从我做起"为主题，推动北京等全国 100 个厕所革命先进市，招募 10 万名"文明如厕"宣传志愿者，开展为期 100 天的厕所文明宣传大行动。通过组织志愿者开展文明如厕宣传活动、不文明行为劝诫提醒活动，举办厕所文明漫画展，开展厕所文明口号征集活动以及制作并播放"文明如厕"主题宣传片、公益广告、海报等系列活动，在全社会进一步普及厕所革命知识，普及文明如厕理念，教育引导广大游客和群众自觉参与厕所革命、积极践行文明如厕，养成健康文明的旅游方式和生活方式，在全社会形成文明如厕的良好氛围，深入推进厕所革命，促进社会文明进步。"百城万众厕所文明宣传大行动"启动仪式现场，"文明如厕"宣传志愿者及环卫工人代表围绕厕所革命及文明如厕作了发言，并向全国发出了文明如厕倡议。

百城万众厕所文明宣传大行动

为进一步动员广大人员的积极性，引导游客和居民养成良好卫生习惯，自觉抵制不良如厕行为，形成积极、健康、向上的旅游厕所文化，持续深入推进厕所革命，促进社会文明进步，国家旅游局于2016年9月至12月在全国组织开展"百城万众厕所文明宣传大行动"。活动主题为"文明如厕，从我做起"，该活动组织全国100个"厕所革命先进市"开展的万名志愿者开展厕所文明宣传大行动，旨在引导社会各界积极参与厕所革命及厕所文明宣传，深入推进厕所革命。

活动内容分三个阶段：一是宣传动员阶段，时间为9月18日至28日，将开展"厕所革命先进市"厕所文明宣传动员部署工作，开展志愿者招募和培训工作。各地推动各先进市分别招募一万名左右厕所文明宣传志愿者。二是启动与实施阶段，时间为 9 月 29 日至 12 月 31 日，将开展“文明如厕，从我做起”主题宣传。三是总结与表彰阶段，时间为 2017 年 1 月至 2 月，将开展活动成果总结和舆论宣传工作。

各地把“百城万众厕所文明宣传大行动”纳入了 2016 年厕所革命工作整体部署，按照“规定动作＋自选动作”要求，结合实际，周密策划，制定切实可行的活动方案，采取多种形式，加大了宣传力度，产生了积极成效，对引导游客和群众养成良好卫生习惯、形成健康向上的旅游厕所文化起到促进作用。

世界厕所日暨中国厕所革命宣传日

为加大厕所革命宣传，营造厕所革命良好氛围。从 2015 年起，国家旅游局在世界厕所日当天举办"世界厕所日暨中国厕所革命宣传日"活动。2015 年 11 月 19 日，第一次"世界厕所日暨中国厕所革命宣传日"活动在北京市房山区府前广场举行。活动由国家旅游局、住房与城乡建设部、北京市人民政府主办，北京环卫集团承办。

2016 年 11 月 19 日，第二次"世界厕所日暨中国厕所革命宣传日"活动在北京人民网演播大厅举行。国家旅游局局长李金早、副局长李世宏，比尔及梅琳达·盖茨基金会、人民网相关负责人出席了活动。活动颁布了《厕所革命十大评选榜单》，公布了"厕所革命十大典型景区"、"厕所革命十大推进人物"、"厕所革命十大舆论聚焦"三项内容，并对典型景区与推进人物进行了颁奖。活动同期，还举办了"厕所革命的意义、如何推进厕所革命"、"厕所革命的新技术应用、生态环保"、"厕所革命的管理模式创新、文化营造"三场圆桌论坛，论坛嘉宾就厕所革命的务实推进、技术创新、管理优化等问题进行了深入交流。

2017 年 11 月 19 日，第三次"世界厕所日暨中国厕所革命宣传日"活动在北京人民网演播大厅举行。国家旅游局局长李金早、副局长李世宏出席活动。活动发布了厕所革命新三年行动计划，启动了"厕所革命发生力"全国网络宣传活动，由人民网舆情监测室发布了厕所革命 20 家先进单位。

厕所革命网络征文大赛

中华人民共和国国家旅游局

● xxxx　● xxxx　● xxxx　● xxxx　● xxxx　● xxxxx

"小厕所·大民生"——全国首届厕所革命网络征文大赛

一、征集内容：xxxxxxxxxxxxxxxxxxxxxxxxx

二、征稿要求：xxxxxxxxxxxxxxxxxxxxxxxxxxx

三、评选与奖励：xxxxxxxxxxxxxxxxxxxxxxxxx

四、其他事项：xxxxxxxxxxxxxxxxxxxxxxxx

xxxxxxxxxxxxxxxxxxxxx

xxxxxxx

为全面展示厕所革命取得的成绩、各方的积极评价，讲述全社会投身厕所革命、弘扬厕所文明的生动事例，讲述个人与厕所革命相关的故事，传播厕所革命好声音，汇聚旅游发展正能量，国家旅游局于2017年5月至9月开展了"小厕所·大民生"——全国首届厕所革命网络征文大赛。

此次活动设4类征稿项目，相关作品既可以是针对本次活动的原创作品，也可以是近两年在国内外报刊网站公开发表过的优秀作品。

（一）报道类。国内媒体、网站对厕所革命的综述性、述评性报道和通讯报道（不含消息），反映国家旅游局和地方、企业推进厕所革命、弘扬厕所文明的典型案例，展示厕所革命的生动实践和积极成效。

（二）外宣类。外媒和海外人士对中国厕所革命的评论、报道和见解，体现国际化的视野，反映中国厕所革命对民生福祉的改善和对世界厕所文明的贡献。

（三）评论类。围绕深化厕所革命，提升厕所革命建设管理水平，发表精彩评论，提供具有建设性、落地性意见建议，引领厕所革命新风尚。

（四）感言类。讲述个人与厕所革命相关的故事，展示厕所革命给生活、出游带来的变化，表达真情实感。

此次征文大赛自 2017 年 5 月 12 日正式启动，历经了作品征集、专家评审和评选公示 3 个环节。大赛得到社会各界的广泛关注，共收到来自 31 个省（区、市）的 435 篇来稿。其中，评论类作品 213 篇，外宣作品 11 篇，感言类作品 152 篇，报道类作品 59 篇。经过专家评审，共有 65 篇作品入围。特等奖空缺，一等奖 5 篇、二等奖 10 篇、三等奖 20 篇、优秀奖 30 篇。

第十三篇　人才队伍建设

全国旅游系统深入学习宣传贯彻习近平新时代中国特色社会主义思想专题研讨班

中国共产党第十九次全国代表大会于 2017 年 10 月 18 日至 24 日在北京胜利召开。国家旅游局及时组织了多期专题研讨班，深入学习宣传贯彻党的十九大精神和习近平新时代中国特色社会主义思想，在全行业掀起学习宣传贯彻党的十九大精神和习近平新时代中国特色社会主义思想的热潮。

第一期专题研讨班

2017 年 11 月 7 日，全国旅游系统深入学习宣传贯彻习近平新时代中国特色社会主义思想第一期专题研讨班在北京举行。国家旅游局党组书记、局长李金早主持会议并讲话。河北、内蒙古、黑龙江、安徽、福建、湖北、四川、浙江、河南、广东 10 个省（区、市），以及厦门、杭州、广州、成都、西安5个城市旅游委主任、旅游局长参加了第一期研讨班。研讨班深入学习党的十九大精神,以习近平新时代中国特色社会主义思想为指导,强化"四个意识",坚定"四个自信",深刻认识党的十九大对旅游业带来的新机遇,明确的新方向、新使命和新要求。

会议指出,中国共产党第十九次全国代表大会是在全面建成小康社会决胜阶段、中国特色社会主义发展的关键时期召开的一次十分重要的大会,具有全局性、战略性和前瞻性。党的十九大报告站在历史和时代高度,回顾和总结了过去五年的工作和历史性变革,描绘了决胜全面建成小康社会、夺取新时代中国特色社会主义伟大胜利的宏伟蓝图,进一步指明了党和国家事业的前进方向,是我们党团结带领全国各族人民在新时代坚持和发展中国特色社会主义的政治宣言和行动纲领。新时代下,旅游正日益成为人民群众对美好生活的向往,成为促进人的全面发展和全体人民共同富裕的重要渠道,成为美丽经济、健康产业、幸福产业之首。

会议要求,全国旅游行业要以习近平新时代中国特色社会主义思想为指导,扎实工作,推进我国旅游业健康发展。围绕决胜全面建成小康社会,旅游业要主动实施旅游扶贫;坚定不移贯彻新发展理念,坚决端正发展观念、转变发展方式,旅游业要从高速增长向高品质增长转变;深化供给侧结构性改革,推进"旅游+",解决有效供给;坚持以人民为中心的发展思想,持续推进旅游扶贫、富民、全域旅游的开展;坚持全面深化改革,创新旅游业体制机制、社会治理;加快建设创新型国家,加快推进旅游业创新发展;坚持全面依法治国,在旅游市场秩序治理上持续发力;坚持社会主义核心价值体系,一手抓法治,一手抓教育;坚持人与自然和谐共生,高度重视发展生态旅游;建设高素质专业化干部队伍,大力培养旅游人才;坚持和平发展道路,推动构建人类命运共同体,旅游外交将大有可为;持之以恒,正

风肃纪，加强纪律教育，防范风险；坚持全面从严治党，旅游业要把党的政治建设摆在首位。

与会代表纷纷表示，国家旅游局坚决落实党中央决策部署，迅速组织全行业、全系统学习十九大精神，在思想上、行动上与习近平同志为核心的党中央保持高度一致，体现了国家旅游局敏锐的政治意识、高度的政治站位、强烈的责任担当，必将有力推动全国旅游系统凝聚共识、汇聚力量，加快推进旅游业改革创新，加快建设旅游强国，为实现中华民族伟大复兴中国梦做出积极贡献。大家交流了对于十九大精神的学习体会，并结合各自省市特点，畅谈了旅游业贯彻十九大精神的工作思路。

第二期专题研讨班

2017 年 11 月 20 日，全国旅游系统深入学习贯彻习近平新时代中国特色社会主义思想第二期研讨班在北京举行。国家旅游局党组书记、局长李金早出席研讨班并讲话。中国旅游改革发展咨询委员会部分委员、国家旅游局机关及直属单位相关负责人参加研讨。

与会专家学者纷纷表示，党的十九大报告为旅游业发展提供了新机遇、新方向、新使命和新要求，我国旅游业发展迎来了前所未有的发展良机，发展前途更加光明。当前，我国已经进入大众旅游时代，旅游已从少数人的奢侈品发展成为人民群众大众化的日常消费，成为人民群众美好生活的重要内容。旅游业在增进人民福祉的道路上责无旁贷，必须自觉担负起满足"人民日益增长的美好生活需要"的历史使命。国家旅游局迅速组织旅游理论研究界学习党的十九大精神，在思想上、行动上与以习近平同志为核心的党中央保持高度一致，体现了国家旅游局敏锐的政治意识、高度的政治站位、强烈的责任担当，必将有力推动我国由旅游大国向旅游强国迈进，为实现中华民族伟大复兴中国梦做出积极贡献。专家学者们还结合各自的研究领域，从全域旅游、旅游安全、边境旅游、旅游扶贫、红色旅游、品质旅游等方面进行了建言献策。

第三期专题研讨班

2017 年 11 月 21 日，全国旅游系统深入学习宣传贯彻习近平新时代中国特色社会主义思想第三期专题研讨班在北京举行。国家旅游局党组书记、局长李金早主持并讲话。吉林、江西、湖南、广西、重庆、贵州、云南、上海、江苏、天津、新疆生产建设兵团等地旅游部门主要负责人参加了第三期研讨班。

会议指出，习近平新时代中国特色社会主义思想开辟了我国由世界旅游大国建成世界旅游强国的新境界。习近平总书记在党的十九大报告中指出，我国社会主要矛盾已经转化为人民日益增长的美好生活需要和不平衡不充分的发展之间的矛盾。社会主要矛盾在旅游领域的体现为人民日益增长的旅游美好生活需要和不平衡不充分的旅游发展之间的矛盾。突出表现在旅游产品有效供给不足，与人民群众日益增长的旅游需求不相适应；旅游产品结构不合理，与广大游客日趋多元的旅游消费需求不相适应；城乡旅游发展不平衡，与全域旅游发展要求不相适应；东中西部旅游发展不平衡，与旅游整体发展要求不相适应；以厕所为代表的旅游公共服务及交通等基础设施供给与旅游爆发式、井喷式市场需求不相适应；休假制度安排和人民群众休闲度假旅游需求不相适应；一些地方旅游市场秩序混乱、文明旅游落后，与人民群众"更加满意"目标不相适应；旅游管理体制与综合产业综合协调和综合执法要求不相适应；旅游人才队伍建设与旅游综合发展需要不相适应；旅游理论研究与快速发展的旅游产业实践不相适应等方面。

与会代表纷纷表示，党的十九大报告为旅游业发展提供了新机遇、新方向，提出了新使命、新要求。国家旅游局迅速组织全行业、全系统深入学习党的十九大精神，充分体现了国家旅游局党组更高的政治站位和强烈的责任担当。旅游行业要紧紧围绕党的十九大战略部署，抓住新时代中国特色社会主义的发展机遇，发挥独特优势，找准发力点，乘势而上，主动作为，形成旅游产业发展新格局，夯实旅游幸福产业基石。

第四期专题研讨班

2017年12月11日，全国旅游系统深入学习宣传贯彻习近平新时代中国特色社会主义思想第四期专题研讨班在北京举行。国家旅游局相关司室负责人以及中青旅、中旅总社、国旅总社、驴妈妈、同程、携程等旅游企业负责人参加研讨班。

会议指出，党的十九大描绘的宏伟蓝图既为更好地发挥旅游独特优势创造了重大战略机遇，也为新时代旅游业发展明确了方向，提出了全新要求。我们必须按照习近平新时代中国特色社会主义思想深化对旅游业一些根本问题的认识：第一，建设旅游强国"三步走"战略与社会主义现代化建设"两个阶段"高度契合；第二，全域旅游发展目标与新时代中国特色社会主义发展战略高度一致；第三，旅游业幸福属性与我国社会主要矛盾转化高度呼应。

会议强调，面对新时代旅游发展，要建设旅游领域现代化经济体系，旅游企业是核心力量，大有可为、应有作为，要认真贯彻新发展理念，学会运用新理念解决新问题、坚持通过新理念推动新发展；要坚持领域深耕，勇于变革、敢于破冰，通过深化供给侧结构性改革，推进"旅游+"，全面提升产品质量、推动创新创业、增强有效供给，为企业新发展注入强大动力；要致力于把企业家精神与工匠精神结合，以高标准引领企业发展，进一步从量到质、从速度到效益、从旧动力到新动力的更迭转换；骨干旅行社作为行业的领头羊，要以诚信培训为契机，加强自身建设，把诚信作为企业的生命线，渗透到企业的方方面面，大力维护诚信品牌，为行业发展凝聚信心。

相关旅游企业负责人就深入学习宣传贯彻习近平新时代中国特色社会主义思想，进一步推动旅游业改革创新发展，联系自身企业实践，作了积极发言。企业代表纷纷表示，要珍惜新时代的好机遇，扎扎实实地宣传好、贯彻好、落实好党的十九大精神，发挥独特优势，找准发力点，乘势而上，主动作为，形成旅游产业发展新格局，进一步推动旅游业改革创新发展，为加快实现世界旅游强国建设目标积极贡献力量。

第五期专题研讨班

12月21日至22日，全国旅游系统深入学习贯彻习近平新时代中国特色社会主义思想第五期专题研讨班暨2018年旅游工作务虚会在京举行。国家旅游局党组书记、局长李金早主持并讲话。国家旅游局在京党组成员、部分省区市旅游发展委员会主要负责人、国家旅游局各司室及直属单位有关负责人出席研讨班。

李金早说，习近平新时代中国特色社会主义思想，是中国特色社会主义理论体系的新丰富新发展，是马克思主义中国化的新阶段新飞跃，是在新的历史起点上进一步开创中国特色社会主义新局面、决胜全面建成小康社会、实现中华民族伟大复兴的中国梦必须长期坚持的指导思想。党的十九大为旅游业带来了前所未有的新机遇、新方向、新使命和新要求。新时代下，旅游正日益成为人民群众对美好生活的向往，成为促进人的全面发展和全体人民共同富裕的重要渠道，成为美丽经济、健康产业、幸福产业之首。2018年是贯彻落实党的十九大精神的开局之年，是改革开放 40 周年，是决胜全面建成小康社会、实施"十三五"规划承上启下的关键一年。全局全系统干部职工要面向新时代高质量发展的新要求，加强学习和实践，不断增强推动旅游高质量发展的本领。旅游全行业要以习近平新时代中国特色社会主义思想为指导，推动旅游产业从高速发展转向优质发展，开启新时代旅游强国建设的新征程。

参加此次研讨班的有北京、山西、辽宁、山东、海南、西藏、陕西、甘肃、青海、宁夏、新疆等地旅游部门主要负责人。与会代表纷纷表示，国家旅游局有系统、有针对性地组织全行业深入学习党的十九大精神，充分体现了国家旅游局党组更高的政治站位和强烈的责任担当，必将有力推动全国旅游系统凝聚共识、汇聚力量，加快推进旅游业改革创新，加快推进旅游强国建设。

北京市旅游发展委员会主任宋宇说，过去五年，首都旅游业收入增长幅度一直高于旅游人数增长幅度，正处于由中高速增长转向高质量发展的重要时期。当前，首都旅游业发展中也存在供给与需求不对称、发展不均衡不充分等现实问题。北京将以推进旅游业供给侧结构性改革为主线，通过优化区域功能布局、加强行业治理体系建设、落实推进乡村振兴战略、扩大旅游业对外开放等具体举措，持续推动首都旅游业内涵发展、均衡发展、协调发展、开放发展，助力北京建设国际一流和谐宜居之都。

山西省旅游发展委员会主任盛佃清表示，山西省委、省政府高度重视学习宣传贯彻党的十九大精神，旅游行业也展开全面学习宣传贯彻，并化作行动指引。下一步，山西将按照国家旅游局总体部署，以习近平新时代中国特色社会主义思想为指引，以满足人民日益增长的美好生活需要为导向，以发展全域旅游为战略要求，积极实施"三步走"战略，坚持景区为王，交通先行，深化文旅融合，实施大项目建设、大企业运作、大活动引爆，着力锻造黄河、长城、太行三大旅游新品牌，加快构建文化旅游发展大格局升级版。

辽宁省旅游发展委员会主任石坚介绍，辽宁旅游资源丰富，四季特色分明，区位优势明显，但旅游产业发展还不够充分，旅游客源地特征突出。2018 年，辽宁旅游工作将认真贯彻落实国家旅游局和省委、省政府的工作部署，持续推进旅游业供给侧机构性改革，全面推动旅游产业提质升级；集聚农村旅游要素，助力乡村振兴战略；以坚持不懈推进"厕所革命"为契机，不断推进全域旅游发展；创新营销方式，扩大辽宁旅游品牌影响力；强化市场监管和旅游安全工作，营造旅游健康有序环境。

山东省旅游发展委员会主任于风贵说，当前，山东正结合学习贯彻党的十九大精神，根据国家旅游局相关工作规划，谋划新一年的工作思路，即全面贯彻党的十九大和山东省第十一次党代会精神，以习近平新时代中国特色社会主义思想为指导，牢牢把握"走在前列"的目标定位，积极践行以人民为中心的旅游发展理念，更加勇于担责、敢于担当，开拓创新，积极作为，推动旅游业质量、效益"双提升"，加快旅游强省建设步伐，努力做到新时代有新作为。

海南省旅游发展委员会主任孙颖表示，新时代，我国社会主要矛盾的转化，为旅游业带来了重大发展机遇，对旅游业提出了更高要求。2018 年，海南将以全域旅游推动旅游业升级，基本形成"点、线、面"全面发展的全域旅游格局；全面提升海南国际旅游岛国际化水平；推进旅游业供给侧结构性改革，构建适应游客消费升级需要的旅游新产品、新业态。

西藏自治区旅游发展委员会主任王松平说，将紧密团结在以习近平同志为核心的党中央周围，高举习近平新时代中国特色社会主义思想伟大旗帜，借助党的十九大胜利召开的强劲东风，以学习做实习近平总书记给玉麦回信精神和对"厕所革命"三年显著成效批示精神为新动力、新起点，牢牢把握新时代对旅游业发展的新要求，紧紧围绕

"建设重要的世界旅游目的地"目标，认真贯彻落实党的十九大精神和国家旅游局有关决策部署，弘毅奋发，为在"十三五"期间初步建成重要的世界旅游目的地苦干、实干、加油干。

陕西省旅游发展委员会主任高中印介绍，陕西作为旅游资源大省，旅游人次和总收入增速近年来基本保持在全国前 10 位，发展潜力巨大、势头强劲，陕西有基础、有信心、有决心落实好习近平总书记在陕调研时对陕西"追赶超越"定位的要求，把国家旅游局部署的旅游"三步走"战略落细落小在每年每项具体工作之中，确保干在实处、走在前列。2018 年，将加大各类软硬件建设，开展旅游软件提升行动、旅游硬件提升行动、旅游惠民利民行动等"三大行动"，标本兼治两手抓，以优质服务向中外游客展示陕西对外开放新形象。

甘肃省旅游发展委员会主任何伟认为，旅游系统学习贯彻党的十九大精神，要紧密联系旅游发展实际，要同落实习总书记近年来对旅游工作的重要指示精神结合起来，同落实中央对旅游工作的部署要求结合起来，聚焦建设旅游强国伟大实践，开创由旅游大国迈向旅游强国的新局面。甘肃省委、省政府正在制定《关于加快推进旅游强省建设的意见》，近期将召开全省旅游发展大会，举全省之力加快推进旅游强省建设，在产业定位上再提升、在发展思路上再明晰、在业态转型上再拓展、在产业政策上再强化，努力实现后发赶超、转型发展。

青海省旅游发展委员会主任徐浩表示，党的十九大为旅游业发展提供了新机遇、新方向、新使命和新要求，我国旅游业发展迎来了前所未有的发展良机，发展前途更加光明。青海明年及未来一段时间将坚持主动作为，发挥旅游业的精准扶贫功能；坚持人与自然和谐共生，大力发展生态旅游；坚持夯实基础建设，营造安全文明旅游环境；坚持推动转型升级，大力发展全域旅游；坚持强化人才建设，增强创新力和竞争力。

宁夏回族自治区旅游发展委员会主任徐晓平说，2018年，宁夏将全面贯彻党的十九大精神，以习近平新时代中国特色社会主义思想为指引，按照"全景、全业、全时、全民"模式，勇于担当，务实苦干，加快推进全域旅游示范区建设。全域旅游是一条"金扁担"，一头挑着绿水青山，一头挑着金山银山。宁夏将推进空间全域优化、推进产业全域联动、推进市场全域开拓、推进服务全域配套，努力做好全国全域旅游发展的"试验田"。

新疆维吾尔自治区旅游发展委员会党组书记于欢说，下一阶段，将坚持不懈学习贯彻落实党的十九大精神，坚持不懈学习贯彻落实习近平新时代中国特色社会主义思想。坚持全域旅游发展，深化旅游综合体制改革；全面加强精准营销，有效拓展旅游客源市场；强化品牌支撑，打造一批国家级乃至世界著名的旅游景区景点；扩大旅游供给，完善旅游产品体系；抓好"厕所革命"工作，提升旅游公共服务体系建设；抓好旅游纪念品研发；抓好旅游就业富民，助力打赢脱贫攻坚战；加强安全和应急能力建设。

国家旅游局各司室有关负责人还分别就2018年相关旅游工作思路、推动旅游业从高速发展向优质发展转变等做了汇报。此次务虚会，国家旅游局积极转变会风，认真听取部分省区市旅游发展委员会主要负责同志对于全国旅游发展工作的意见建议，就具体业务问题进行深入研讨交流。

第六期专题研讨班

2017年12月25日，全国旅游系统深入学习宣传贯彻习近平新时代中国特色社会主义思想第六期专题研讨班在京举行。国家旅游局党组成员、副局长王晓峰出席并讲话。国家旅游局相关司室负责人以及中国旅游协会、中国旅游饭店业协会、中国旅游景区协会、中国旅行社协会、中国旅游车船协会负责人参加研讨班。

会议指出，习近平新时代中国特色社会主义思想，是马克思主义中国化最新成果，是全党全国人民为实现中华民族伟大复兴而奋斗的行动指南，要深刻领悟习近平新时代中国特色社会主义思想与旅游业发展的内在联系，在社会主义现代化建设"两个15年"中把握旅游业的时代方位，推进旅游强国建设"三步走"战略；在新时代中国特色社会主义基本方略中提升旅游业的责任站位，大力推进全域旅游发展；在我国社会主要矛盾转化中找准旅游业的事业定位，大力弘扬旅游的幸福产业属性。

会议强调，用习近平新时代中国特色社会主义思想统领协会各项工作，是当前和今后一个时期的首要政治任务。要坚持党的领导，把协会建设融入现代社会治理格局中，在宗旨、目标、章程、运行等环节体现中国特色，把坚持党的领导与社会组织依法自治有机统一起来；要聚焦解决社会主义主要矛盾转化，围绕旅游业的发展不平衡不充分问题，按照全域旅游发展要求，增强服务行业的水平；要加强服务标准建设、信用体系建设、教育培训机制建设，完善内部治理机制，努力构建现代社会组织体制。

研讨班上，旅游各专业协会就深入学习宣传贯彻习近平新时代中国特色社会主义思想，进一步推动旅游各专业协会脱钩改革与创新发展，作了积极发言。各专业协会负责同志表示，要以高度的政治觉悟和强烈的责任担当，扎扎实实地学习好、宣传好、贯彻好习近平新时代中国特色社会主义思想，不忘初心、牢记宗旨，坚定不移沿着党的十九大指引的方向前进，为推动全域旅游发展与世界旅游强国建设目标贡献积极力量。

省部级干部促进旅游业
改革发展研讨班

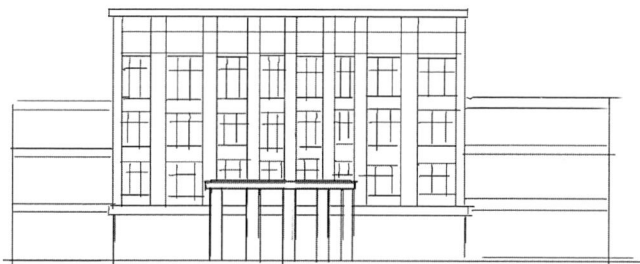

　　为贯彻落实党中央、国务院关于促进旅游业改革发展的战略部署，深刻领会《旅游法》和《国务院关于促进旅游业改革发展的若干意见》的精神实质，探索经济新常态下旅游业健康可持续发展的有效途径，2015 年 10 月 19 日至 23 日，中央组织部、国家旅游局和国家行政学院共同举办了省部级干部旅游业改革发展专题研讨班。各省（区、市）、新疆生产建设兵团、副省级城市分管旅游工作的省部级负责同志和中央及国家机关有关部委分管负责同志 48 人，以及省（区、市）旅游部门主要负责同志和大型旅游企业负责同志 57 人，共105 人参加了研讨学习。

　　研讨班受到国务院高度重视，汪洋副总理出席并作了重要讲话，他指出："发展旅游业是立当前、惠长远、一举多得的战略举措。"研讨班精心挑选了一批在旅游及相关领域卓有建树的专家学者和有着丰富实践经验的领导干部，进行专题讲授和经验交流。国家旅游局局长李金早以《深化改革　提质增效　努力建设全面小康型旅游大国》为题，作开篇授课。此外，来自联合国世界旅游组织、社科院、腾讯公司的专家结合各自相关领域就旅游业改革发展进行授课。

学员们紧紧围绕如何加强顶层设计、发挥旅游业在经济新常态下的战略作用，如何破解制度障碍、推动乡村旅游及旅游扶贫发展，如何适应全域旅游发展、加强旅游公共服务体系建设，如何与综合产业特征相适应、深化旅游管理体制改革，以及如何加强综合治理、进一步规范旅游市场秩序等当前旅游业发展中的重点难点问题，认真学习、深入思考、积极交流、热烈讨论，形成了五个方面、六十余条意见建议，如建议实施国家旅游发展战略，完善促进旅游业发展的政策体系，将发展乡村旅游上升为国家战略，协同联动，标本兼治，规范旅游市场等。通过本次培训，促进分管旅游工作的省部级领导干部和省级旅游部门主要负责同志进一步深化了对新常态下旅游业战略地位的认识，掌握了科学发展旅游业的方法。

推进全域旅游专题研修班

　　为推动旅游业由"景区旅游"向"全域旅游"发展模式转变，构建新型旅游发展格局，受中组部委托，2017 年 6 月 20 日至 25 日，国家旅游局在北京中直机关党校举办了 2017 年推进全域旅游专题研修班，来自全国创建全域旅游示范市（县、区）的 43 名分管领导参加了培训。

　　这次培训首次由中组部调训市（县、区）领导干部就旅游发展问题进行专题研究学习，体现了中央对发展全域旅游的高度重视和旅游行业在现今国家经济发展中的突出地位。国家旅游局局长对此次培训高度重视，把培训质量放在第一位。此次培训围绕全域旅游背景下的旅游市场秩序监管、"十三五"旅游业发展规划、中国旅游业发展趋势、中国国家宏观经济发展形势、旅游目的地品质提升、乡村旅游转型升级、西班牙旅游业发展经验等内容进行专题授课。

　　通过本次培训，学员了解了国内外全域旅游发展的成功案例、先进理念和实践经验，对全域旅游有了全新的理解和认识，能够站在全局高度，深刻理解改革创新对于推进全域旅游的重大意义。培训期间，学员们积极建言献策，提出了许多好的意见和建议，如对先行先试全域旅游创建示范市（县、区）给予政策倾斜和资金扶持，从国家层面通过规划将具有旅游发展优势的地方纳入国家大交通，将现有的500多家全域旅游创建示范市（县、区）分类分批进行整体策划宣传，面向地方党政主要负责同志继续组织类似培训等。

全域旅游法国培训班

近年来，国家旅游局高度重视加强全域旅游发展人才队伍建设，采取多种形式致力于提升旅游行政管理部门领导干部队伍综合素质和工作能力。2016年全国旅游局长研讨班上，国家旅游局提出，要深入学习世界全域旅游发达国家的先进经验，组织开展省级旅游行政管理部门负责人全域旅游出国培训。

按照国家外国专家局审核批准的培训计划，国家旅游局申报的省级旅游发展委员会负责人全域旅游出国培训项目于2017年9月10日至24日在法国顺利进行，17名省级旅游发展委员会（旅游局）负责人参加了此次出国培训。本次培训主要分三方面展开：

一是开展系统的课堂理论学习。培训期间在巴黎欧洲商务行政学院学习了《法国旅游业发展现状、旅游管理机构设置》、《法国政府对旅游的公共服务与管理》、《法国旅游资源的保护体系》等9门课程。在尼斯大学学习了《历史文化遗产活化利用及旅游开发》、"法国文化遗产资源的保护政策及措施"、"蓝色海岸地区品牌塑造与推广"等5门课程。培训内容涉及法国旅游管理架构与工作机制、旅游发展规划与扶持政策、旅游发展历史与现状、旅游宣传推广与品牌建设、特色小镇与乡村旅游发展、旅游区域合作与差异化战略、旅游交通住宿等要素配套建设、文化遗产保护与旅游发展、市场分析与安全保障等，涵盖了全域旅游各个方面和主要领域。

二是开展深入务实的公务交流。培训除课堂教学外，还安排了多场公务交流，既有与法国旅游管理高层的对接，又有与大区、省市甚至一线旅游办事处的面对面交流。学员与奥维尔旅游局、彭图瓦兹议会及旅游局、法国旅游发展署、地中海旅游集团、尼斯市政府及旅游局、卡涅旅游协会、蔚蓝海岸大区旅游委、芒通市政府等官方或非官方机构的旅游管理者进行了座谈交流，深入学习了不同方面、不同层级发展旅游的角色定位、工作职责、运行机制、特色优势等。

三是开展多领域的旅游业态考察。培训将课堂授课与现场教学有机穿插结合，现场教学的旅游业态涉及城市旅游、特色小镇、乡村旅游、工业旅游、一站全包式休闲度假、滨海休闲度假、节庆创意旅游、养老旅居、历史文化遗存旅游、冰雪体育旅游、邮轮游艇等十余种有代表性的业态形式。

全体参训人员认真积极，大家边学习、边观察、边体验、边思考、边感受、边交流，在有限的时间里最大程度地收获了法国发展全域旅游的经验，各项培训任务均按计划圆满完成，取得了较大收获。

中国旅游智库

中国旅游智库是对中国旅游业重大战略、重大决策进行咨询、研究、评议和建议的高层次、开放式智库机构，是为中国旅游产业发展重大决策提供智力支持的专家智囊团体。2015年年初，国家旅游局局长李金早在题为《开辟新常态下中国旅游业发展的新天地》的全国旅游工作会议报告中首次提出"515战略"，其中一项就是"构建新型旅游智库"，提出要坚持"五湖四海"、各尽其才的原则，整合各方面的智力资源，加强旅游业基础研究工作。

2015年8月28日，国家旅游局在北京成立中国旅游智库。中国旅游智库的主要任务是对中国旅游业发展的重大战略和政策进行咨

询；对旅游业发展的重大问题开展研究；为旅游业发展建言献策。

中国旅游智库成立以来，每年召开两次会议，对当年旅游工作进行总结，为来年旅游工作提供建议；同时接受国家旅游局委托，就关系旅游业发展的重要问题进行调研论证。中国旅游智库参与制定的《"十三五"旅游业发展规划》被列入国家重点专项发展规划，在2016 年 12 月 7 日由国务院印发。

中国旅游改革发展咨询委员会

　　中国旅游改革发展咨询委员会是对中国旅游业发展过程中遇到的重大问题进行咨询、研究和建议的开放式智库机构，是为中国旅游产业发展提供智力支持的行业团体。2015年，国家旅游局在全国旅游工作报告中首次提出要"构建新型旅游智库"。

　　2015年10月11日，国家旅游局在珠海成立中国旅游改革发展咨询委员会。中国旅游改革发展咨询委员会汇聚了众多海内外知名专家学者，是"新型旅游智库"的重要部分。中国旅游改革发展咨询委员会的主要任务是：为中国旅游业发展中的重大问题、重大决策、重大举措提供智力支持。中国旅游改革发展咨询委员会现有委员60名，有来自发展改革委、国土部、商务部、民航局等与旅游业发展密切相关的政务人员、有来自各大院校经济学、旅游学等相关专业的专家教授、有来自行业一线的企业经营者，基本涵盖了旅游发展相关联的方方面面，最大限度地吸纳了旅游相关行业的力量，也为旅游业持续健康发展奠定智力支持的基础。

首次咨询会后，中国旅游改革发展咨询委员会广泛吸收委员建议，谋划成立专项委员会，依据委员会专家特长进行专业化分工和运作。2016 年中国旅游业改革发展咨询委员会委员围绕"全域旅游发展"、"旅游业供给侧改革"、"旅游扶贫与乡村旅游"等产业发展的热门话题和社会普遍关注的重点议题进行了广泛而深入的调研论证，为我国旅游业改革发展贡献智慧。

旅游系统劳模先进代表座谈会

　　全国旅游系统先进集体、劳动模范和先进工作者评选表彰，是唯一一个面向全国旅游系统广大干部职工的省部级表彰奖励项目，受表彰的个人享受省部级先进工作者和劳动模范待遇。自 1999 年以来，国家旅游局会同人力资源和社会保障部每五年开展一次表彰活动。2016 年 11 月 25 日，两部委联合印发了表彰决定，共表彰了 295 个先进集体、586 名先进个人。2016 年 12 月 12 日，全国旅游系统劳模先进代表座谈会在京举行，国务院副总理汪洋出席座谈会并作出重要讲话。他强调，我国旅游业正处在黄金发展期和矛盾凸显期，改革发展任务艰巨繁重。要认真落实党中央、国务院有关决策部署，通过表彰先进、弘扬正气，进一步调动全体旅游工作者的积极性和创造性，推动旅游业发展迈上新台阶。他强调，榜样的力量是无穷的。要大力弘扬劳模精神，激励广大干部职工学习先进、争当先进、艰苦创业、爱岗敬业，为旅游业改革发展添砖加瓦。要坚持以质量和效益为

中心，促进旅游业从资源驱动向创新驱动转变。要牢固树立"绿水青山就是金山银山"的理念，提升旅游生态文明价值。要实施旅游精准扶贫，让更多贫困户在旅游业发展中脱贫致富。要大力规范旅游市场秩序，使旅游监管向法治化、精细化、标准化迈进。要加强旅游队伍建设，造就一支结构合理、素质优良、具有开拓创新能力的旅游企业领军人物和专业技术人才队伍，更好地适应大众旅游时代的需求。

近年来，全国旅游系统从业人员全面贯彻落实党的十八大系列会议精神，深入学习贯彻习近平总书记系列重要讲话精神，牢固树立"五大发展理念"，勤奋工作、主动担当，乐于奉献、勇于创新，涌现出一批先进集体和个人。这些受表彰的单位和个人是旅游行业的先进代表，是旅游系统广大干部职工的学习榜样。全行业将大力弘扬劳模精神，充分发挥先进示范作用，进一步加强旅游队伍建设，加大旅游人才培养力度，优化旅游人才成长环境，全面提升行业素质水平，以更好地适应大众旅游时代的需求。

万名旅游英才计划

　　为贯彻《国务院关于促进旅游业改革发展的若干意见》，落实旅游业"515战略"，加强旅游专业人才培养与储备，2015年国家旅游局启动实施万名旅游英才计划，用3年时间，遴选培养10000余名旅游相关专业教师、学生及行业一线骨干人才，资助入选人员开展旅游相关研究、实践、创新、创业等项目。2015年共有3048人、866个项目入选，2016年共有3307人、861个项目入选。2017年共有2284人、654个项目入选。项目实施周期为一年。万名旅游英才计划已正式列入《"十三五"旅游人才发展规划纲要》重点人才计划，"十三五"期间将继续实施。

　　万名旅游英才计划惠及的地方、行业单位、院校、从业人员等数量众多，不仅在旅游行业，相比其他部门近年实施的人才培养项目，无论在规模上还是在力度上都具有一定的引领性和代表性。国家旅游局对万名旅游英才计划高度重视，要求从实施"科教兴旅，人才强旅"战略，从培养、储备旅游业发展第一资源的高度，认识该计划的重大意义。截至 2017 年，国家旅游局已累计支出项目经费 2000 余万元。

万名旅游英才计划包括"研究型英才培养项目"、"创新创业型英才培养项目"、"实践服务型英才培养项目"、"'双师型'教师培养项目"、"旅游企业拔尖骨干管理人才培养项目"和"技术技能人才培养项目"等人才发展项目，强调项目成果的行业产业对接、转化和应用。各项目在选题上突出实践导向，普遍建立了院校、旅游行政管理部门、旅游企业、行业组织等多方参与、协调联动的工作机制，紧密结合地方旅游业发展的需求特点和旅游资源特色，力求为地方旅游业发展作出积极的贡献。

目前，万名旅游英才计划已经取得丰硕成果，形成了一大批旅游职业教育教学成果、一大批旅游理论研究和应用研究成果、一大批行业产业实践创新成果和一大批导游工作理论和实践研究成果及导游职业培训和职业化发展创新成果。万名旅游英才计划极大地激发了旅游专业师生深入实践，践行责任的意识与热情，深化了对旅游业的认识和热爱，极大地发挥了优秀导游服务行业、奉献社会的模范带动作用，释放了导游队伍的正能量，有效提升了旅游专业在高校的学科影响力和综合研究能力，在旅游人才队伍建设中发挥了重要的引领示范作用，充分彰显了"万名旅游英才"的人才品牌效应。

导游"云课堂"

为深入贯彻落实旅游业发展"515战略"，充分利用信息技术加强对全体导游的培训，全面提高导游素质，2015年国家旅游局启动实施了导游"云课堂"研修培训项目，对一线导游开展大规模远程在线培训。2015年当年培训对象覆盖全国3万余名中高级导游，2016年培训对象进一步扩大至全体中高级导游、2013年以来新申领导游证的导游和全国旅游院校导游专业在校师生等，共计约30万人。目前"云课堂"已面向全体持证导游开放，并与导游监督管理进一步有机对接。"云课堂"学习情况成为导游执业评价的重要依据。"十三五"期间培训对象将逐步扩大至全体持证导游。截至2017年12月1日，

"云课堂"已完成注册学员用户 28.4 万人，授课教师 325 人，开放各类培训课程 991 节，学习访问总量 374 万人次，学习总时长约 26.3 万小时。

"云课堂"适应了互联网时代旅游行业人才培训模式变革的需求，满足了导游职业特点对移动学习、远程学习、即时学习的迫切需要，突出了微学习、双向学习等特点。"云课堂"培训内容包括大家讲坛、名导课堂、文明旅游和美丽中国魅力导游四个主要模块，主要针对导游带团过程中遇到的实际问题，采取案例分析的方式，帮助导游提高实际带团能力，提升综合素质。"云课堂"中有课堂讲授、现场示范讲解、名导独白、专人访谈，还有小品演出等形式的课程，除视频课程外，还组织学员开展在线问题研讨、经验交流、专家指导等多种形式的研修活动。

"云课堂"的培训内容和培训模式受到一线导游员普遍欢迎和充分肯定。"云课堂"有效解决了边远贫困地区导游师资缺乏、导游培训落后的问题，同时也方便了广大领队在境外带团期间随时随地学习和交流，"云课堂"还吸引、造就了一大批接地气、有人气的实战型导游业务专家，汇聚了一大批懂旅游、懂导游、懂网络的优秀导游网络培训师资，活跃着一大批一线优秀导游学员。"云课堂"已经成为传播导游职业文明和职业道德、凝聚传递导游职业正能量的重要平台。

全国导游大赛

为深入推进旅游行业精神文明建设，展示导游职业风采，交流导游服务经验，激励导游提升职业道德修养，提高服务技能水平，传播行业正能量，国家旅游局组织开展了全国导游大赛。大赛分初赛、复赛、决赛三个阶段，初赛、复赛由各省（区、市）旅游部门组织实施，决赛由国家旅游局组织实施。目前，全国导游大赛决赛共筹办了三届。

2017年3月8日，国家旅游局印发《第三届全国导游大赛决赛实施方案》，正式启动了第三届全国导游大赛决赛。决赛由国家旅游局、共青团中央、全国妇联、中国财贸轻纺烟草工会共同主办，并成立了以国家旅游局局长为主任的第三届全国导游大赛决赛组织委员会。赛程包括"30进10淘汰赛"、"10强实地带团考核"、总决赛和颁奖典礼等环节。

4月20日，大赛总决赛和颁奖典礼在北京举行。大赛产生了金奖3名、银奖7名、铜奖20名、优秀奖33名、最佳组织奖17个、突出贡献奖15个。卫美佑、房博、张宇等63名导游获得"中国好导游"称号。

人才援疆

为贯彻落实第二次中央新疆工作座谈会精神，落实中央关于进一步维护新疆社会稳定和实现长治久安的战略部署，按照《国家旅游局和新疆维吾尔自治区人民政府关于推进新疆旅游业加快发展的合作协议》、《国家旅游局贯彻落实中央新疆工作座谈会精神支持新疆旅游业发展的总体方案》、《国家旅游局关于进一步推动旅游援疆工作的指导意见》等文件的相关要求，国家旅游局大力开展旅游人才援疆工作，采取了一系列援助性举措，实施了一系列援疆人才项目。主要包括：

一是举办新疆旅游经济发展研讨班，从 2010 年起，每年一期连续举办新疆旅游经济发展研讨班，至 2017 年已举办了 8 期，累计培训新疆各地（市、州）、市（县、区）和新疆生产建设兵团师、团旅游局领导干部以及部分重点旅游企事业单位负责人等 450 余人。2015

年第 6 期新疆旅游经济发展研讨班由国家旅游局与国家民委共同举办。通过举办新疆旅游经济发展研讨班，有效提升了新疆各级旅游部门领导干部对大力发展旅游业对新疆经济建设重要性的认识，切实增强了兴旅固边的责任感和使命感，提高了"一带一路"战略机遇下统筹新疆旅游业发展的能力水平。

二是举办新疆导游师资培训班。为支持新疆建设一支理论素养高、实践经验强、教学水平优的导游师资和骨干导游、讲解员队伍，2012 年至 2014 年，国家旅游局连续为新疆举办 3 期导游师资培训班，培训全疆（含兵团）导游员、景区讲解员、导游培训骨干师资等 300 余人，有效提升了新疆导游师资的能力水平和新疆导游教育培训的质量。

三是实施新疆旅游人才助学工程。为支持新疆旅游院校加强旅游专业人才培养，从 2011 年至 2013 年，国家旅游局每年资助新疆高校旅游专业 50 名新生，每人资助 2000 元助学金。

四是实施新疆千名旅游骨干人才培训计划。从 2016 年起开始实施新疆千名旅游骨干人才培训计划，加强对新疆各级各类旅游从业人员的培训。2016 年、2017 年已经分别连续举办了 2 期新疆乡村旅游发展专题研讨班和 2 期新疆旅游景区管理专题研讨班，培训新疆（含兵团）乡村旅游管理人员、4A 级和 5A 级景区高级管理人员等共 200 余人。

五是开展送教上门。每年依据新疆需求，选派行业专家、优秀导游等赴新疆为当地举办的行业重点人才培训开展送教上门培训授课。

六是根据中央组织部统一部署，选派干部开展援疆工作。

导 游 援 藏

　　导游援藏工作始于 2002 年。2002 年 12 月 27 日，国家旅游局作出了《关于开展导游援藏工作的决定》，成立了旅游援藏工作领导小组，制定下发了《关于用十年左右时间每年组织 100 名内地导游员援藏的实施计划》。2003 年国家旅游局启动实施导游援藏计划，每年从全国有关省（区、市）选拔优秀外语导游，接受派遣进藏开展一线带团工作。至 2017 年已连续开展 15 批导游援藏工作。

　　国务院领导对导游援藏工作给予高度重视，时任国务院副总理的吴仪同志曾在中南海亲切接见了援藏导游员，高度赞扬了援藏导游员积极响应号召、不畏艰难、志愿援藏的行为，勉励大家不负重托，牢记使命，克服困难，勤奋工作。国家旅游局局党组对导游援藏工作高度重视，局领导多次亲自组织研究和部署导游援藏工作，并向国务院上报导游援藏实施情况和导游援藏工作总结等，分管局领导亲自带队送导游进藏，并组织召开援藏导游誓师大会和援藏总结表彰大会。国家旅游局为援藏导游专门购置了援藏导游公寓，解决了导游在西藏工作期间生活上的后顾之忧。西藏自治区党委、政府对导游援藏工作给予了高度关心，并解决了很多实际困难。全国有关省（区、市）旅游部门接到选派援藏导游的任务后，高度重视，认真组织，导游援藏期间，各地采取多种形式对援藏导游及其家庭开展送温暖活动。各级领导和旅游部门的高度重视为导游援藏工作顺利实施、取得成效提供了重要保障，使援藏导游感受到国家对导游援藏工作的重视，感受到西藏人民的热情，极大地鼓舞了援藏导游的工作斗志、增强了他们完成任务的决心和信心。援藏导游中涌现出许多可歌可泣的感人事迹和模范先进人物。

导游援藏有效地解决了西藏旅游旺季导游严重短缺的问题。援藏导游通过组织各种活动，以传、帮、带、讲座等形式，帮助培养西藏本地导游，把内地好的导游工作经验和工作作风传授给西藏导游。不少西藏导游和援藏导游之间结成了对子，互帮互学，从整体上进一步提高了西藏导游队伍的素质。援藏导游还积极加强西藏旅行社与内地旅行社的业务联系，很多导游利用原有的渠道，组织团队进藏，拓宽了西藏旅行社的客源渠道。同时援藏导游也带来了内地先进的经营管理经验，帮助企业建章立制，对于提高受援旅行社的业务水平起到了一定的促进作用。

旅游业改革发展青年研修班

　　旅游业改革发展青年研修班是国家旅游局针对旅游业青年干部开展的专题研修培训，旨在重点加强对旅游业青年干部的培养，打造一支具有宏观战略视野和现代发展理念、知识水平丰富、业务能力强、综合素质高的年轻干部队伍，为建设世界旅游强国打下坚实的人才基础。

　　2016年9月，国家旅游局在北京举办了第一期旅游业改革发展（全域旅游专题）青年研修班。来自全国15个省、区、市旅游委、旅游局和旅游高校推荐的21名青年干部参加了学习培训。旅游业改革发展青年研修班，是国家旅游局首次集中针对旅游青年干部开展的专项研修培训。

　　本次研修班在课程设置上注重理论与实践相结合，每个教学主题都有理论研究、工作推进和地方实践，从理论基础到旅游政策出台再到落地实施，形成系统、完整的知识体系。围绕全域旅游、旅游业

改革创新和旅游公共服务三个主题，每个主题开设三门课程，加上"十三五"规划相关情况介绍，共设置 10 门课程，涉及当前旅游业改革发展关注度最高的热点领域。

本次研修班邀请了来自发展改革委、国土部以及高校、地方旅游管理部门负责人围绕设置课程进行授课，并设置心得交流和专项讨论环节，让各位学员对课程的学习更加深入。研修班注重理论与实践相结合，专门安排学员进行实地考察，结合旅游业发展实际加深对课程的学习和理解。每位学员在课程结束时都提交了自己的学习心得和结业论文，并由国家旅游局编印成册。

乡村旅游与旅游扶贫培训班

党中央、国务院高度重视乡村旅游和旅游扶贫工作。为深入贯彻《中共中央国务院关于打赢脱贫攻坚战的决定》、《关于创新机制扎实推进农村扶贫工作的意见》，全面落实"深入实施乡村旅游扶贫工程"，开展乡村旅游，带动农村劳动力就业的工作要求，国家旅游局开从 2014 年起，每年对 1000 个乡村旅游扶贫重点村的村长（或村支书）进行系统培训，开展乡村旅游扶贫重点村村官培训班。

培训班围绕乡村旅游开发建设、经营管理、发展问题策略和趋势、特色之路、乡村旅游众创等内容对乡村旅游骨干进行培训，并以乡村旅游发展的典型案例、存在的主要问题和相关建议等展开讨论，同时组织学员实地考察、学习交流典型乡村旅游目的地的发展情况。

近年来，习近平总书记先后到陕西梁家河、浙江舟山、贵州遵

义、吉林延边调研，多次对美丽乡村、乡村旅游和扶贫开发作出重要指示。李克强总理指出，要发展个性化、特色化乡村旅游，推进乡村旅游扶贫。为继续贯彻落实党中央、国务院对乡村旅游扶贫工作的重要部署，培养造就一批能力强、善创新、会干事的乡村旅游带头人，促进我国乡村旅游业持续快速健康发展，实现贫困群众脱贫致富，2017 年，国家旅游局继续在往年成功举办乡村旅游扶贫重点村村官培训班的基础上，深入开展相关培训工作。2017 年培训班共分为 4 期，共有 21 个省（区、市）共 1000 多名村官参加。参加各期培训班的学员都极为珍惜宝贵的学习机会，纷纷表示要学有所获，为带动村民走上旅游脱贫、旅游致富路贡献自己的一份力量。

全国旅游人才培训基地

　　为贯彻落实旅游业"515战略"、《"十三五"旅游业发展规划》、《"十三五"旅游人才发展规划纲要》，大力开展全国旅游行业人才培训，创新培训体制机制，构建专业化、多元化的旅游人才在职培训体系，国家旅游局在"十三五"期间计划大力开展国家旅游人才培训基地建设，在国家旅游局原有的东北、中部、西部、中国—东盟旅游人才等培训基地基础上，重点在吉林长春、河南郑州、江苏苏州、福建厦门和四川成都建设国家冰雪、文化、全域、海洋和乡村旅游人才培训基地。以进一步整合中央与地方、企业、院校、社会机构等不同层级、不同方面的培训资源与力量，大力发挥市场在旅游人才开发中的重要作用，构建以基地为核心的专业化旅游人才培训开发平台。

　　创建全国旅游人才培训基地，旨在构建专业化、社会化、多元化的全国旅游人才培训体系，并发挥各大基地的培训资源优势，深入研究人才的市场需求，有效开展人才培训工作，在国家层面对涉及旅游行政管理人才、企业经营管理人才、旅游专业技术人才进行集中培训，加快人才培养速度，适应我国旅游业快速发展需求。培训将突破传统模式，更多采用"线上线下"、"课堂内外"相结合的方式，由传统课堂向智慧课堂转变，重视实地实景教学，让人才培训更加有声有色。

旅游数据与旅游统计人才
能力提升高级研修班

　　国家旅游局高度重视旅游数据与旅游统计人才队伍建设工作，申报了人力资源社会保障部专业技术人才知识更新工程 2017 年高级研修项目，于 2017 年 6 月 18 日至 24 日举办了旅游数据与旅游统计人才能力提升高级研修班，来自全国各省（区、市）和重点地区旅发委、旅游局负责旅游统计工作的 100 名骨干专业技术人员参加研修，并顺利结业。

　　本次研修班以旅游数据和旅游统计人才能力提升为主题，突出了当前旅游产业发展对旅游数据体系建设和旅游大数据应用方面的紧迫诉求，课程内容包括数据中心建设的思考与实践、国民经济产业统计规范、旅游统计理论、旅游统计调查制度及相关统计指标体系和解释、旅游卫星账户方法框架及实践、国际旅游统计与数据分析规则、旅游服务贸易统计规则、旅游大数据挖掘实务、地方旅游统计与数据中心建设经验等方面。培训师资主要由政府统计管理部门和业务部门、旅游统计研究权威机构，地方旅游数据和统计改革典型单位、旅游大数据研发领先企业等各方面的权威专家共同构成。

通过本次培训，学员们对新增的旅游统计指标定义和测算方法以及旅游数据体系建设和大数据挖掘、应用等内容统一了认识、收获了新知、明确了方向，为地方旅游业综合贡献测算和旅游数据体系建设提供了理论依据及实践方向。培训期间，国家旅游局数据中心还就各级数据中心建设问题与学员进行了深入探讨，对推动全国四级体系数据中心建设起到了重要的指导、推动作用。

责任编辑：段海宝　夏　青　武丛伟

封面设计：王欢欢

版式设计：顾杰珍

责任校对：周　昕

插　　图：孙文君　赵秋怡

图书在版编目（CIP）数据

"全域旅游"热词/华旅兴 编著 .—北京：人民出版社，2018.1

ISBN 978－7－01－018820－1

I.①全…　Ⅱ.①华…　Ⅲ.①旅游业发展－研究－中国　Ⅳ.① F592.3

中国版本图书馆 CIP 数据核字（2017）第 326766 号

"全域旅游"热词

QUANYU LÜYOU RECI

华旅兴　编著

人民出版社 出版发行

（100706　北京市东城区隆福寺街 99 号）

北京中科印刷有限公司印刷　新华书店经销

2018 年 1 月第 1 版　2018 年 1 月北京第 1 次印刷

开本：710 毫米 ×1000 毫米 1/16　印张：36

字数：560 千字

ISBN 978－7－01－018820－1　定价：88.00 元

邮购地址 100706　北京市东城区隆福寺街 99 号

人民东方图书销售中心　电话（010）65250042　65289539

版权所有·侵权必究

凡购买本社图书，如有印制质量问题，我社负责调换。

服务电话：（010）65250042